Christina Herr (Hg.)
Mit Feinsinn und Hochgefühl

Christina Herr (Hg.)

MIT FEINSINN UND HOCHGEFÜHL

Hochsensibilität annehmen, feiern und gestalten

neukirchener

MIX
Papier | Fördert gute Waldnutzung
FSC® C004378

Bibliografische Information der Deutschen Nationalbibliothek:
Die Deutsche Nationalbibliothek verzeichnet diese Publikation in der Deutschen Nationalbibliografie; detaillierte bibliografische Daten sind im Internet über http://dnb.d-nb.de abrufbar.

Umschlaggestaltung: Miriam Gamper-Brühl, Essen, www.3kreativ.de
Coverfoto: © Shutterstock/ina9
Lektorat: Anja Lerz, Moers
Layout und Satz: Katja Nida, www.katjanida.de
Verwendete Schriften: Scala, VAG-Rounded
Gesamtherstellung: PBtisk, a.s., Příbram
Printed in Czech Republic
ISBN 978-3-7615-6866-8 Print
ISBN 978-3-7615-6867-5 E-Book

www.neukirchener-verlage.de

Der HERR, euer Gott, ist in eurer Mitte;
und was für ein starker Retter ist er!
Von ganzem Herzen freut er sich über euch. [...]
Ja, er jubelt, wenn er an euch denkt!

Zefanja 3,17

Inhalt

Einleitung

TEIL 1: Du bist ein Meisterwerk und keine Mimose – Die hochsensible Identität

TEIL 2:
Von feinen Sinnen und hoher Wahrnehmung – Die körperlichen Aspekte von Hochsensibilität

TEIL 3:
Von Hochgefühl und zarter Stärke – Die seelischen Aspekte von Hochsensibilität

Abschluss

Anhang

Alle nicht namentlich ausgewiesenen Texte stammen von der Herausgeberin.

Dünnhäutig

Ich sei dünnhäutig, höre ich oft.
Und ich spüre es selbst.
Verwundbar bin ich.
Empfindsam, zart, weich, feinfühlig.
Wie erste neue Haut, die wächst über eine Wunde.
Wie Babyhaut so neu.
Zum ersten Mal im Fühlen.
Kälte, Hitze, Wind, Nass.
Im Regen stehen, nackt und bloß.
Noch keine Hornhaut.
Kein dickes Fell, keine Schutzschicht.
Die kommt mit der Zeit.
Dünnhäutig – mögen mir bleiben:
wenigstens ein paar Fingerspitzen.
Und eine feine Stelle im Herzen.

Christina Brudereck

Vor-Worte – Vom Feinsinn zum Hochgefühl

Liebe Leserin,

herzlich willkommen! Wie schön, dass du da bist! Ich freue mich riesig, dass du dieses Buch in deinen Händen hältst und dich eingehender mit dem wundervollen Thema der Hochsensibilität beschäftigen möchtest. Ja, das glaube ich tatsächlich: Hochsensibilität ist wunder-voll und hochsensible Menschen stecken voller Wunder. Mit ihrer empfindsamen und feinfühligen Veranlagung haben sie – hast *du* – sozusagen eine Wundertüte überreicht bekommen, die vollgepackt ist mit vielen kleinen Kostbarkeiten und so manchen Überraschungen – erwünschten und unerwünschten.

Und wie das bei einer Wundertüte nun mal so ist, weißt du vorher nicht, was sie enthält, mit welchen Schätzen sie gefüllt ist und ob du diese mögen wirst oder nicht. Doch um dies herauszufinden, bleibt dir nichts anderes übrig, als die Tüte zu öffnen, den Inhalt nach und nach herauszunehmen und – vielleicht ein bisschen aufgeregt und gespannt – jedes einzelne Stück zu betrachten und auszuprobieren.

Dazu möchte ich dich mit diesem Buch einladen. Es ist eine Einladung an dich, deine persönliche Wundertüte Stück für Stück auszupacken und zu entdecken, was in ihr – und damit in dir – steckt oder was möglicherweise noch im Verborgenen schlummert. Es ist eine Einladung, herauszufinden, was Hochsensibilität bedeutet und vor allem, was sie für dich und dein Leben bedeutet. Du wirst sowohl die Sonnen- als auch die Schattenseiten dieser Veranlagung kennenlernen und erfahren, wie du beide willkommen heißen kannst. Du darfst erkennen, wie du deine Hochsensibilität trotz mancher Herausforderungen annehmen und wertschätzen und warum du dieses Persönlichkeitsmerkmal als Gabe betrachten kannst, die absolut liebenswert und des Feierns würdig ist. Außerdem bekommst du eine reiche Auswahl an Anregungen, Tipps und Impulsen an die Hand – und hoffentlich ins Herz –, die dich im Umgang mit den verschiedenen Facetten deiner Hochsensibilität und in der Gestaltung deines hochsensiblen Alltags unterstützen sollen. Unterstützung habe ich dabei von fünfzehn wunderbaren Frauen bekommen, die in diesem Buch zu Wort kommen und die ihre Erlebnisse und Expertise in Bezug auf Hochsensibilität mit dir teilen. So bunt, facettenreich und faszinierend, wie das Thema an sich ist, sind auch die verschiedenen Beiträge dieser Autorinnen und Expertinnen. Jede von ihnen wirft einen etwas anderen Blick auf Hochsensibilität, jede zeigt einen individuellen Gesichtspunkt dieser seelischen Begabung auf und jede möchte dich auf ihre Art inspirieren: mit ihrer persönlichen Geschichte, ihren Erfahrungen und Gedanken, ihrem Wissen oder mit wertvollen Impulsen. Ich bin mir sicher, dass du von der Vielfalt und Vielfältigkeit der Texte genauso profitieren kannst wie ich. Und da ich Vielfalt sehr wertschätze, feiere und respektiere, ist es mir wichtig, dass dies auch in diesem Buch zum Ausdruck kommt – unter anderem darin, dass jede Autorin mit sprachlichen Feinheiten wie dem Gendern so umgehen konnte, wie sie persönlich es für richtig hält. Du wirst in diesem Buch also auf unterschiedliche Versionen des Genderns stoßen – und das ist bewusst so gewollt. Hanna Buiting und Christina Brudereck gehen in zwei ihrer Bücher näher auf den Umgang mit Gendern und auch der gegenderten Schreibweise von Gott (G*tt bzw. G-tt)ein) ein. Hinweise zu ihren und anderen hilfreichen Büchern findest du im Anhang. Eines haben alle Autorinnen dieses Buches aber gemeinsam: ihren christlichen Glauben. Auch wenn dieser bei jeder anders aussieht, unterschiedlich gelebt wird und individuelle Facetten hat, glauben wir alle an denselben Gott. Außerdem hat jede von uns ihre Art zu glauben in ihren jeweiligen Beitrag einfließen lassen.

Denn auch das ist ein Anliegen dieses Buches: Hochsensibilität ganzheitlich zu betrachten. Wenn du hochsensibel bist,

bist du es mit deinem Körper, deiner Seele und mit deinem Geist. Dazu gehören sowohl Aspekte deiner Identität als auch die deines körperlichen und seelischen Wohlbefindens. Und für Menschen, die an Gott glauben, ist der Glaube ebenfalls ein wichtiger Bestandteil, der sich kaum vom (hochsensiblen) Leben trennen lässt.

Nun wünsche ich dir viel Freude beim Auspacken deiner Wundertüte. Ich wünsche dir inspirierende, bereichernde und »feinsinnige« Lesestunden, die dir vielleicht den einen oder anderen Aha-Moment oder sogar ein Hochgefühl bescheren können. Und ich wünsche dir, dass du deiner hochsensiblen Gabe auf die Spur kommst, sie bejahen, schätzen und feiern kannst.

Christina Herr

PS: An dieser Stelle möchte ich meinen Mitautorinnen herzlich Danke sagen. Danke für eure Worte, eure Stimme, eure Gedanken, Impulse und Ideen! Danke, dass ihr mit euren Beiträgen beweist, wie wunderbar vielschichtig, komplex und bunt Hochsensibilität ist! Ihr habt gezeigt, dass feinsinnige Menschen zwar zart*besaitet*, aber genauso viel*seitig* sind: Hanna Buiting, Anke Gasch, Saskia Heinl, Janine Kelly, Stefanie Kloft, Sarah Kistenich, Julia Perrot, Elisabeth Schoft, Carolin Seckt, Sheila Serrer, Tanja Wenz und Heike Zimmermann. Und fürs Leihen der Worte: Christina Brudereck, Ruth Pfennighaus und Elena Schulte.

1

WAS IST HOCHSENSIBILITÄT? GRUNDLEGENDE GEDANKEN UND ANTWORTEN

Beitrag von Christina Herr

Mehr als eine Mimose

Was fällt dir als Erstes ein, wenn du an das Wörtchen »sensibel« denkst? Vielleicht Begriffe wie überempfindlich, wenig belastbar, schwach, dünnhäutig, zartbesaitet? Oder die Zuschreibungen Mimose, Weichei und Prinzessin auf der Erbse? Oder sind es positive Eigenschaften wie feinfühlig, einfühlsam, gefühlsstark, warmherzig, empfindsam und feinsinnig?

Bewerten möchte ich die Begriffe an dieser Stelle nicht, ich möchte dir vielmehr vor Augen halten, was solche Zuschreibungen mit uns machen, welche Gefühle sie bei uns auslösen. Wie geht es dir damit, wenn dich jemand als Mimose bezeichnet oder über dich sagt, du seist viel zu empfindlich und hättest ja überhaupt kein dickes Fell? Wahrscheinlich nicht besonders gut, oder?! Ich jedenfalls mag solche Aussagen nicht. Sie kränken mich, machen mich ein bisschen wütend und geben mir das Gefühl, falsch be- oder sogar verurteilt zu werden.

Und gleichzeitig habe ich mich jahrelang selbst so gesehen – als kleines Sensibelchen, das kaum belastbar ist und sich alles viel zu sehr zu Herzen nimmt. Schon im zarten Alter von neun Jahren kam ich mir wie ein zartes Pflänzchen – wie die berühmte Mimose – vor. Weil ich scheinbar nicht mit meinen Altersgenossen mithalten konnte, was Ausdauer, sportliche Betätigung und schulische Leistungen anging. Ich war immer zu langsam, zu schnell überfordert, zu wenig wettbewerbs- und leistungsorientiert. Zumindest schien es so und empfand ich es so. Im Teenageralter hatte ich oft das Gefühl, ich passe einfach nicht in diese Welt. Ich fühlte mich keiner Gruppe so richtig zugehörig und irgendwie »anders« als alle anderen. Im Vergleich mit meinen Freundinnen und Freunden schnitt ich immer ziemlich schlecht ab und wünschte mir dann, ein bisschen mehr so wie sie zu sein – aufgeschlossener, mutiger, selbstbewusster. Auch später als junge Mutter dachte ich, ich sei dem Mamasein nicht gewachsen. So sehr ich meinen Sohn auch liebte – und liebe – empfand ich das permanente Kümmern und Versorgen als wahnsinnig anstrengend. Jedes Schreien, jeder Pups, jedes Bäuerchen brachte mich aus dem Konzept. (Obwohl ich ein richtiges [Mama-]Konzept ohnehin nicht hatte ...) Natürlich gab es auch unzählige schöne Mamamomente, die Sohnemann und ich in vollen Zügen genossen haben. Trotzdem war da ständig dieses Gefühl, dass irgendetwas mit mir nicht stimmt. Dass ich für die Anforderungen, die das Alltags- und Mamaleben mit sich bringen, nicht stark genug und schlichtweg zu zerbrechlich sei. Damals war mir noch nicht bewusst, dass es gerade diese negativen Gefühle und Gedanken waren, die mich gehemmt und sehr viel Kraft gekostet haben. Selbstverständlich *ist* das Leben kein Ponyhof, es kann durchaus anstrengend und herausfordernd sein – egal, in welcher Rolle wir sind. Dennoch hilft es niemandem, negative – und meist falsche – Aussagen über sich selbst zu hegen und zu pflegen, zu glauben und zu fühlen. Sie ziehen uns nur runter, machen uns klein und werden uns in den meisten Fällen sowieso nicht gerecht. Doch das ist ein Thema, dem wir uns später widmen wollen (siehe Kapitel 4 und 17).

Zurück zur Frage, ob mit mir etwas nicht stimmte: Gott sei Dank gab es darauf eines Tages eine Antwort. Im Rahmen einer

Auszeit an der Nordsee – ich besuchte ohne Mann und Sohn ein Seminar – lernte ich eine andere junge Mutter kennen. Während eines gemeinsamen Strandspaziergangs unterhielten wir uns nett und ziemlich tiefgründig über Gott und das (Mama-)Leben. Irgendwann erzählte ich auch von meinen Bedenken bezüglich meiner Qualifikation als Mutter. Plötzlich blieb meine neue Freundin stehen und sagte: »Hast du dir schon mal Gedanken darüber gemacht, ob du hochsensibel bist?«

Gedanken gemacht? Ich hatte von diesem Begriff damals noch überhaupt nichts gehört! Doch als sie mir daraufhin erklärte, was es mit dem Phänomen der Hochsensibilität auf sich hat, fiel es mir wie Schuppen von den Augen: Ich bin gar nicht komisch, anders und überempfindlich. Ich bin hochsensibel! Diese Erkenntnis sorgte dafür, dass mir gleich mehrere Steine vom Herzen plumpsten und in meinem Leben vieles in Bewegung kam. Ich konnte mich mit einem Mal in einem ganz anderen Licht sehen, ein neues Verständnis für mich aufbringen und auch meine Vergangenheit ganz neu bewerten. Natürlich geschah das nicht an einem einzigen Tag, sondern war ein (erster) Prozess, der sich über mehrere Monate zog und eine intensive Beschäftigung mit der Thematik miteinschloss. Jedenfalls verschaffte mir das Wissen um mein hochsensibles Wesen enorme Erleichterung und brachte in viele Lebensbereiche Klarheit. Denn endlich hatte meine feinfühlige Art einen Namen. Einen Namen, der auf mehr Menschen zutrifft, als ich damals ahnte und der in mir viele positive Gefühle auslöste: Hochsensibilität. Die Bezeichnung »Hochsensible« klingt doch eindeutig besser als Mimose, oder?!

Vielleicht kannst du dich ein bisschen mit meiner Geschichte identifizieren und vielleicht erging oder ergeht es dir ähnlich. Dann möchte ich dich einladen, dich mit mir auf eine Entdeckungsreise in das faszinierende »Land« der Hochsensibilität zu begeben.

Hochsensibilität – Was ist das denn nun genau?

Hochsensible Menschen verfügen über eine äußerst **hohe Wahrnehmungsfähigkeit**. Das heißt, sie nehmen Reize aus ihrer Umgebung besonders stark wahr und verarbeiten diese intensiv. Während eine durchschnittlich sensible Person Umweltreize wie Geräusche, Gerüche und Temperaturen eher ausblenden kann, nimmt eine hochsensible Person diese Informationen fast ungefiltert auf. Dies liegt daran, dass HSP (Abkürzung für Hochsensible Personen bzw. Person) über ein besonders **feines Nervensystem** verfügen, das schon bei den kleinsten Stimuli aktiviert wird und blitzschnell reagiert. So kann ein winterlicher Besuch auf dem Weihnachtsmarkt oder ein sommerlicher Strandausflug zur Hochsaison rasch zu einer Qual werden, da beides – bedingt durch die reizstarke Umgebung – leicht zu einer Überreizung der feinen Sinne führen kann. Auch brauchen HSP länger für die Verarbeitung dieser Reize sowie von Erlebnissen, Erfahrungen und ganz normalen Alltagssituationen. Allerdings ist die außergewöhnlich intensive Wahrnehmung nicht nur auf die fünf Körpersinne bezogen, sondern betrifft darüber hinaus den sogenannten sechsten Sinn – die Intuition – sowie die Gefühls- und Gedankenwelt. Hochsensible fühlen tiefer, spüren mehr und haben feinere Antennen für andere. Sie nehmen oft intuitiv wahr, wie es ihrem Gegenüber geht und welche Atmosphäre in einem Raum herrscht, in dem sich mehrere Menschen aufhalten.

Dieses feinsinnige Empfinden ist jedoch bei jedem hochsensiblen Menschen in individueller Form, in unterschiedlicher Intensität und in verschiedenen Bereichen ausgeprägt. Die eine empfindet Lärm beispielsweise als nicht so störend, während ein anderer stärker auf penetranten Geruch reagiert als andere Hochsensible. Während die eine einfühlsam auf ein Gegenüber eingehen kann, nimmt die andere Gefühle ihrer Mitmenschen kaum wahr. Hochsensibilität hat also – genau wie wir Menschen – unzählige Facetten und umfasst ein breites Spektrum an individuell ausgeprägten Merkmalen. So gibt es zwar die offizielle

Bezeichnung der hochsensiblen Person, jedoch nicht *den* typisch hochsensiblen Menschen.

Hochsensible Personen – Frauen und Männer

Den Begriff »Hochsensible Person« (»Highly Sensitive Person«) hat die US-amerikanische Psychologin und Forscherin Elaine Aron 1996 eingeführt. Durch ihre Langzeitstudien mit über tausend TeilnehmerInnen legte sie die wissenschaftliche Grundlage für das Konzept der Hochsensibilität. Von ihr stammt auch das Standardwerk »The Highly Sensitive Person«, in der deutschen Ausgabe als »Sind Sie hochsensibel?« betitelt.[1] Arons Studien zufolge handelt es sich bei Hochsensibilität um eine angeborene Veranlagung, mit der etwa 15 bis 20 Prozent der Menschen ausgestattet sind. Weibliche und männliche Hochsensible halten sich dabei die Waage.

Dieses Persönlichkeitsmerkmal ist also unter den Geschlechtern gerecht verteilt, was zunächst fragwürdig erscheinen mag. Frauen sollen nur die Hälfte aller HSP ausmachen? Kaum vorzustellen, gelten sie doch gemeinhin als deutlich sensibler als Männer. Daher nimmt man uns Frauen unsere Hochsensibilität auch eher ab. Ob das von Vorteil ist, sei dahingestellt. Hochsensible Männer dagegen haben es schwerer, sich zu »outen«, da dieser Wesenszug von vielen als unmännlich angesehen wird. Daher verstecken sie ihre feinfühligen Charakterzüge oftmals und versuchen, sich den Maßstäben der Allgemeinheit – die meist nichts anderes sind als unnötige Klischees – anzupassen. Aus diesem Grund *wirkt* es auf den ersten Blick so, als gäbe es mehr empfindsame Frauen als Männer.

Vier Kriterien, die zur Hochsensibilität gehören

Vielleicht hast du dich schon einmal gefragt, ob Normalsensible automatisch weniger sensibel oder sogar unsensibel sind – nur weil sie nicht zum hochsensiblen Teil der Bevölkerung gehören. Das ist nicht der Fall. Normalsensible können durchaus mehrere Eigenschaften von HSP in sich tragen. Sie können ebenso empfindsam, feinfühlig und empathisch sein. Die HSP-Expertin Brigitte Küster (ehemals Schorr) hat jedoch **vier Kriterien** herausgearbeitet, **die alle Hochsensiblen kennzeichnen und die HSP von durchschnittlich sensiblen Menschen unterscheiden**[2]. Auch hierbei gilt, dass es sich um grundsätzliche Kriterien handelt, deren individuelle Ausprägung sehr unterschiedlich sein kann. Diese sind:

1. eine schmale Komfortzone,
2. eine schnelle Überreizbarkeit,
3. ein langes Nachhallen,
4. eine individuelle Wahrnehmungsfähigkeit.

1. Die schmale Komfortzone

Als Komfortzone ist der Bereich zu verstehen, in dem HSP sich wohlfühlen, die äußeren Bedingungen – wie Lautstärke, Temperatur und Lichtverhältnisse – stimmen und man innerlich mit sich im Reinen ist. Dieser Wohlfühlbereich ist bei Hochsensiblen oft sehr schmal. Das heißt, sie bewegen sich täglich auf einem schmalen Grat, von dem sie jederzeit abstürzen können – in Überstimulation oder Langeweile. Fast stündlich balancieren sie dabei ihre Komfortzone aus und passen – wenn möglich – die Bedingungen an ihre jeweiligen Bedürfnisse an.

Lotte sitzt am Schreibtisch, brütet über ihrer Masterarbeit – und friert. Die schöne Tasse Tee, die sie gerade gemacht hat, hilft da auch nicht weiter. Also muss die neue Strickjacke her, die mit den rosa Punkten. Aber Stopp! Die hat Lotte ja heute Morgen in die Waschmaschine gesteckt. Und noch nicht aufgehängt. Mist! Dann halt der rote Rollkragenpulli. Wenn der bloß nicht so kratzen würde ... Aber was soll's, Hauptsache, Lotte fühlt sich warm und wohlig und kann endlich weiterschreiben. Also zurück an den Schreibtisch. Doch was ist das für ein komisches, klopfendes Geräusch? Scheint aus dem Heizkörper zu kommen. Lotte greift nach ihren Kopfhörern. Apropos Heizung: Am liebsten würde Lotte die höher aufdrehen, aber bei den hohen Heizkosten kann sie sich das einfach nicht leisten. Dass auch alles teurer werden muss! Verärgert schüttelt Lotte den Kopf. Dann atmet sie einmal tief ein und aus, nimmt einen Schluck Tee und widmet sich wieder ihrer Arbeit.

Das Wohlbefinden muss also ständig neu hergestellt werden, was viel Energie kostet und unheimlich anstrengend sein kann – sowohl für die Betroffenen selbst als auch für ihre Mitmenschen.

Manchmal gelingt dieses Ausbalancieren jedoch nicht, weil die äußeren Umstände es einfach nicht zulassen, und dann kann sich die Gemütslage von einer Sekunde auf die andere komplett ändern. Eben war noch alles ganz wunderbar und nur einen Moment – oder Reiz – später scheint die Welt kurz vor ihrem Untergang zu stehen. (Tipps zum Umgang damit und mit dem nächsten Punkt – der schnellen Überreizung – bekommst du in Kapitel 14).

2. Die schnelle Überreizbarkeit

Sind HSP einer Vielzahl von anhaltenden äußeren Reizen ausgesetzt, gelingt es ihnen ab einem bestimmten Punkt nicht mehr, diese zu verarbeiten. Folgt eine Stimulation auf die andere, erfährt ihr Nervensystem eine Art *Overload*. In solchen Zuständen wird Hochsensiblen alles zu viel, sie fühlen sich überfordert, werden nervös und haben Schwierigkeiten, sich zu konzentrieren. Brigitte Küster beschreibt die Überreizbarkeit wie folgt: »Nichts ist zu klein, um ein Reiz zu sein. [...] Bei sehr hochsensiblen Menschen kann jede Begegnung auf der Straße, jede Tätigkeit, jedes Gespräch überstimulierend sein. Wenn jemand überstimuliert ist, ist er nicht mehr in seiner Ruhe und kaum in Kontakt mit seiner Kraft. Überstimuliert zu sein, schwächt und es fühlt sich an wie ein Gewitter im Kopf und wie eine Konfusion im Herzen.«[3]

Oft fühlen, denken und handeln HSP in Situationen der Überreizung völlig anders, als sie es von sich kennen und sind somit ein Rätsel für sich selbst und für andere. Hilfreich für beide Seiten ist dann, sich in Erinnerung zu rufen, dass dies ein Merkmal der Hochsensibilität ist, dem ein sehr empfindsames Nervensystem zugrunde liegt. Und dass diese Neigung zur Überstimulation keinesfalls eine Persönlichkeitsstörung darstellt.

3. Das lange Nachhallen

Wie bereits anfangs erwähnt, benötigen Hochsensible viel Zeit, um Erlebtes und Erfahrenes zu verarbeiten. Alltagssituationen wie Gespräche, das Lesen einer E-Mail oder einer aktuellen Zeitungsnachricht bleiben ihnen lange im Gedächtnis und im Gefühl haften. An einem unbedachten Wort ihres Gesprächspartners beispielsweise haben sie noch wochenlang zu knacken und bewegen es immer wieder in ihrem Kopf und im Herzen. Ihr Organismus lässt sich mit einem Speicher vergleichen, der fortlaufend gefüllt wird, ohne im gleichen Tempo wieder geleert zu werden. Nach einem aufregenden Erlebnis fällt es ihnen daher äußerst schwer, zum nächsten Tagesordnungspunkt überzugehen, da die gerade erlebte Situation noch viel zu präsent und überhaupt noch nicht verdaut ist.

Außerdem kann das lange Nachhallen HSP davon abhalten, im Hier und Jetzt zu leben. Sie sind häufig so stark mit der Verarbeitung und dem Reflektieren von Vergangenem beschäftigt, dass ihnen dadurch die Zeit und Energie fehlt, sich auf aktuelle Geschehnisse zu fokussieren und »im Moment« zu sein. Das Gute ist, dass es hierzu Übungen und Techniken gibt, um dies zu trainieren (siehe Kapitel 12, 13, 14, 19 und 21).

4. Die individuelle Wahrnehmungsfähigkeit

Auch diese Eigenschaft Hochsensibler wurde schon zu Anfang kurz angesprochen. Jede HSP ist einzigartig in der Art, wie sie ihre Umwelt und ihr Inneres wahrnimmt. Es gibt nicht zwei hochsensible Menschen, die gleich sind – die Ausprägung der Wahrnehmungsbegabung ist bei jeder und jedem völlig unterschiedlich und absolut individuell.

Dennoch lassen sich **vier Ausprägungen der Hochsensibilität im Bereich der Wahrnehmung** unterscheiden, die Brigitte Küster in vier Gruppen eingeteilt hat.[4]

Das sind zum einen die Menschen, die besonders über ihre Sinneskanäle wahrnehmen: die eine feine Nase oder einen ausgeprägten Geschmackssinn haben, auf taktile Reize oder Geräusche stark reagieren und oft Details sehen – in der Natur, in stilvoll eingerichteten Wohnräumen, in Kunstwerken und Kulturstätten –, die ihnen ein wahres Glücksgefühl vermitteln. Diese Gruppe wird als ***sensorisch hochsensibel*** bezeichnet.

Weiterhin gibt es die ***empathisch Hochsensiblen,*** die Frau Küster zufolge die größte Gruppe unter den HSP darstellen. Sie haben die Fähigkeit, die Stimmungen ihrer Mitmenschen zu erspüren, Zwischentöne in Unterhaltungen aufzunehmen und hinter die sprichwörtliche Fassade zu blicken. In der Regel verfügen sie über ein großes Einfühlungsvermögen und bringen (notleidenden) Menschen viel

Mitgefühl entgegen. Dem Thema »Empathie« ist in Teil 2 dieses Buches ein Kapitel gewidmet, das die Sonnen- sowie die Schattenseiten dieser Begabung aufzeigt.

Die dritte Gruppe umfasst die ***kognitiv Hochsensiblen***. Ihre Fähigkeit liegt darin, sich intensiv in ein Thema zu vertiefen und es analytisch und intellektuell zu durchdenken. Sie können Zusammenhänge rasch erfassen und Querverbindungen zwischen Fakten oder Sachverhalten verschiedener Bereiche erkennen. So springen sie in Gesprächen häufig von einem Thema zu einem scheinbar völlig anderen, weil ihnen wieder einmal eine bestimmte Verlinkung beider Themen in den Sinn gekommen ist. Auf Außenstehende kann dies ziemlich verwirrend und willkürlich wirken. Außerdem haben kognitive HSP eine schnelle Auffassungsgabe und ein feines Gespür dafür, den roten Faden in einem Roman, einer wissenschaftlichen Hausarbeit oder einem Film zu entdecken. Fehlt dieser rote Faden oder gibt es irgendeinen anderen Fehler, fällt ihnen dies sofort auf. Auf der emotionalen Ebene sind sie eher nach innen gekehrt – sie halten ihre Emotionen oftmals in ihrem Inneren verborgen und stellen sie nur ungern öffentlich zur Schau.

Als vierte und letzte Gruppe seien die ***spirituellen Hochsensiblen*** genannt, die einen besonderen Zugang zur immateriellen und übersinnlichen Welt haben. Ihre Wahrnehmung reicht demnach über ihre (Körper-)Sinne hinaus, was zunächst einmal nichts mit Esoterik oder Okkultismus zu tun hat. Sie tragen vielmehr eine große Sehnsucht nach einem tieferen Sinn in sich und fühlen sich von allem, was Religion betrifft, stark angezogen. Hochsensible ChristInnen haben oft eine innige Beziehung zu Gott und können ganz mit ihrem Glauben verschmelzen, sodass Personen und Geschehnisse aus der Bibel sehr real für sie sein können.

Diese vier verschiedenen Gruppen bzw. Ausprägungen von Hochsensibilität kommen häufig nicht nur in ihrer reinen

Form vor, sondern genauso als Mischformen – wie als empathisch-sensorischer oder empathisch-kognitiver Typ. Als Schubladen sind sie – wie alle anderen Bezeichnungen und Begrifflichkeiten in diesem Buch – allerdings nicht zu verstehen, sondern als Hilfsmittel, um sich oder andere besser verstehen und einordnen zu können.

Hochsensibilität – Krankheit oder Hype?

Leider wird Hochsensibilität bis heute immer noch von einigen als Krankheit betrachtet. Wie eine Störung oder Verhaltensauffälligkeit, die man wegtherapieren kann oder heilen muss. Das ist sie keineswegs! Hochsensibilität ist keine Krankheit! Sie ist eine einzigartige Veranlagung, ein faszinierendes Persönlichkeitsmerkmal, das einen Teil unseres Charakters ausmacht und in dem weit mehr Gesundes und Starkes stecken als Krankmachendes oder Störendes. Glücklicherweise teilen die meisten AutorInnen entsprechender Fachliteratur und Ratgeber diese Ansicht. In nahezu allen (Fach-)Büchern, die ich zum Thema gelesen habe, geht es darum, Hochsensibilität als *Gabe* anzunehmen und zu entdecken, welche Stärken darin stecken. (Literaturverweise findest du im Anhang.) Das möchte ich mit diesem Buch ebenfalls ausdrücken. Lass dich also nicht von der falschen Ansicht, du würdest als HSP an einer Krankheit leiden, beeinflussen. Mache dir vielmehr immer wieder bewusst, dass es eine seelische Begabung ist, die aus Sonnen- und Schattenseiten besteht und die du gestalten kannst.

Neulich stieß ich im Internet auf einen unschönen Kommentar. Eine anonyme Nutzerin schrieb darin, wir Sensiblen würden uns für etwas Besseres halten, dabei sei das ganze Getue um das Thema nur heiße Luft – Hochsensibilität sei bloß ein Hype, dem man sich anschließen würde, um als außergewöhnlich und interessant dazustehen. Das ist eine völlig andere Außensicht auf HSP. Während wir bei der Ansicht, Hochsensibilität sei eine Krankheit, als Opfer dargestellt werden, übernehmen wir hier angeblich die Rolle des »Täters«, der auf andere herabschaut und unter dem andere womöglich leiden müssen. Auch diese Zuschreibung ist natürlich alles andere als korrekt und wir dürfen diese Art von Kommentaren getrost ignorieren. Mir hilft in solchen Fällen die grundlegende Tatsache: Egal, wer und wie wir sind und wie wir uns verhalten, es kann *immer* jemanden geben, der uns falsch beurteilt oder schlecht über uns denkt – das liegt nicht in unserer Hand. Viel entscheidender ist doch, welchen Blick wir *selbst* auf uns werfen, wie *wir* über uns denken und welche Rolle wir einnehmen, die des Opfers oder die des Täters. Und das haben wir sehr wohl in der Hand – oder vielmehr im Kopf und Herzen. (Mehr dazu in Kapitel 3.)

Auch wenn ich dem erwähnten Kommentar keine große Bedeutung zumesse, möchte ich noch einmal kurz auf die Feststellung eingehen, Hochsensibilität sei lediglich ein Hype. Es stimmt tatsächlich, dass dieser Begriff heutzutage in vieler Munde ist, dass es unzählige Bücher, Podcasts und Artikel darüber gibt und dass sich gefühlt jede und jeder als HSP bezeichnet (was natürlich übertrieben ist). Hochsensibilität scheint also wirklich hip zu sein, eine Modeerscheinung, wie vor einigen Jahren die Diagnose ADHS, von der plötzlich »alle« SchülerInnen betroffen waren. So zumindest habe ich es damals als Lehrerin empfunden.

Doch welche Konsequenzen hat das nun? Zum einen dürfen wir uns darüber freuen, dass dieses Persönlichkeitsmerkmal immer mehr Beachtung findet und dass an vielen Stellen darüber aufgeklärt und informiert wird. Zum anderen beinhaltet der Begriff »Hype« aber auch, dass etwas nicht ganz ernst zu nehmen ist – eine Modeerscheinung eben, die so schnell wieder verschwindet, wie sie aufgetaucht ist. Dies wiederum kann ausdrücken, Hochsensibilität gebe es im Grunde genommen nicht. Wir HSP bildeten sie uns lediglich ein, vielleicht, um exotischer zu wirken oder unsere Befindlichkeiten als Empfindlichkeiten zu entschuldigen. Diese Sichtweise wird dem komplexen

Thema keineswegs gerecht. Autorin Debora Sommer schreibt dazu: »Auch wenn der Hype, der um Hochsensibilität gemacht wird, nicht abzustreiten ist, bedeutet dies noch lange nicht, dass Hochsensibilität ihrem Wesen nach tatsächlich bloß ein kurzlebiger Lifestyle-Trend ist.«[5]

Gegen den Begriff »Modeerscheinung« spricht außerdem, dass Elaine Aron bereits seit den Neunzigern Forschungen über Hochsensibilität anstellt und es sogar noch frühere Pioniere gibt, die sich wissenschaftlich damit auseinandersetzten, ohne jedoch viel Aufmerksamkeit bekommen zu haben. Die Studie »Der sensible Mensch« des Theologen und Psychiaters Eduard Schweingruber erschien beispielsweise schon im Jahr 1945.[6] Und diese Jahreszahlen lassen nun wirklich nicht auf einen Hype schließen.

Du bist mehr

So wichtig und langlebig unser Thema auch ist, bitte behalte einen Gedanken dabei aber immer im Hinterkopf: Es gibt noch viel mehr, was dich ausmacht. Du bist nicht ausschließlich hochsensibel – die Hochsensibilität ist nur eins von vielen deiner Persönlichkeitsmerkmale. Sie ist *ein* Teil von dir, der zwar durchaus bedeutsam ist, auf den du jedoch nicht dein *gesamtes* Leben und dein *ganzes* Selbst beziehen solltest.

Wie du herausfinden kannst, ob du hochsensibel bist

Vielleicht weißt du bereits, dass du hochsensibel bist. Vielleicht gehörst du aber auch zu denen, die sich ihrer Hochsensibilität noch nicht ganz sicher sind und gern herausfinden möchten, ob sie denn nun hochsensibel sind oder nicht.

Einen wissenschaftlich anerkannten Test zur Feststellung deiner möglichen Hochsensibilität gibt es nicht, auch kein »Diagnoseverfahren«, welches du bei einer Ärztin oder einem Psychologen durchlaufen könntest. Ich sehe dies sehr positiv, da eine Diagnose oder offizielle Testung nur weiter den Eindruck verstärken würde, Hochsensibilität käme einer Krankheit oder Störung gleich. Außerdem ist jede HSP absolut einzigartig und passt meines Erachtens weder in eine Schublade noch in ein festgelegtes Schema.

Nichtsdestotrotz deuten bestimmte Merkmale, Eigenschaften und Empfindungen auf eine Hochsensibilität hin. Und diese treffen – in unterschiedlichen Ausprägungen und individuellen Ausmaßen – auf Hochsensible zu. Die Vorreiter der Hochsensibilitätsforschung Elaine Aron und Georg Parlow[7] haben dazu Fragebögen entwickelt, die Autorinnen wie Kathrin Sohst[8] und Susanne Moeberg[9] ergänzt und erweitert haben.

Merkmale Hochsensibler

Anhand dieser Fragebögen habe ich eine **Liste mit häufigen Merkmalen Hochsensibler** erstellt. Schau dir die Liste gern an und kreuze die Eigenschaften an, mit denen du dich identifizieren kannst. Überlege beim ersten Durchgang spontan und aus dem Bauch heraus, ob du ein Kreuz setzt.

- ◯ hohes Genussempfinden bei der Beschäftigung mit Kunst, Literatur, Musik und Kultur
- ◯ Schwierigkeiten beim Ein- und Durchschlafen, wenn am Tag viel los war
- ◯ intensives Nachdenken und komplexes Innenleben
- ◯ starke Reaktion auf Kaffee und/oder Medikamente
- ◯ hohe Wahrnehmung von Stimmungen und Gefühlen anderer
- ◯ leichte Beeinflussbarkeit durch die Laune eines Gegenübers
- ◯ Nervosität, wenn es viele Aufgaben (gleichzeitig) zu bewältigen gibt
- ◯ leichtere Schmerzempfindlichkeit
- ◯ gründliches und gewissenhaftes Arbeiten, Vermeidung von Fehlern
- ◯ starke Reaktion auf Brutalität in Filmen und Gewalt in anderen Medien
- ◯ feiner Sinn für angenehme Düfte, besondere Geschmacksrichtungen und angenehme Klänge
- ◯ intensive Geräuschempfindlichkeit (laute Geräusche können sogar körperlichen Schmerz bereiten)
- ◯ Gefühl der Überwältigung bei starken Reizen wie grellem Licht, unangenehmen Gerüchen, rauer oder enganliegender Kleidung oder Sirenengeräusch
- ◯ Anpassungsschwierigkeiten bei Veränderungen im Leben
- ◯ Hunger kann schnell schlechte Laune und/oder Konzentrationsprobleme auslösen

- ◯ Tierliebe und innere Verbindung zu Haustieren
- ◯ effektives Arbeiten, wenn die Bedingungen stimmen (Ruhe, Einzelbüro oder Homeoffice)
- ◯ Fähigkeit des vernetzten, ganzheitlichen und lösungsorientierten Denkens
- ◯ längere Verarbeitungszeit nach intensiven Erlebnissen oder tiefen Gesprächen
- ◯ großes Rückzugs- und Ruhebedürfnis nach Phasen der Überreizung
- ◯ blühende Fantasie und lebhafte Vorstellungskraft
- ◯ feine Intuition, die sich häufig als zutreffend erweist
- ◯ Fähigkeit, in überraschenden Krisensituationen die Nerven zu behalten und zu wissen, was als Nächstes getan werden muss
- ◯ Fähigkeit, Menschen zu »lesen« und falsche Motive zu durchschauen
- ◯ starke Reaktion auf übermäßigen Konsum von Informationen und (negativer) Berichterstattung
- ◯ starke körperliche Reaktion auf Stress, schlechte Enährung, wenig Bewegung und ein ungesundes Umfeld
- ◯ hohes Engagement in Familie, Beruf, Freundeskreis, Kirche und/oder Ehrenamt
- ◯ Fähigkeit, Unausgesprochenes in Gesprächen herauszuhören
- ◯ Vermeidung von großen Menschenansammlungen, wie bei Konzerten, auf Messen oder in der Fußgängerzone zur Weihnachtszeit
- ◯ hohes Einfühlungsvermögen und Reaktion auf die Bedürfnisse anderer

Und jetzt?

Wenn der Großteil dieser Eigenschaften auf dich zutrifft, kann es durchaus sein, dass du hochsensibel bist. Beachte dabei, dass die hochsensiblen Merkmale, die hier angesprochen werden, bei dir stärker oder schwächer vorhanden sein können, da – wie gesagt – jede HSP anders tickt. Es gibt in dieser Beziehung kein »Ganz-oder-gar-Nicht«. Auch können mehrere der Punkte auf Menschen zutreffen, die nicht hochsensibel sind, aber vereinzelte Züge von HSP in sich tragen. Was jedoch bei einer Feststellung von Hochsensibilität immer vorhanden sein muss, sind die vier von Brigitte Küster beschriebenen Kriterien: schmale Komfortzone, schnelle Überreizbarkeit, langes Nachhallen und individuelle Wahrnehmungsfähigkeit (siehe Kapitel 1).

Weiterhin solltest du vermeiden, diese Liste isoliert zu betrachten. Sinnvoller ist es, die Aussagen – und andere Passagen dieses Buches – in aller Ruhe auf dich wirken zu lassen und dich selbst zu beobachten, ob du dich auch in Zukunft, also in den nächsten Wochen und Monaten, mit ihnen identifizieren kannst. Frage dich außerdem, welche Wirkung der Gedanke, hochsensibel zu sein, auf dich hat. Hattest du bei der Selbsteinschätzung einen oder mehrere Aha-Effekte? Liefern die Aussagen womöglich eine willkommene Erklärung für Besonderheiten in deinem Leben? Und helfen sie dir, dich selbst – und deine Lebensgeschichte – besser zu verstehen?

Es kann auch hilfreich sein, wenn du dir einmal deine Vergangenheit im Hinblick auf die Merkmale Hochsensibler anschaust. Geh beispielsweise alle Punkte noch einmal durch, mit der Frage im Hinterkopf: **»Wie war das in meiner Kindheit und Jugend?«** Sollte das Ergebnis dann dasselbe sein wie beim ersten Durchgang, bestätigt dies die Wahrscheinlichkeit, dass du hochsensibel bist. Obwohl es auch hierbei zu bedenken gibt, dass einzelne hochsensible Ausprägungen – wie beispielsweise die Geräuschempfindlichkeit – sich im Laufe der Jahre ändern können.

Kathrin Sohst führt an, dass es einen weiteren Hinweis auf Hochsensibilität gibt: die vielen Eigenschaftswörter, die sich in der Literatur zu dem Thema finden. Wenn du dich also in den folgenden Begriffen wiederfindest, kann das ebenfalls auf eine hohe Sensibilität hindeuten.[10]

Umkreise alle Begriffe, die dich und deine Eigenschaften widerspiegeln.

feinfühlig,
warmherzig, empathisch,
dünnhäutig,
zartbesaitet, empfindsam,
gefühlsstark, einfühlsam, mitfühlend,
hochwahrnehmend, feinsinnig, vielfühlend,
sinnesstark, großherzig

Nun magst du dich fragen, was dir diese Erkenntnis bringen soll und welche Konsequenz das Wissen um deine Hochsensibilität hat. Darauf möchte ich in den folgenden Kapiteln eingehen.

2

»NUR« HOCHSENSIBEL ODER GIBT ES DA NOCH MEHR?

BEGRIFFLICHKEIT UND DIFFERENZIERUNG VERSCHIEDENER TYPEN VON HOCHSENSIBILITÄT

Beitrag von Christina Herr

Nachdem wir uns im ersten Kapitel angeschaut haben, was Hochsensibilität bedeutet und welche Merkmale hochsensible Menschen aufweisen, möchte ich nun noch einmal auf die Begrifflichkeit eingehen und dir weitere hochsensible Untergruppen vorstellen.

Hochsensibel, hochsensitiv oder neurosensitiv?

Wie zuvor erwähnt, führte die Forscherin Elaine Aron den Begriff »Highly Sensitive Person« in den Neunzigern ein. Im Deutschen übernahm man dann zunächst die Übersetzung »hochsensible Person« bzw. »hochsensibler Mensch«. Es ist jedoch genauso möglich, den englischen Ausdruck »highly sensitive« mit »hochsensitiv« zu übersetzen. Da diese Bezeichnung positiver klingt und weniger die Assoziation eines Sensibelchens weckt, fand sie ebenfalls Einzug in die Psychologie. Von vielen ExpertInnen werden beide Begriffe synonym verwendet, manche machen allerdings eine Unterscheidung, was die Bedeutung angeht. So grenzt die Autorin und HSP-Expertin Anne Heintze hochsensibel und hochsensitiv – als zwei *verschiedene* Phänomene von Hochsensibilität – deutlich voneinander ab.[II]

Laut Heintze bezieht sich **Hoch*sensibilität*** in erster Linie auf die **fünf Körpersinne, die besonders fein ausgeprägt sind.** Hoch*sensible* hören, riechen, sehen, schmecken und fühlen bzw. tasten intensiver und differenzierter. Durch diese starke Wahrnehmungsgabe sind sie in der Lage, viel feinere Informationen aus der Umgebung und ihrem Inneren zu erfassen und zu interpretieren. Sie reagieren also besonders heftig auf unangenehme Reize wie grelles Licht, Lärm, künstliche Stoffe auf der Haut, aufdringliche Duftstoffe, scharfes oder überwürztes Essen. Auf der anderen Seite nehmen sie angenehme Reize genauso intensiv wahr: Sonnenuntergänge, ihre Lieblingsmusik, die Kuscheldecke, den Duft von frisch gepresstem Orangensaft, eine schmackhaft zubereitete Mahlzeit. Als »Zartbesaitete« werden ihre Saiten sozusagen leichter in Schwingung versetzt. Dies kann sowohl zu einer schnelleren Überreizung führen (Herausforderung), als auch zu der Fähigkeit, Schönes und Genussmomente tiefer zu erleben (Stärke).

Bei der **Hoch*sensitivität*** geht es vor allem um Zwischenmenschliches, das nicht richtig greifbar, fassbar, geschweige denn sichtbar ist. Um eine **unsichtbare Ebene, die hochsensitive Menschen wahrnehmen können und die über die fünf Sinne hinausgeht.** Intuition und Empathie werden oft als sechster und siebter Sinn bezeichnet. Welche Eigenschaft dabei welchem Sinn zugeordnet wird, ist nicht immer eindeutig. Hochsensitive verfügen demnach über einen solchen ausgeprägten sechsten und siebten Sinn, mit dem sie beispielsweise die Stimmung ihres Gegenübers erspüren, bei einer Unterhaltung auch das Ungesagte hören oder zwischen den Zeilen lesen können. Sie haben oft eine bestimmte Vorahnung, wie ein Konflikt ausgehen oder was ihr Gesprächspartner als Nächstes sagen wird. Außerdem haben sie ein feines Gespür für die Ausstrahlung anderer und können oft gut erkennen, wie eine Person es »wirklich« meint. Die Intuition – das sogenannte Bauchgefühl – hochsensitiver Menschen ist oft sehr stark ausgeprägt, ebenso wie ihre Fähigkeit zur Empathie. Hierbei sollte noch erwähnt werden, dass ein Bauchgefühl zwar oft zutreffend ist, sich jedoch in manchen Fällen als falsch herausstellen kann. Das Gleiche gilt für alles, was den sechsten Sinn und die Empathie betrifft: Hochsensitive können sich auch mal irren. Das ist natürlich keine Schande. Und: Daran lässt sich arbeiten. (Mehr zum Umgang mit Stärken und Herausforderungen in Teil II und III.)

Diese beiden Typisierungen können nach Anne Heintze einzeln vorkommen – du kannst also entweder hochsensibel *oder* hochsensitiv sein –, sehr häufig treten sie aber in Kombination auf.

Das jüngste Konzept für wahrnehmungsbegabte Menschen stammt vom Schweizer Wirtschaftswissenschaftler Dr. Patrice Wyrsch, der 2015 zum ersten Mal von **Neurosensitivität** sprach und sein gleichnamiges Buch im Jahr 2020 veröffentlichte.[12] Seine Untersuchungen und Ergebnisse stützen sich auf den Entwicklungspsychologen Prof. Dr. Michael Pluess und dessen Erkenntnis, dass Hochsensibilität auf der Sensitivität des zentralen Nervensystems basiert. Neurosensitivität lässt sich übersetzen mit **»Empfindsamkeit der Nerven«** und definieren als die **Fähigkeit, Umgebungsreize zu registrieren und zu verarbeiten.** Umgebungsreize umfassen dabei alle internen Reize, wie z. B. eigene Gefühle oder externe Reize wie die Gefühle anderer. Dr. Wyrsch unterscheidet vier Facetten erhöhter Neurosensitivität:

1. *Erhöhtes Bewusstsein:* Eine Studie von hochsensitiven Personen zeigt eine erhöhte Aktivität der Insula, einem Hirnareal, das mit generellem Bewusstsein in Verbindung gebracht wird.
2. *Erhöhte Empathie:* Hier zeigt eine Studie, dass HSP eine erhöhte Aktivität der Spiegelneuronen aufweisen, einem Hirnareal, das mit Empathie in Verbindung gebracht wird.
3. *Tiefere Informationsverarbeitung:* Diesbezüglich lautet das Ergebnis einer Studie, dass hochsensitive Personen kreativer sind.

4. *Anfälligkeit für Überstimulation:* Entsprechende Studien zeigen, dass hochsensitive Personen stressgefährdeter sind.

Dieses Modell ähnelt denen von Elaine Aron und Brigitte Küster (siehe Kriterien für Hochsensibilität) – mit einem ganz entscheidenden Unterschied, was die Ursache für Hochsensibilität angeht: in diesem Fall in der besonders empfindsamen Beschaffenheit des Nervensystems, der Neurosensitivität.

Alle unter einem Dach

In diesem Buch werde ich die Zweiteilung, die Anne Heintze vornimmt, nicht übernehmen, sondern mich der Einfachheit halber ausschließlich auf den Begriff der Hochsensibilität beschränken. Anne Heintze hat zwar Gründe für ihre Differenzierung, die unter anderem darin bestehen, dass beide Personengruppen unterschiedliche Bedürfnisse haben. Trotzdem möchte ich mich hier Brigitte Küster und Debora Sommer anschließen, die dies in ihren Büchern ebenso handhaben. Hochsensibilität ist immer noch die im deutschsprachigen Raum gängigste Bezeichnung für Menschen mit feinen Sinnen – egal, ob man nur von fünf Sinnen ausgeht oder den sechsten und siebten Sinn miteinschließt. Außerdem habe ich wie Debora Sommer keine wissenschaftlichen Grundlagen oder Studien für eine Unterscheidung gefunden. Vielmehr gehe ich davon aus, dass die meisten HSP Anteile beider Typen in sich tragen – hochsensible *und* hochsensitive – und dass eine Differenzierung daher für unsere Zwecke nicht zielführend ist.

Dr. Wyrschs Konzept der Neurosensitivität finde ich hochinteressant, habe mich aber noch nicht ausführlich genug damit beschäftigt, um diese Begrifflichkeit korrekt anzuwenden und zu vertiefen. Und auch hier gilt: Hochsensibilität ist nun mal die geläufigste und am weitesten verbreitete Bezeichnung. Ich betrachte sie als eine Art »Dach-Begriff«. Unter diesem Dach wimmelt es nur so von unterschiedlichen und bunten Persönlichkeiten, die in ihrer jeweiligen hochsensiblen Ausprägung einzigartig sind und unzählige verschiedene Facetten der Feinsinnigkeit und Hochfühligkeit in sich tragen.

Ein paar Untergruppen, die unter diesem Dach wohnen und die es sich lohnt, näher anzuschauen, möchte ich dir an dieser Stelle vorstellen: die **hochsensiblen Lastenträger**, die **Scanner-Persönlichkeiten**, die **High Sensation Seeker** und die **Synästheten**.

Die vielfach in diesem Zusammenhang genannte Hochbegabung lasse ich außen vor. Um darauf näher einzugehen, müsste ich ein ziemlich großes Fass aufmachen, denn zu dieser Thematik gibt es mehrere verschiedene Meinungen, Erklärungsversuche und Definitionen. Diese hier eingehender zu betrachten, würde meines Erachtens zu weit führen. Außerdem teile ich die unter einigen PsychologInnen verbreitete Ansicht, so gut wie jeder hochbegabte Mensch sei automatisch hochsensibel und jeder hochsensible gleichzeitig hochbegabt, ohnehin nicht.[13]

Die hochsensiblen Lastenträger

Die hochsensiblen Lastenträger haben eine starke Ähnlichkeit mit den empathisch Hochsensiblen, die Brigitte Küster als eine der vier Ausprägungen bzw. Gruppen nennt. Die Bezeichnung geht auf Christa und Dirk Lüling, die Gründer der Familienarbeit TEAM.F, zurück. In ihrem Buch »Lastentragen – die verkannte Gabe«[14] beschreiben sie damit Personen, die bewusst oder unbewusst Lasten ihrer Mitmenschen – wie Probleme, Sorgen oder sonstige negative Gefühle – auf die eigene Schulter nehmen. Die mit-leiden, mit-fühlen, mit-denken und sich intensiv in andere hineinversetzen können – egal, ob die anderen darum gebeten haben oder nicht. Oft übernehmen sie die Rolle eines Retters und wünschen sich dann, so vielen Menschen wie möglich zu helfen und sie aus widrigen Umständen zu befreien – am liebsten gleich die ganze Welt.

Die Stärken von Lastenträgern liegen darin, dass sie tatsächlich Hilfe leisten und nicht wegschauen, wenn Not am Mann oder der Frau ist. Sie haben ein Herz für ihre Mitmenschen und einen feinen Blick für Missstände. Sie *sehen* und spüren die Nöte, Schmerzen und Stimmungen anderer oder lesen sie an deren Mimik, Gestik oder am Tonfall ab. Dies kann dazu führen, dass der andere sich angenommen und verstanden fühlt, was wiederum seinen bzw. ihren inneren oder äußeren Schmerz lindern kann.

Auf der anderen Seite können Lastenträger auch dazu tendieren, ihrem Gegenüber keine Wahl zu lassen. Sie sehen eine Not beim anderen, schlüpfen in die Retterrolle und stülpen ihrem Gegenüber die Opferrolle über. Dieser »muss« sich nun helfen lassen und verhält sich dann häufig auch wie ein Opfer, das auf einen Retter angewiesen ist und nicht mehr eigenverantwortlich handeln kann. (Solch ein Retter-Verhalten kann übrigens genauso bei Normalsensiblen auftreten, das macht das sogenannte Drama-Dreieck deutlich, bei dem Opfer, Retter und Verfolger sich gegenseitig in ihrem Verhalten und Fühlen beeinflussen.) Eine weitere Herausforderung für hochsensible Lastenträger ist, sich für alle und alles verantwortlich zu fühlen und mit Schuldgefühlen zu reagieren, wenn sie mit ihrer Empathie und Retterliebe einmal nichts bewirken können. Außerdem neigen sie dazu, sich oft in Situationen hineinziehen zu lassen, die sie eigentlich nichts angehen. Daher sind das Erkennen und Einhalten von Grenzen für sie essentiell. Sie dürfen lernen, wo die Grenze ihrer eigenen Verantwortlichkeit liegt und wo ihre Mitmenschen selbst Verantwortung für ihr Leben übernehmen müssen und dürfen.[15] Hochsensible ChristInnen dürfen zudem lernen, dass sie ihre Lasten und die aller anderen jederzeit bei Gott abladen können. Gott ist sowieso der allerbeste Lastenträger und stark genug, um sämtliche Lasten dieser Welt zu schultern.

Die Scanner-Persönlichkeiten

Unter Scanner-Persönlichkeiten versteht man (hochsensible) Menschen, die sich für viele verschiedene Themen interessieren und jeweils tief in ein Themengebiet eintauchen können. Sie werden auch als vielbegabt beschrieben, da sie nicht nur das Interesse, sondern ebenso das nötige Talent für ihr jeweiliges Lieblingsthema mitbringen. Unbändige Neugier, Wissenshunger, Begeisterungsfähigkeit und Ideenreichtum sind Merkmale dieser Multitalente. Und am liebsten würden sie sich mit all ihren Ideen sofort und gleichzeitig beschäftigen. Scanner haben oft mehrere Hobbys, engagieren sich ehrenamtlich an verschiedenen Stellen und lieben Bücher. Die Freude am Lesen liegt bei ihnen nicht nur in der Unterhaltung, sondern vielmehr in der Erweiterung ihres Horizonts und Wissens. Barbara Sher, eine US-amerikanische Autorin, prägte den Begriff der Scanner-Persönlichkeit bereits Ende der Siebziger.[16]

Die Stärke von Scannern ist offensichtlich: Sie besteht in ihrer Vielbegabung. Viel zu können macht einfach Spaß, das Leben bunt und den Alltag abwechslungsreich. Langeweile ist meist ein Fremdwort für Scanner. Sie finden immer etwas, womit sie sich beschäftigen oder in das sie sich vertiefen können. Als Multitalente sind sie außerdem beliebte Ansprechpartner auf mehreren Gebieten und werden in Kirchen, Ehrenämtern, bei technischen oder handwerklichen Fragen, bei der Vorbereitung von Partys und Familienfesten oder anderen Aktivitäten gern um Rat oder Unterstützung gebeten. In den meisten Fällen sagen sie dann begeistert zu und stürzen sich voller Elan in die neue Aufgabe.
Und genau darin liegt gleichzeitig die Schwäche der Scanner. Sie verzetteln sich leicht. Sie *können* zwar viel, aber schaffen es dann oft nicht, all ihre Ideen und Aufgaben umzusetzen und – vor allem – zu Ende zu bringen. Hier dürfen sie lernen, die nötigen Prioritäten zu setzen, Anfragen auch abzulehnen und sich einer Sache *nach* der anderen zu widmen. Weiterhin kann es vorkommen, dass Scanner darunter leiden, auf keinem Ge-

biet ein echter Profi oder Spezialist zu sein und sich für keinen Bereich richtig entscheiden zu können. Dies betrifft besonders die Berufswahl – hier tun Scanner sich häufig sehr schwer mit einer endgültigen Entscheidung und probieren zunächst einmal verschiedene Berufe aus, bevor sie endlich ihre Beruf*ung* finden. Das kann man allerdings einerseits als eine Schwäche, genauso aber auch als Bereicherung empfinden.[17]

Die High Sensation Seeker

Bei dem Phänomen des High Sensation Seeking handelt es sich um die Besonderheit hochsensibler Menschen, auf der einen Seite aufregende Situationen, die für einen gewissen Kick sorgen, bewusst zu suchen und auf der anderen Seite über ein starkes Bedürfnis nach Ruhe und Rückzugsmöglichkeiten zu verfügen. High Sensation Seeker langweilen sich schnell und brauchen dann einen neuen Reiz – neue Erfahrungen, die starke Gefühle auslösen, spannende Entdeckungen, die sie beispielsweise auf Reisen machen können, inspirierende Begegnungen mit »schillernden« Persönlichkeiten oder den Nervenkitzel, den sie bei bestimmten, oft extremen, Sportarten erleben. So sehr ihnen diese Kicks Aufschwung verleihen, so überreizter und überdrehter können sie danach sein. Irgendwann ist es einfach »genug« – und dann sehnen High Sensation Seeker sich wieder nach einer Auszeit und dem Alleinsein, wo sie die erlebten Reize verarbeiten und ihr System wieder runterfahren können.[18]

In Kapitel 6 widmen wir uns dieser faszinierenden Art der Hochsensibilität ausführlicher, wenn Julia Perrot, selbst High Sensation Seeker, im Interview erzählt, was es damit auf sich hat und welche Stärken und Herausforderung mit dem High Sensation Seeking einhergehen.

Die Synästheten

Eine spezielle Ausprägung der hochsensiblen Wahrnehmung ist die Synästhesie. Aus dem Altgriechischen übersetzt bedeutet es

»zusammen empfinden« und beschreibt die besondere Fähigkeit, Sinneseindrücke verschiedener Bereiche miteinander zu verbinden. Das heißt, eine Sinneswahrnehmung löst eine völlig andere aus, die eigentlich mit der Ersteren in keinerlei Verbindung steht. Ungefähr vier Prozent der Menschen weisen mindestens eine Form der Synästhesie auf.[19] Sie verknüpfen beispielsweise Buchstaben und Zahlen mit bestimmten Farben (graphemische Synästhesie), verbinden Klänge mit Geschmacksrichtungen (Musiksynästhesie) oder emotionale Zustände mit Farben und Formen (Gefühlssynästhesie). Insgesamt gibt es über 60 verschiedene Formen, die bei Synästheten in jeweils individueller Quantität und Qualität vorkommen. Synästhetische Wahrnehmungen unterliegen nicht der willentlichen Kontrolle und können meist nicht bewusst gesteuert – höchstens kurzzeitig ausgeblendet – werden. Sie sind außerdem entweder vorhanden oder nicht – Synästhesie lässt sich also weder antrainieren noch abgewöhnen.

Wichtig zu erwähnen ist, dass es sich hierbei ebenfalls *nicht* um eine Krankheit handelt, vielmehr um eine physiologische Variante menschlichen Bewusstseins, die überwiegend Vorteile – und nur in seltenen Situationen Nachteile – mit sich bringt. Kreativität, erhöhte Merkfähigkeit, ausgeprägte Vorstellungskraft, Genussfähigkeit, Detailwahrnehmung und verstärkte Sensibilisierung für Sinneseindrücke im Allgemeinen können als Stärken mit der Synästhesie einhergehen.

In Kombination können sie aber auch als Schwäche empfunden werden. So führt die erhöhte Vorstellungskraft in Kombination mit der Wahrnehmung von Details und mit einer verstärkten Sensibilität der Sinne noch schneller zu einer Reizüberflutung, als das ohnehin schon bei HSP der Fall ist. Synästheten haben ja sozusagen alle Reize im Doppelpack zu verarbeiten. Hier dürfen sie, genau wie HSP, lernen, sich wenn möglich nicht zu vielen Stimulationen gleichzeitig auszusetzen und genügend Zeit für deren Verarbeitung einzuplanen. (Mehr zum Umgang mit Reizüberflutung erfährst du in Kapitel 14.)

Wissen hilft

Mir hat die Auseinandersetzung mit den oben genannten Gruppen sehr dabei geholfen, mehr Verständnis für andere und für mich selbst aufzubringen. So kann ich mich mittlerweile besser einordnen und weiß, dass ich zusätzlich zur Hochsensibilität einige Merkmale der Lastenträger und Scanner aufweise. Dieses Wissen wiederum trägt dazu bei, mit den jeweiligen Herausforderungen bewusst umzugehen und mich über die ebenfalls dazugehörigen Stärken zu freuen.

Hast du dich oder Menschen aus deinem Umfeld auch in einer oder zwei dieser Untergruppen wiedergefunden? Wie geht es dir damit?

Ich wünsche dir jedenfalls, dass du weder die Bezeichnung »hochsensibel« noch einen Terminus der Untergruppen als unliebsamen Stempel empfindest, der dich in deiner Entfaltung einschränkt oder im Leben begrenzt, sondern immer mehr lernst, dein Leben entsprechend deiner Veranlagung zu gestalten und von deren positiven Seiten profitierst.

TEIL 1

DU BIST EIN MEISTERWERK UND KEINE MIMOSE – DIE HOCHSENSIBLE IDENTITÄT

Ich bin stärker als die Worte,
die andere über mich sagen,
und größer als die Schublade,
in die sie mich gesteckt haben.

David Levithan

3

ZART, ABER HERRLICH – WARUM DU (K)EINE PRINZESSIN AUF DER ERBSE BIST

Beitrag von Christina Herr

Erbsen-Prinzessinnen

Wenn ich früher an Hochsensibilität dachte, drängte sich mir dabei häufig der Vergleich mit der »Prinzessin auf der Erbse« auf. Auch heute noch vermute ich, dass wir Hochsensiblen von der Außenwelt oft als solche angesehen werden – als überempfindlich, mit viel zu übertriebenen Befindlichkeiten und dem Hang zur Hysterie. Als zarte Prinzesschen eben. In diesem Kapitel soll es allerdings nicht um die Außensicht unserer hochsensiblen Qualitäten gehen, sondern darum, wie wir uns selbst wahrnehmen und – vor allen Dingen – ob wir uns annehmen. »Was andere Leute über mich denken, geht mich nichts an«, auf dieses Zitat von Wayne Dyer[20] bin ich erst kürzlich gestoßen. Weise Worte! Die Meinung und das Urteil anderer darf uns in Sachen Hochsensibilität völlig egal sein. Viel wichtiger ist, wie unsere Meinung über uns selbst ausfällt und was wir selbst über uns denken.

Aber ist an diesem Vergleich eventuell doch etwas Wahres dran? Sind wir womöglich doch alle eine »Prinzessin auf der Erbse«?

Nachdem ich mir das Märchen mit dem gleichnamigen Titel noch einmal durchgelesen habe, bin ich zu einer unerwarteten

Erkenntnis gekommen: Ja, es stimmt – als HSP *sind* wir im Grunde genommen Erbsen-Prinzessinnen! Wir dürfen diesen Titel sogar voller Stolz tragen.

Das mag sich nun ziemlich seltsam, widersprüchlich oder verwirrend anhören. Und um diese Behauptung zu verstehen, sollten wir uns das Märchen noch einmal genau anschauen und es anschließend aus einem anderen als dem üblichen Blickwinkel betrachten.

Die Prinzessin auf der Erbse

Es war einmal ein Prinz, der wollte eine Prinzessin heiraten. Aber das sollte eine wirkliche Prinzessin sein. Da reiste er in der ganzen Welt herum, um eine solche zu finden, aber überall fehlte etwas. Prinzessinnen gab es genug, aber ob es wirkliche Prinzessinnen waren, konnte er nie herausfinden. Immer war da etwas, was nicht ganz in Ordnung war. Da kam er wieder nach Hause und war ganz traurig, denn er wollte doch gern eine wirkliche Prinzessin haben.

Eines Abends zog ein furchtbares Wetter auf; es blitzte und donnerte, der Regen stürzte herab, und es war ganz entsetzlich. Da klopfte es an das Stadttor, und der alte König ging hin, um aufzumachen.

Es war eine Prinzessin, die draußen vor dem Tor stand. Aber wie sah sie vom Regen und dem bösen Wetter aus! Das Wasser lief ihr von den Haaren und Kleidern herab, lief in die Schnäbel der Schuhe hinein und zum Absatz wieder hinaus. Sie sagte, dass sie eine wirkliche Prinzessin wäre.

Ja, das werden wir schon erfahren!, dachte die alte Königin, aber sie sagte nichts, ging in die Schlafkammer hinein, nahm alles Bettzeug ab und legte eine Erbse auf den Boden der Bettstelle. Dann nahm sie zwanzig Matratzen, legte sie auf die Erbse und dann noch zwanzig Eiderdaunendecken oben auf die Matratzen.

Hier sollte nun die Prinzessin die ganze Nacht über liegen. Am Morgen wurde sie gefragt, wie sie geschlafen hätte.

»Oh, entsetzlich schlecht!«, sagte die Prinzessin. »Ich habe fast die ganze Nacht kein Auge geschlossen! Gott weiß, was in meinem Bett gewesen ist. Ich habe auf etwas Hartem gelegen, sodass ich am ganzen Körper ganz braun und blau bin! Es ist ganz entsetzlich!«

Daran konnte man sehen, dass sie eine wirkliche Prinzessin war, da sie durch die zwanzig Matratzen und die zwanzig Eiderdaunendecken die Erbse gespürt hatte. So feinfühlig konnte niemand sein außer einer echten Prinzessin.

Da nahm sie der Prinz zur Frau, denn nun wusste er, dass er eine wirkliche Prinzessin gefunden hatte. Und die Erbse kam auf die Kunstkammer, wo sie noch zu sehen ist, wenn sie niemand gestohlen hat.

Seht, das war eine wirkliche Geschichte!

Hans Christian Andersen[21]

Eine neue Perspektive

Bislang wurde dieses Märchen immer als Negativbeispiel für eine besonders empfindliche Person – meist eine Frau – verwendet. Ein zartes, vielleicht verwöhntes Persönchen mit Allüren, dem jede Kleinigkeit oder Unannehmlichkeit eine schlaflose Nacht bereitet. Für die schon eine winzige Erbse eine Zumutung darstellt. Doch wie wäre es, wenn wir das Märchen einmal aus einer neuen Perspektive betrachten – nämlich aus der des Prinzen?

Der Prinz ist auf der Suche nach einer Prinzessin, einer wirklichen Prinzessin wohlgemerkt, einer, bei der alles in Ordnung ist. So eine möchte er unbedingt haben! Und daher ist er ganz traurig, als er sie nicht findet und unverrichteter Dinge zurück zum Schloss kehren muss. Aber was ist denn nun eine *wirkliche* Prinzessin und woran kann der Prinz sie erkennen? Glücklicherweise gibt es bald eine Antwort auf diese Fragen. Denn eines Abends – draußen herrscht ein furchtbares Unwetter – steht eine junge Frau vor den Toren des Schlosses und bittet um Einlass. Sie behauptet, eine Prinzessin zu sein, sogar eine *wirkliche*, auch wenn sie auf den ersten (verregneten) Blick nicht wie eine solche aussieht. Ob sie recht hat, lässt sich über Nacht überprüfen – und zwar an einem Kriterium, das sowohl auf wirkliche Prinzessinnen als auch auf Hochsensible zutrifft: an der Feinfühligkeit.

»Daran konnte man sehen, dass sie eine wirkliche Prinzessin war, da sie durch die zwanzig Matratzen und die zwanzig Eiderdaunendecken die Erbse gespürt hatte. So feinfühlig konnte niemand sein außer einer *echten* Prinzessin.«

Somit hat der Prinz seine richtige Prinzessin, nach der er so lange Ausschau gehalten hat, endlich gefunden. Und das Großartige: Die »Richtigkeit« dieser Prinzessin besteht gerade in ihrer Feinfühligkeit. In dieser Eigenschaft liegt der Beweis für ihre adelige Abstammung, er charakterisiert demnach eine echte Prinzessin. Gerade deswegen hat der Prinz sich für sie entschieden.

Dieser neue Blickwinkel auf das altbekannte Märchen zeigt, dass Feinfühligkeit – und damit auch Hochsensibilität – im Grunde genommen erwünscht ist, dass sie als Eigenschaft gewollt und gezielt gesucht wird. Der Ausdruck »Prinzessin auf der Erbse« hat sich leider nur negativ und unreflektiert in unserem Sprachgebrauch etabliert, was nicht berechtigt ist.

Falls also wieder einmal jemand die Erbsenprinzessin mit dir und deiner Hochsensibilität in Verbindung bringt, darfst du sagen oder denken: *Ich weiß es besser. Die allseits verpönte Prinzessin ist genau richtig, so wie sie ist. Ihre Empfindsamkeit ist gewollt – und ich bin als Hochsensible mit all meinen individuellen Merkmalen genauso gewollt.*

Vielleicht kommt dir jetzt der Gedanke: Das ist ja alles schön und gut, dass so ein Märchenprinz sich eine hochsensible Frau geangelt hat, aber mir ist noch niemand begegnet, der mich aufgrund meiner Feinfühligkeit heiraten wollte – schon gar kein Prinz. Wer also will und braucht uns Hochsensible?

Was die Welt braucht

Ich bin aus tiefstem Herzen davon überzeugt, dass HSP einen wichtigen Stellenwert in dieser Welt einnehmen, dass sie und ihre feinfühligen Merkmale auf jeden Fall und an vielen Stellen gebraucht werden. Nicht unbedingt von einem Märchenprinzen, eher von ganz »normalen« Menschen.

> Härte, Gefühlskälte, Lieblosigkeit, Ungerechtigkeit, Gewaltbereitschaft, Egomanie, Konsumdenken, Oberflächlichkeit, Ignoranz, Grobheit und Wettbewerbsorientierung gibt es zur Genüge. **Was die Welt braucht, ist ein Gegengewicht zu diesen Dingen, einen Ausgleich. Und wer könnte den besser verkörpern als wir Hochsensiblen?** Mit unseren Eigenschaften und Stärken wie Warmherzigkeit, Gefühlsstärke, Gerechtigkeitssinn, Einfühlungsvermögen, Feinsinnigkeit, Fingerspitzengefühl, Tiefgründigkeit, Intuition, Fantasie und Kreativität. Damit können wir die Welt zwar nicht retten, aber ein kleines bisschen besser machen.

Wir können unseren Mitmenschen freundlich, liebevoll, bedacht und verständnisvoll begegnen. Wir können unsere Wahrnehmungsbegabung, unseren Sinn für Gerechtigkeit, unser tiefgründiges Denken und (Ein-)Fühlen, die feine Intuition und unsere kreative Ader einbringen in die Familie, Hochschule, unseren Arbeitsplatz, die Kirche oder ein Ehrenamt. Dass die Welt uns Hochsensible braucht, drückt auch der südafrikanische Erzbischof und Menschenrechtsaktivist Desmond Tutu in einem wunderschönen Zitat aus: »Güte, Liebe, Mitgefühl, Sanftheit sind keine Dinge für Weichlinge. Sie sind Dinge, nach denen die Welt sich letztlich sehnt.«[22]

Natürlich trifft das ebenso auf durchschnittlich Sensible zu, auch sie können über diese Gaben verfügen und sie einsetzen.

Bei uns treten sie jedoch meist als »geballte Ladung« und in Begleitung unserer feinen Antennen auf.

Für mich ist eine Welt ohne hochsensible Menschen unvorstellbar. Ich weiß nicht, ob das in erster Linie daran liegt, dass ich selbst eine HSP bin und mich somit von Feinfühligkeit – und allem, was damit zusammenhängt – angezogen fühle. Wäre niemand hochsensibel, würde meines Erachtens etwas Entscheidendes fehlen und ich würde mich selbst und mein Umfeld als unvollständig empfinden. Was wären wir ohne die besonnenen BeraterInnen, die in Politik und Gesellschaft meist im Hintergrund agieren, und doch so manchen wichtigen Faden in der Hand halten? Ohne die kreativen Schöngeister, die im Einfachen so viel Schönes sehen, die Natur oft staunend wie ein Kind betrachten oder wunderschöne Kunstwerke schaffen können? Was wären wir ohne Menschen, die Missstände oder mögliche Gefahren spüren und klar benennen können? Möglicherweise ist es sogar wirklich so, dass das gesellschaftliche System ohne Hochsensible zusammenbrechen und im Chaos oder Krieg enden würde. Hast du dieses Gedankenexperiment schon einmal durchgeführt? Warum, glaubst *du*, braucht die Welt Erbsen-Prinzessinnen?

An dieser Stelle möchte ich kurz darauf hinweisen, dass der Sinn und die Berechtigung von Hochsensibilität natürlich nicht nur darin bestehen, die Welt besser zu machen und etwas für andere zu tun. Du selbst kannst ebenso davon profitieren. In deiner feinsinnigen und hochfühligen Art steckt so vieles, was *dein* Leben bereichern kann (vgl. Kapitel 9 und 15).

Die Erbse akzeptieren

Trotzdem ist es nicht immer leicht, die Rolle als Erbsen-Prinzessin anzunehmen und in jeder Situation ein Ja dazu zu finden – selbst, wenn du mittlerweile weißt, dass diese Bezeichnung in Wahrheit eine Ehre ist. Immerhin beschert uns das Erbsen-Prinzessinnen-Dasein nicht nur Sonnen-, sondern genauso auch Schattenseiten. Besonders hochsensible Phänomene wie die schnelle Überreizung, das oft endlos lange Nachhallen von Erlebnissen oder die Fülle intensiver Gefühlswahrnehmung können eine enorme Herausforderung darstellen. An manchen Tagen möchten wir vielleicht gar nicht so viel fühlen, wahrnehmen und verarbeiten müssen. Dann nervt uns unsere ständige Empfindsamkeit und wir wünschen uns ein stärkeres Nervenkostüm, ein dickeres Fell, einen noch höheren Matratzenberg oder dass die blöde Erbse einfach verschwindet. In solchen Fällen ist es wichtig zu wissen, dass wir unsere Hochsensibilität zwar nicht per Knopfdruck abschalten – oder die Erbse loswerden – können, ihr aber auch nicht hilflos ausgeliefert sind und sehr wohl einen guten Umgang damit finden können. Irgendwann werden wir auch trotz bzw. im Einklang mit der Erbse gut »schlafen« – und glücklich leben – können. (Tipps und Übungen dazu findest du im II. und III. Teil des Buches.)

Die bewusste Annahme unseres empfindsamen Wesens ist dabei ein erster bedeutender Schritt. Ablehnung, Widerstand, Anpassung oder Selbstverleumdung sind Hemmschuhe für ein erfülltes Leben, und bringen uns nicht weiter. »Denn dann geben wir weder uns selbst die Chance, uns besser zu verstehen, noch denen, die nicht wissen, wie es ist, so sensibel zu sein«, so Kathrin Sohst.[23] Uns ständig innerlich gegen unsere Hochsensibilität aufzulehnen und dagegen anzukämpfen, kostet außerdem enorm viel Kraft und verursacht Unzufriedenheit, ungutes Vergleichen und Frust. Ich möchte dies an einem fiktiven Beispiel verdeutlichen:

Freitag, 20 Uhr. Pia, 31 Jahre alt, weiß seit ein paar Wochen, dass sie hochsensibel ist. Eine Freundin hat sie darauf aufmerksam gemacht. Besonders toll findet Pia diese Tatsache nicht. Nun gibt es zwar eine Erklärung dafür, dass sie schneller erschöpft ist als ihre Freundinnen und nach einer anstrengenden Arbeitswoche erstmal eine Ruhepause braucht, um das Erlebte zu verarbeiten. Dennoch wünscht sie sich, anders zu sein – mehr Energie zu haben, nicht ständig so viel zu fühlen und wahrzunehmen und den Alltag nicht immer als so kräfteraubend zu empfinden. Vielleicht muss sie sich nur ein bisschen mehr zusammennehmen und darf sich nicht immer so anstellen. *So* anstrengend ist das Leben doch gar nicht – ihre Freundinnen wuppen ihren Alltag schließlich auch mühelos. Und sie schaffen es auch, jeden Freitagabend auszugehen und die Nacht zum Tag zu machen. Die haben es echt gut! So empfindlich zu sein, ist wirklich eine Qual. Hoffentlich ändert sich das noch ... Vielleicht braucht Pia einfach nur ein bisschen Zeit, muss nur ein paar Jahre älter werden, um endlich wieder stabiler, robuster und leistungsfähiger zu sein. Und möglicherweise gibt es diese doofe Hochsensibilität sowieso nicht! Das ist sicher nur so ein komisches psychologisches Hirngespinst, das niemandem was bringt. Pia kann sich davon jedenfalls keinen Blumentopf kaufen. Frustriert schaltet sie den Fernseher ein.

Statt Pia hätte ich hier auch meinen Namen verwenden können. Denn so ähnlich ging es mir auch. Glücklicherweise durfte ich jedoch die Erfahrung machen, dass in der Akzeptanz meiner Hochsensibilität eine große Kraft liegt. Wenn wir sie nämlich annehmen und uns als Hochsensible akzeptieren, sind wir viel besser in der Lage, bewusst und selbst-bewusst mit allen damit einhergehenden Herausforderungen umzugehen. Wir dürfen unser hochsensibles Leben und unseren Alltag *gestalten*, müssen ihn nicht ertragen, aushalten und auf bessere Umstände warten oder darauf, dass wir möglicherweise irgendwann nicht mehr so empfindlich reagieren. Während die Ablehnung der eigenen Hochsensibilität ein Stolperstein ist, bringt die Annahme uns weiter auf unserem Weg als Hochsensible. Wir dürfen also mutig und entschieden einen Schritt nach dem anderen gehen – hin zu einem glücklichen, hochsensiblen Leben. Und langsam, aber sicher werden wir diesem Ziel immer näherkommen. Dabei dürfen wir folgendes schöne Zitat von Kathrin Sohst im Hinterkopf behalten: »Ziele erreiche ich dann, wenn ich ehrlich mit mir selbst bin, mich annehme und darauf achte, was ich brauche, um stark zu sein und stark zu bleiben.«[24]

Auch das Wörtchen »empfindlich«, das wir in unserer Selbstwahrnehmung oft mit unserem Wesen in Verbindung bringen, dürfen wir aus unserem Wortschatz streichen und durch »empfindsam« ersetzen. Denn das ist ein Wort oder vielmehr eine Eigenschaft, die viel positiver klingt – und ist.

Der barmherzige Blick

Probiere einmal, dich selbst mit einem liebevollen, wohlwollenden und barmherzigen Blick zu betrachten. Einem Blick, der dir sagt: »Ich bin hochsensibel und das ist völlig in Ordnung. Ich akzeptiere mich mit allen Stärken und Schwächen, die mit meiner Hochsensibilität verbunden sind. Ich schätze meine Stärken und bin nachsichtig mit meinen Schwächen. Ich setze meine Gaben, so gut es mir möglich ist, ein. Herausforderungen bin ich nicht hilflos ausgeliefert, sondern kann besonnen darauf reagieren und bewusst mit ihnen umgehen.«

Welche Gefühle löst das in dir aus? Wie geht es dir, wenn du dein feinfühliges Wesen völlig annehmen kannst?
Wenn du möchtest, darfst du gern auch die folgenden Aussagen laut oder in Gedanken aussprechen – und für dich in Anspruch nehmen.

Ich bin nicht empfindlich, sondern empfindsam.
Ich bin nicht hysterisch, sondern gefühlsstark.
Ich bin keine Mimose, sondern
eine *wirkliche* Prinzessin auf der Erbse.
Ich bin nicht sinnlos zimperlich, sondern feinsinnig.
Ich habe keine Allüren, sondern feine Sensoren.
Ich bin nicht neurotisch, sondern neurosensitiv.
Ich bin nicht weich, sondern zart.
Auch wenn das manchmal hart sein kann;
bin ich jederzeit:
Zart, aber herrlich.

Herausforderungen für Hochsensible

Hohe Sensibilität stellt eine wunder-volle Gabe dar, aber sie beinhaltet natürlich ebenso Schattenseiten, die nicht zu verleugnen sind und die ich auch nicht verschweigen möchte.

Manche Herausforderungen, denen wir uns nahezu täglich stellen müssen – oder positiver formuliert: dürfen –, gehen sozusagen automatisch einher mit den typischen hochsensiblen Merkmalen bzw. Kriterien für Hochsensibilität: So kann die Veranlagung zur **schnellen Überreizbarkeit** unseren Nerven – und denen unserer Mitmenschen – ganz schön zusetzen. Das ständige Ausbalancieren der **schmalen Komfortzone** ist äußerst anstrengend und die **feine Wahrnehmungsfähigkeit** führt oftmals dazu, dass die vielen Informationen, die wir aus unserer Umgebung aufnehmen, uns schlichtweg überwältigen oder überrollen. Auch die scheinbar endlose Zeit, die wir für das Verarbeiten von Reizen und Erlebnissen benötigen – **das lange Nachhallen** –, würden wir manchmal lieber streichen und anderweitig nutzen.

Und es gibt weitere »Schwachstellen«, die mit den Eigenschaften von HSP in Verbindung stehen und uns mitunter gewaltig zu schaffen machen. Diese können aus unserem Inneren, unserer Gefühls- und Gedankenwelt kommen – wie Schuldgefühle und Selbstzweifel – oder durch äußere Gegebenheiten – wie übermäßige Reize oder übervolle To-Do-Listen – verursacht werden. Dazu gehören

- Geräuschempfindlichkeit
- starke innere Unruhe oder Nervosität bei Hektik
- Selbstzweifel und die damit verbundene Angst, Aufgaben nicht zu schaffen, nicht belastbar genug und den Maßstäben unserer Gesellschaft einfach nicht gewachsen zu sein
- Verletzlichkeit, auch bekannt als Dünnhäutigkeit
- Stressanfälligkeit und leichtere Erschöpfbarkeit
- Schwierigkeiten beim Einhalten von Grenzen
- Harmonie-»Sucht« und Vermeidung von Konflikten, die dringend geklärt werden sollten
- falsche oder unangemessene Verantwortungsübernahme
- Unverständnis von anderen, das wir manchmal als persönliche Ablehnung deuten
- starkes Rückzugsbedürfnis, das mitunter zur Isolation führen kann

Auch wenn diese Schattenseiten möglicherweise ein sehr negatives Bild von Hochsensibilität vermitteln, habe ich sie trotzdem und absichtlich aufgelistet. Denn nur, wenn wir uns der Herausforderungen bewusst sind und erkennen, mit welchen wir persönlich besonders zu kämpfen haben, können wir auch darauf reagieren. Dann können wir gezielt mit den »Schwachstellen« umgehen und unseren Alltag dementsprechend – und so gut es uns möglich ist – gestalten. Dabei gilt es jedoch zu bedenken, dass wir nicht auf alle Umstände Einfluss haben. Manchmal bleibt uns nichts anderes übrig, als bestimmte Gegebenheiten, die wir als störend, belastend oder unangenehm empfinden, hinzunehmen. In solchen Fällen hilft es, an unserer inneren Haltung gegenüber der jeweiligen Herausforderung zu arbeiten. »**Wenn du etwas nicht magst, ändere es. Wenn du es nicht ändern kannst, ändere deine Einstellung**«, wie es Maya Angelou formulierte.[25] Je mehr wir uns mit einer unveränderbaren Unannehmlichkeit abfinden und ein Ja dazu finden, desto gelassener können wir ihr begegnen. Akzeptanz führt immer zu innerem Frieden.

Fallen dir vielleicht weitere Schattenseiten ein, die dich betreffen und die ich an dieser Stelle nicht berücksichtigt habe?

____

____

____

____

____

An welchen Herausforderungen hast du besonders stark zu knacken?

Kannst du daran etwas ändern? Was wäre das?

Welche Herausforderungen »musst« du hinnehmen?

Wie könntest du deine Einstellung diesbezüglich ändern?

Meisterwerk

Du bist – ein Meisterwerk.
Mit jedem Atemzug verleiht dir Schöpfer-Atem Leben.
Das Gelingen deiner Werke
hat der Meister dir gegeben.
Über Höhen und durch Tiefen ebnet er dir deine Wege
und er achtet deine Grenzen.
Darum lege
deine Pläne in des Meisters Hände.
Er plant gut
und bringt jedes seiner Werke
meisterlich zu Ende.

Stefanie Kloft

4

ENTDECKE, WER DU BIST, WAS DU BRAUCHST UND WAS IN DIR STECKT – SELBSTVERSTÄNDNIS, SELBSTFÜRSORGE UND GABEN HOCHSENSIBLER FRAUEN

Beitrag von Heike Zimmermann

Die Erkenntnis, überdurchschnittlich empfindsam zu sein, ist für hochsensible Frauen eine der wichtigsten Lebenserfahrungen, die viele Lebensbereiche tangiert. Die Hochsensibilität lässt das Leben – die Gegenwart und auch die Vergangenheit – in einem anderen, neuen Licht erscheinen. Endlich gibt es eine Erklärung für vieles, was hochsensible Personen an sich selbst nicht verstehen können und für Erfahrungen, die sie bisher nicht einordnen konnten. Das Leben und der Lebensstil werden durch die Hochsensibilität auf einen Prüfstand gestellt. Viele hochsensible Frauen fragen sich: Wie soll ich mein Leben als HSP gestalten? Wie kann ich mich selbst entdecken mit meiner hochsensiblen Art, mit meinen Gaben und Grenzen und daraus einen Lebensstil entwickeln, der mir als HSP mit meinem Wesen und meinen Werten entspricht?

Als systemische Beraterin beobachte ich folgende drei Phasen im Leben von HSP: Einerseits bringt die **Selbsterkenntnis** – Phase eins – für viele HSP zuerst einmal Entlastung, da die Hochsensibilität ein Erklärungsmodell für viele psychische und physische Erfahrungen darstellt. Andererseits wirken die oben aufgeführten Kennzeichen von Hochsensibilität häufig eher einschränkend als ermutigend. Doch durch die nächste Phase, das **Einüben von Selbstfürsorge**, ist es für viele Hochsensible möglich, sich einen Freiraum für ein weitgehend selbstbestimmtes Leben zu schaffen. Somit wird ein Raum eröffnet, **(hochsensible) Gaben zu entdecken und zu entfalten**, die dritte Phase. Diese Prozesse stärken das Selbstwertgefühl.

Dir selbst auf der Spur

Wichtig ist es, nicht in einer der Phasen »stecken zu bleiben«, sondern sich die Erlaubnis und den Freiraum für die persönliche Weiterentwicklung zu geben. Es geht zuerst darum, herauszufinden, wer du als HSP bist, sowie um die Entwicklung eines Lebensstils, der dir entspricht und dich nicht permanent an die Grenzen deiner Belastbarkeit bringt. Es lohnt sich, der persönlichen Komfortzone auf die Spur zu kommen und daraus einen individuellen Lebensrhythmus zu entwickeln, mit dem du dich wohl fühlst und in dem deine Begabungen und Stärken zum Vorschein kommen. »Im eigenen Rhythmus zu Hause zu sein ist wie ein Stück Ewigkeit«, wurde mir einmal gesagt. Im Einklang mit deinem individuellen Rhythmus zu leben bedeutet, eine grundsätzliche Zufriedenheit im Leben zu haben. HSP haben sich der Herausforderung zu stellen, eine höhere Grundspannung und Grunderregung als durchschnittlich sensible Menschen zu haben. Diese Grunderregung entsteht nicht nur durch äußere negative Einflüsse, sondern auch durch positive Erlebnisse, die nachhallen und sie beschäftigen. Deshalb ist die Komfortzone bei HSP, wie bereits erwähnt, oft schmaler, denn die Leistungsfähigkeit hängt vom Erregungsniveau ab. Um einen individuellen, der Hochsensibilität entsprechenden Lebensstil zu entwickeln, kann Selbstfürsorge ein wichtiges Instrument sein. Die eigenen Gefühle, Bedürfnisse und Wünsche können zuerst einmal wahrgenommen und der Istzustand akzeptiert werden. Alles darf sein und nichts muss bewertet werden. Das ist ein erster Schritt in Richtung Selbstfürsorge. Ein wichtiger Faktor, der das gesamte Leben von HSP sehr beeinflusst, ist der Umgang mit der Zeit.

Was brauchst du – wirklich?

Selbstbestimmtes Leben und Selbstfürsorge kann für HSP heißen, sorgsam mit der verfügbaren Zeit umzugehen. Hast du dich schon einmal gefragt, wie viele und welche Aufgaben deine Zeit beanspruchen? Bist du berufstätig, Mutter, Partnerin, Tochter und außerdem ehrenamtlich tätig? Wieviel Zeit brauchst du für dich zum Entspannen, für Hobbys oder auch für Sport? Letzteres ist eigentlich für alle Frauen wichtig, für HSP aber umso mehr, da sie körperliche Spannungen abzubauen haben und Zeit brauchen, um aufzutanken. Deshalb kann es für dich eine Hilfe sein, die Anzahl deiner Rollen zu überprüfen. Wie viele Rollen hast du inne, wie umfangreich sind diese Rollen und wieviel Zeit beanspruchen sie? Manchen HSP geht es besser mit wenigen großen Rollen; es kann aber auch sein, dass du mit mehreren kleineren Rollen besser zurechtkommst oder wenn du manche Rollen aufteilen kannst. Ein Beispiel ist die zeitliche Beanspruchung durch Berufstätigkeit und Familie. Passt es zu dir, wenn du und dein Partner in Teilzeit arbeiten und sich dann anteilig auch um die Kinder und den Haushalt kümmern? Oder wäre es für dich eine Entlastung, wenn du hauptsächlich arbeiten würdest oder dich hauptsächlich um die Familie kümmerst? Und auch für hochsensible Singles stellt sich die Frage nach der Vereinbarkeit von Beruf, Haushalt, ehrenamtlichen Engagement und Freizeit. Für viele dieser HSP ist eine Berufstätigkeit mit 100 Prozent zu viel. Manche reduzieren auf 50 bis 70 Prozent, um neben der Arbeit noch genügend Freiraum zu haben.

Nicht nur die Rollen, die du ausfüllst, beanspruchen deine Zeit – auch die ganz normalen alltäglichen Lebensvollzüge sind mit Zeit verbunden. Um allem gerecht zu werden, versuchen viele Frauen durch Multitasking, durch engmaschige Terminplanung oder durch schnelleres Arbeiten Zeit einzusparen: So schnell wie möglich die Hausarbeit, den Einkauf erledigen, damit für die anderen Dinge im Leben noch genügend Zeit bleibt. Aber gerade den notwendigen (manchmal lästigen) Alltagsroutinen ihre Zeit zu geben, ist wichtig, um ein Leben aus der Ruhe und nicht aus der Hektik heraus zu führen. Sich die Zeit nehmen zu können für die unscheinbaren Tätigkeiten im Alltag, ist ein Gradmesser für Gelassenheit oder Stress.

Alles hat seine Zeit

Der Begriff »Zeit« hat unterschiedliche Bedeutungen. Im letzten Abschnitt ging es um den griechischen Begriff »Chronos«, der die verrinnende Zeit beschreibt: Wir richten uns heute nach der Uhr und versuchen effektiv zu leben.

In der griechischen Sprache gibt es außerdem den »Kairos«, der einen anderen Zeitbegriff meint. Da geht es um einen ganz bestimmten, günstigen, von Gott gesetzten Zeitpunkt. Davon lesen wir in der Bibel im Buch des Predigers im dritten Kapitel: »Jedes Ereignis, alles auf der Welt hat seine Zeit: Geborenwerden und Sterben, Pflanzen und Ausreißen, Töten und Heilen, Niederreißen und Aufbauen, Weinen und Lachen, Klagen und Tanzen, Steinewerfen und Steinesammeln, Umarmen und Loslassen, Suchen und Finden, Aufbewahren und Wegwerfen, Zerreißen und Zusammennähen, Schweigen und Reden, Lieben und Hassen, Krieg und Frieden. Was also hat der Mensch davon, dass er sich abmüht? … Für alles auf der Welt hat Gott schon vorher die rechte Zeit bestimmt. In das Herz des Menschen hat er den Wunsch gelegt, nach dem zu fragen, was ewig ist. Aber der Mensch kann Gottes Werke nie voll und ganz begreifen. So kam ich zu dem Schluss, dass es für den Menschen nichts Besseres gibt, als fröhlich zu sein und das Leben zu genießen. Wenn er zu essen und zu trinken hat und sich über die Früchte seiner Arbeit freuen kann, ist das Gottes Geschenk« (Prediger 3,1-13).

In unserer Zeit ist es nicht mehr angesagt, auf einen günstigen Zeitpunkt zu warten oder Lebensereignissen und -vollzügen ihre Zeit zu geben. Auch das Abwarten ist keine Tugend mehr. Aber manchmal regeln sich die Angelegenheiten von selbst, wenn du die Geduld aufbringst zu warten. In unserer Gesellschaft wird von Frauen alles parallel erwartet: Sie sollen in Vollzeit arbeiten, aber auch Kinder bekommen; natürlich ebenfalls für Ehrenämter zur Verfügung stehen, für Feiern Kuchen backen und sich zusätzlich um Oma und Opa kümmern. Ist das überhaupt zu leisten? Kannst und willst du einen sehr durchgetakteten Lebensstil als HSP führen? Welche Grenzen kannst du für dich setzen? Das Beachten des Kairos kann dir helfen, Prioritäten zu setzen.

Ein Beispiel: »Geboren werden hat seine Zeit«: Was kann das für dich bedeuten? Wie viel ungeteilte Zeit willst du dir nach der Geburt für deine Kinder nehmen? Sind es Wochen, Monate oder Jahre? Das ist heute nicht einfach, wenn in unserer Gesellschaft mehr der Konsum als die Kinder zählt, wenn unter dem Begriff der Gleichberechtigung eher Gleichmacherei als Gleichwertigkeit verstanden wird. Priorität hat heute meist der Beruf, nicht die Kinder. Müssen alle Eltern mit kleinen Kindern 150 bis 200 Prozent arbeiten? Müssen hochsensible Frauen das leisten? In unserer Gesellschaft sind Effektivität, Leistungsfähigkeit und Konsum gefragt. Sind das Werte, die du als HSP in deinem Leben verwirklichen möchtest? Oder gibt es nicht auch andere Werte, die für hochsensible Menschen erstrebenswert sind und eher zu einem hochsensiblen Lebensstil passen, wie Glaubwürdigkeit, Hilfsbereitschaft, Nachhaltigkeit, Pflichtgefühl, Präsenz, Weitsicht und Zuverlässigkeit? Um diese Werte im Alltag zu verwirklichen, braucht es Zeit und den Mut, den Mitmenschen Grenzen aufzuzeigen.

Die Lilie auf dem Feld – Warum alle Not vom Vergleichen kommt

Eine Gefahr, die viele Menschen – das betrifft nach meiner Erfahrung auch sehr viele hochsensible Frauen – in ihren Aktivitäten und in ihrer positiven Selbstwahrnehmung oft bremst, ist das Vergleichen. HSP reflektieren gerne und ausgiebig. Sie erleben sich selbst oft als anders. Viele hochsensible Menschen berichten, dass sie sich in größeren Gruppen unwohl fühlen und den Eindruck haben, irgendwie nicht richtig zu sein. Zu dem Thema des Vergleichens gibt es eine eindrückliche Geschichte. Der dänische Philosoph und Theologe Sören Kierkegaard erzählt zu einem Bibeltext aus dem Matthäusevangelium (Matthäus 6,25-33) folgende Fabel: Eine schöne Lilie steht in verwilderter Natur in Nachbarschaft zu vielen unscheinbaren Pflanzen und Unkraut. Ein Vöglein besucht diese Lilie gelegentlich und schwärmt von erhabenen und wunderschönen Lilien in einem einzigartigen Umfeld am Wasser. Und nun fängt die Lilie an, sich zu vergleichen, ist unzufrieden mit ihrem Aussehen und mit ihrem Standort und meint, sie könnte nur in dem fantastischen Umfeld mit den vielen anderen prächtigeren Lilien glücklich sein. So kommt es dazu, dass das Vöglein ihr diesen Wunsch erfüllen möchte, mit seinem Schnabel die Lilie ausgräbt und sich mit der Lilie im Schnabel auf den Flug zum Sehnsuchtsort begibt. Die Lilie kommt jedoch nicht lebend am Ort ihrer Träume an. Sie verwelkt und stirbt.[26]

Mit dieser Geschichte illustriert Kierkegaard die Lebensweisheit: »Das Vergleichen ist das Ende des Glücks und der Anfang der Unzufriedenheit.« Kurz gesagt: »Alle Not kommt vom Vergleichen.« Von dem Zeitpunkt an, als die Lilie von anderen Lilien hört, die angeblich schöner seien und in einem idealeren Umfeld stehen würden, und sich damit vergleicht, ist es vorbei mit ihrer Zufriedenheit. Die Lilie ist einzigartig und schön. Dafür hat sie selbst jedoch keinen Blick. Sie sieht die verwilderte Natur und meint, sie habe eine schönere Umgebung verdient.

Dabei kommt ihre einzigartige Schönheit gerade in der Wildnis besonders gut zum Ausdruck. Im erträumten Umfeld ist sie nur eine unter Vielen.

Auch du bist einzigartig und darfst deinen Platz im Leben einnehmen und ausfüllen. Aber wie kann das als HSP gelingen? Der permanente Vergleich mit anderen Frauen und das subjektive Erleben, mit anderen nicht mithalten zu können, entmutigt viele hochsensible Frauen. Wenn du aber entdeckst, dass du einzigartig bist – wie jede andere Frau auch –, kannst du dich mit deinen besonderen Gefühlen und Fähigkeiten als HSP zuerst einmal wahrnehmen und zu dir stehen, für dein eigenes Wohlbefinden sorgen und nicht nur für das der anderen. Das permanente Vergleichen schmälert und schwächt den Selbstwert.

Du kannst für dich und andere präsent und aufmerksam sein, dich in deiner Haut wohlfühlen. Du bist einmalig und besonders, denn »das Große ist nicht, dies oder das zu sein, sondern man selbst zu sein«[27] (Sören Kierkegaard). Es gibt viele Möglichkeiten, aber nur ein Leben, um diese zu verwirklichen. Deshalb sei du selbst – in deiner Einzigartigkeit und Individualität mit den Gaben und Begrenzungen, die Gott in dein Leben hineingelegt hat. Was du hast, kann jeder haben, aber wer du bist, kannst nur du sein.

Was in dir steckt

Gott hat dich einmalig und wunderbar geschaffen. In der Bibel bedankt sich in Psalm 139 ein Beter mit folgenden Worten bei Gott: »Herr, ich danke dir dafür, dass du mich wunderbar und einzigartig gemacht hast« (Psalm 139,14).

Gott hat dich als Original geschaffen und Gaben in dein Leben hineingelegt. Und ich bin überzeugt, dass jeder Mensch originelle und individuelle Fähigkeiten hat und es im Leben viele Möglichkeiten gibt, diese zur Entfaltung zu bringen. Aber du hast nur ein Leben und eine begrenzte Kraft, um diese Begabungen zum Leben zu erwecken und einzusetzen. Nimm die

Gaben wahr, die Gott dir geschenkt hat und entscheide dich, welche du weiterentwickeln möchtest. Alles auf einmal geht oft nicht. Neben den Gaben, die viele andere durchschnittlich sensible Menschen haben, verfügst du über weitere, die viel mit deiner Hochsensibilität zu tun haben. Aber alle deine Begabungen haben eine hochsensible Färbung. Es geht nicht nur um die Gaben Feingefühl und Empathie, die bei vielen HSP offensichtlich sind. Darüber hinaus gibt es weitere Stärken, wie eine gute Auffassungsgabe und Denkfähigkeit. Außerdem nehmen HSP häufig unterschiedliche Facetten ihrer Umgebung wahr. Typisch für HSP ist auch, dass sie häufig kreativ sind und ein ästhetisches Gespür sowie einen guten Blick für Farben und Formen haben. Für viele spielt die Intuition eine wichtige Rolle. Wenn Hochsensiblen etwas wichtig ist und sie sich am richtigen Platz im Leben fühlen, sind sie in der Lage, ein großes Engagement zu zeigen.

HSP sind offen für Spiritualität. Der Glaube an den dreieinigen Gott kann für sie zu einer wichtigen Ressource werden. In einem meiner Seminare hat jemand die Frage aufgeworfen: »Kann es sein, dass Jesus hochsensibel war?« – Ich glaube, ja. Denn Jesus konnte und kann sich wie kein anderer in verschiedene Gefühlslagen und Lebenssituationen einfühlen. Er war ganz Mensch und ganz Gott. Deshalb kann er alle menschlichen Gefühle auch »nachfühlen«.

Gott hat die Gabe der Hochsensibilität in dein Leben gelegt. Gott schafft und braucht Menschen, die durch ihr ausgeprägtes Gerechtigkeitsgefühl Missstände und Ungerechtigkeiten sehen, die einen Weitblick haben und Dinge bis zum Schluss zu Ende denken können.

Hochsensibilität kann zu einer Stärke für dich werden, wenn du dein Leben, so wie es ist, erst einmal annehmen kannst. Spür nach, in welchen Lebenssituationen du für dich sorgen kannst. Gib deinem Leben einen Rahmen durch eine bewusste Selbstfürsorge, Zeitgestaltung und das Entfalten deiner Gaben.

Ob dein Rahmen kleiner oder größer ist, das bestimmst du ganz allein. Stell dir eine Bildergalerie vor. Es gibt kleine und große Bilder, rechteckige und manchmal auch runde. Ein passender Rahmen soll das Kunstwerk schützen. Und oft gibt der Rahmen einem Kunstwerk das gewisse Etwas, er unterstreicht das Bild und bringt es auf besondere Weise zur Geltung. Genau so kann dein Lebensstil deinem Leben und deiner Persönlichkeit einen passenden Rahmen geben, der dich schützt und deine Gaben zur Entfaltung bringt.

ÜBER DIE AUTORIN

HEIKE ZIMMERMANN, Diplom-Pädagogin, Gemeindediakonin, Systemische Beraterin (SG), Weiterbildung zur Geistlichen Begleiterin, arbeitet als Beraterin, Seelsorgerin und Referentin. Sie bietet Seminare zum Thema Hochsensibilität an. Weitere Informationen dazu sind auf www.heike-zimmermann.com zu finden. Heike Zimmermann ist verheiratet, hat drei erwachsene Kinder und lebt mit ihrem Mann in Vaihingen/Enz (Baden-Württemberg).

Wie du deine Hochsensibilität annehmen kannst

In den vorangegangenen Kapiteln haben wir darauf hingewiesen, welche Bedeutung es für dein (hochsensibles) Leben hat, wenn du dich als Hochsensible annimmst und deine feinen Antennen akzeptierst. Hier findest du nun noch einmal eine Zusammenfassung dieser Anregungen, ergänzt um ein paar weitere Tipps.

- Mache dir klar, dass du an deiner Disposition zur Hochsensibilität nichts ändern kannst. (Auch wenn die Intensität der Wahrnehmungsfähigkeit und Empfindsamkeit im Laufe der Zeit durchaus variieren kann.) Was du aber sehr wohl verändern und beeinflussen kannst, ist die Einstellung zu dir selbst und die Art, wie du auf deine Umwelt – inklusive ihrer Herausforderungen – reagierst.
- Versuche, Hochsensibilität als Geschenk anzusehen, mit dem Gott dich liebevoll ausgestattet hat.
- Behalte immer im Hinterkopf, dass diese Welt hochsensible Menschen und ihr Feingefühl braucht.
- Kümmere dich weniger um die Meinung anderer und mache dich frei von dem, was andere *womöglich* über dich als HSP denken könnten.
- Vermeide Vergleiche. Auch wenn es in der menschlichen Natur liegt, sich mit anderen zu vergleichen, solltest du bedenken, dass dies eher destruktiv als förderlich ist. Vergleiche können dir »schon allein deshalb nichts bringen, weil kein anderer Mensch so ist wie du.«[28]
- Lege deinen Fokus auf die Sonnenseiten, die mit Hochsensibilität verbunden sind. Finde heraus, worin deine Stärken liegen, freue dich über sie und ge-

nieße bewusst die Vorzüge deiner Feinsinnigkeit.

- Bedenke, dass ein innerer Widerstand gleichzeitig ein Energieräuber sein kann, der dich nur Kraft kostet und dich in deiner Entwicklung keinen Schritt weiterbringt.
- Akzeptanz dagegen führt zu mehr Gelassenheit, Freude und innerem Frieden. Kathrin Sohst ergänzt diesen Gedanken wie folgt: »Der Glaube daran, dass meine hohe Sensibilität gut ist, wie sie ist, tut mir gut.«[29]
- Übe dich regelmäßig in der »Kunst des barmherzigen Blickes«. Nimm dir täglich zwei bis drei Minuten Zeit, in denen du bewusst einen liebevollen Blick auf dich wirfst und dir die in Kapitel 3 genannten Aussagen (siehe »Der barmherzige Blick«) zusprichst.
- Entscheide dich bewusst dagegen, dich aufgrund deiner Sensibilität als Opfer zu fühlen und zu sehen.
- *Trust the process!* Vertraue darauf, dass es dir im Laufe der Zeit immer besser gelingen wird, deine Hochsensibilität anzunehmen und dein hochsensibles Leben zu gestalten – wenn du dich auf den Prozess einlässt.
- *Trust God!* Vertraue darauf, dass Gott dich bei diesem Prozess begleitet. Weil es ihm wichtig ist, dass du dich wohl in deiner (hochsensiblen) Haut fühlst. Und weil er deine Sonnenseiten zum Strahlen bringen möchte.

Du bist dran!

Deine hochsensiblen Gaben

Hast du dir schon einmal Gedanken darüber gemacht, welche hochsensiblen Gaben in dir stecken und wie stark diese – auf einer Skala von 1 bis 10 – ausgeprägt sind? Zwar beinhaltet jede Stärke auch gleichzeitig eine Schwäche, doch an dieser Stelle wollen wir den Fokus allein auf die Sonnenseite richten.
Wie schätzt du dich selbst ein? Und was sagen deine Freundinnen oder dein Partner über dich?

Sinn für Gerechtigkeit

① ② ③ ④ ⑤ ⑥ ⑦ ⑧ ⑨ ⑩

Empathie

① ② ③ ④ ⑤ ⑥ ⑦ ⑧ ⑨ ⑩

starkes Genussempfinden

① ② ③ ④ ⑤ ⑥ ⑦ ⑧ ⑨ ⑩

Kreativität

① ② ③ ④ ⑤ ⑥ ⑦ ⑧ ⑨ ⑩

feine Intuition

① ② ③ ④ ⑤ ⑥ ⑦ ⑧ ⑨ ⑩

Gewissenhaftigkeit und Gründlichkeit

① ② ③ ④ ⑤ ⑥ ⑦ ⑧ ⑨ ⑩

Vielbegabung

① ② ③ ④ ⑤ ⑥ ⑦ ⑧ ⑨ ⑩

Sinn für Nachhaltigkeit

① ② ③ ④ ⑤ ⑥ ⑦ ⑧ ⑨ ⑩

tiefes Erleben, Denken und Fühlen

① ② ③ ④ ⑤ ⑥ ⑦ ⑧ ⑨ ⑩

Fantasie

① ② ③ ④ ⑤ ⑥ ⑦ ⑧ ⑨ ⑩

lösungsorientiertes Denken

① ② ③ ④ ⑤ ⑥ ⑦ ⑧ ⑨ ⑩

Handlungskompetenz in Krisen

① ② ③ ④ ⑤ ⑥ ⑦ ⑧ ⑨ ⑩

hohes Engagement

① ② ③ ④ ⑤ ⑥ ⑦ ⑧ ⑨ ⑩

Durchblick

① ② ③ ④ ⑤ ⑥ ⑦ ⑧ ⑨ ⑩

Fingerspitzen- und Feingefühl

① ② ③ ④ ⑤ ⑥ ⑦ ⑧ ⑨ ⑩

gute Auffassungsgabe

① ② ③ ④ ⑤ ⑥ ⑦ ⑧ ⑨ ⑩

vorausschauender Weitblick

① ② ③ ④ ⑤ ⑥ ⑦ ⑧ ⑨ ⑩

ästhetisches Gespür und Sinn für Schönes

① ② ③ ④ ⑤ ⑥ ⑦ ⑧ ⑨ ⑩

Neugier und Begeisterungsfähigkeit

① ② ③ ④ ⑤ ⑥ ⑦ ⑧ ⑨ ⑩

Wenn du möchtest, kannst du nun noch die folgenden Fragen beantworten:
Welche dieser Stärken liebst du besonders an dir, welche feierst du am meisten?

Bei welchen Gaben wünschst du dir eine stärkere Ausprägung und/oder würdest sie gern intensiver einsetzen?

5

MEINE ZIEMLICH STARKE SCHWÄCHE

– ODER: WIE ICH ZUERST GLAUBTE, ETWAS BESONDERES ZU SEIN, DANN ABER MERKTE, DASS ICH VOR ALLEM ANDERS WAR, UNGUT ANDERS, UND WIE MIR SCHLIESSLICH KLAR WURDE: MEINE VERMEINTLICHEN SCHWÄCHEN UND MAKEL SIND AUCH EIN GESCHENK

Beitrag von Anke Gasch

Ich liebe Geschichten. Früher wollte ich vor allem Märchen hören, die Geschichten von Biene Maja, aber auch von Jesus oder von mir als Kleinkind. Eine musste meine Mutter mir immer wieder erzählen:

»Du warst knapp ein Jahr alt. Ich saß mit dir im Sessel vor dem Bücherregal und gab dir die Flasche. Plötzlich hast du den Nuckel ausgespuckt, ins Regal gezeigt und mich gefragt: ›Is'n das?‹

Da war ich ganz schön überrascht. Du hattest vorher nie richtig gesprochen. ›Anke, wen meinst du denn?‹, habe ich dich gefragt und bin mit dir zum Regal gegangen.

›Na – den da!‹, hast du gesagt und auf einen Buchrücken gedeutet. Auf dem war ein Mann abgebildet. Und ich antwortete: ›Das ist Winston Churchill.‹

Dass er ein englischer Minister war, das habe ich dir nicht erklärt. Du schienst mit meiner Erklärung auch zufrieden. Du sagtest: ›Aha‹ und hast weiter getrunken. Dann aber hast du den Nuckel noch mal mit Schmackes ausgespuckt und mich gefragt: ›Isser lieb?‹«

Was für ein Mensch Winston Churchill nun tatsächlich gewesen ist, das wusste meine Mutter natürlich nicht. Also hat sie etwas gesagt wie: »Ich glaube, zu seiner Familie war er lieb.« Damit war die Geschichte zu Ende, und ich hatte das Gefühl, ich müsste was Besonderes sein. Wer interessiert sich schon so früh für Menschen auf Buchrücken, dass er dafür anfängt zu sprechen? Und wer will dann einzig wissen, ob dieser Mensch ein lieber ist? Na ja, vielleicht ordnen alle kleinen Kinder die Menschen um sich herum so ein und wir wissen es nur nicht? Das denke ich heute. Damals aber gab es nur dieses Gefühl, etwas Besonderes zu sein, das noch dadurch befeuert wurde, dass mein Vater immer wieder erzählte, er sei am Tag meiner Geburt vor Freude im Dreieck gesprungen. Leider verhinderten seine Rückenschmerzen, dass er mir öfter vormachte, wie das ausgesehen hat.

Bald aber wurde klar, dass ich nicht nur besonders war, sondern auch »besonders empfindlich«. Und das fand ich echt doof: Ich hatte eine Blase, die schnell »verkühlte«, und einen »sensiblen Magen«, der auf jegliche Missstimmungen reagierte. Ich schlief nicht – wie andere »pflegeleichte Kinder« – bei Partys unter den Stühlen, während die erwachsenen Gäste zu lauter Musik bis in die Puppen tanzten. Ich erinnere mich an die »Kobberbryllup« (zu Deutsch: Kupferhochzeit) zum zwölfeinhalbten Hochzeitstag unserer dänischen Freunde: Rundum schliefen andere Kinder, ob im Kinderwagen, auf zusammengeschobenen Stühlen oder in Ecken. Ich aber war todmüde und kam nicht zur Ruhe. Sehr zum Leidwesen meiner Eltern, die gern weiterfeiern wollten. Sie versuchten, mich in der Garderobe, wo es leiser war, zur Ruhe zu bringen. Selbst als ich mich unter diversen Jacken verkroch, war es mir immer noch zu laut. Also verfrachteten sie mich auf dem Parkplatz ins Auto, zusammen mit dem Pudel unserer dänischen Freunde. Der sollte auf mich aufpassen. Boogie, so hieß er, war mein Held: Er spürte stets meine Stimmungen und tröstete mich, falls nötig, mit Kuscheleinheiten. Ich hatte trotzdem Angst. Da war an Schlaf auch nicht zu denken. Die Party war für meine Eltern entsprechend früher vorbei als gewünscht. Und ich fühlte mich schuldig, wie eine Belastung für meine Eltern. Und nein, nicht dass jemand etwas Falsches denkt: Das haben sie nie, nie, nie gesagt. Ich habe lediglich ihre Enttäuschung gespürt – für den Moment. Und mich für den Grund dieser Enttäuschung gehalten. Wieso konnte ich nicht so sein wie andere?

Überhaupt das Thema Schlaf: Es gibt ja Menschen, die legen ihren Kopf auf ein Kissen und schlafen ... Tja, ich zähle nicht dazu. Als Kind hatte ich immer das Gefühl, ich bräuchte ewig, um einzuschlafen. Ich schätze, dass es sich bei den meisten »Ewigkeiten« um je eine halbe Stunde bis Dreiviertelstunde gehandelt hat. Ich kam und komme einfach nicht so schnell runter vom Tag, von all dem Erlebten und den damit verbundenen Gedanken und Eindrücken. Zwei meiner Einschlafhilfen waren das Beten und das Ersinnen von schönen Dingen, die ich erleben würde. In meiner Fantasie konnte ich ja alles sein, was ich wollte: stark wie Pippi Langstrumpf, schon erwachsen mit einem tollen Beruf oder fähig zu fliegen. Manchmal dachte ich mir für ein Märchen auch ein neues Ende aus. Eines, das alles zum Guten wendete. Diese »Tricks« funktionierten oft, aber nicht immer.

Extreme Einschlafprobleme bekam ich, wenn meiner Mutter der Satz »Träum was Schönes!« rausrutschte. Dann schrie ich: »Nein! Ich will überhaupt nicht träumen!« Ich hatte nämlich schreckliche Angst vor den plastischen Albträumen, die mich manchmal plagten, und die ganz besonders häufig auftraten, wenn viele Reize auf mich eingeprasselt waren.

All das führte dazu, dass ich meine Mutter Sätze sagen hörte wie: »Mit Anke kann man das nicht machen«, »Anke kann so etwas nicht ab« oder »Sie ist unser kleines Sensibelchen«.

Folgende Geschichte erzählten meine Eltern oft über mich als Zweijährige:

»Wir machten Urlaub in Österreich und du wolltest mittags partout nichts essen. Wir konnten bestellen, was wir wollten: Du hast einen oder zwei Löffel von dem Gericht genommen, es dann stehen gelassen und bist von Tisch zu Tisch gewandert, um dich mit den anderen Gästen im Lokal zu unterhalten. Reden, und zwar richtig sprechen, konntest du schon mit zwei wie ein Buch!«

Sie glaubten zunächst, ich wäre zu aufgeregt gewesen, um zu essen und hätte mich von den vielen Menschen rundum ablenken lassen. Bis sie merkten: Das war es nicht allein. Sie hatten einfach meine übliche Essenszeit überschritten.

Ich schien also sprachlich begabt, neugierig auf Menschen, aber sonst irgendwie ungut anders zu sein. Letzteres machte ich auch an folgendem Ereignis fest: Ich war in der ersten Klasse und mein Vater lag im Krankenhaus. Warum, das wusste ich nicht. Auf einmal bekam ich starke Bauchschmerzen. Heftiger, als ich sie je erlebt hatte. Und alles, was zuvor immer geholfen hatte, vom Fencheltee über die Wärmflasche bis zur liebevollen Mama-Aufmerksamkeit versagte seinen Dienst. Meine Mutter rief den Kinderarzt. Der untersuchte mich und stellte fest, dass ich unter Koliken litt. »Phantomkoliken.« Das hieß: Es gab keine organische Ursache für meine Beschwerden. Mein Blinddarm war fit und ich hatte auch keine Luft im Bauch. Der Arzt erklärte mir das und verschrieb mir ein krampflinderndes Medikament. »Wie kann das denn sein, dass man Schmerzen hat, aber ganz gesund ist?«, wollte ich wissen. Daraufhin führte der

Arzt ein Gespräch mit meiner Mutter, von dem ich nur Fetzen erhaschen konnte. Dieser aber kam durch und blieb hängen: »Sagen Sie Ihrer Tochter die Wahrheit!«
So kam sie kurz darauf zu mir und erzählte, dass mein Vater heftige Gallenkoliken habe und es recht schlimm um ihn stände. Von da an waren meine Schmerzen zwar nicht weg, aber sie nahmen deutlich ab. Ich hatte nun die Möglichkeit, etwas zu tun. Ich konnte für Papa beten. Aber ich kam mir auch komisch vor: Konnte es sein, dass ich seine Schmerzen mit ihm fühlte? Dass ich mit ihm litt? Wie sollte so was gehen? Und warum passierte das gerade mir?

Mein Vater erwähnt meine »ganz dollen Bauchschmerzen«, wie ich sie damals nannte, sogar in seinen Lebenserinnerungen. Ich zitiere hier, was er im Anschluss an die Erwähnung schrieb: »Zwischen Anke und mir bestand und besteht immer noch ein sehr enges Band. Hoffentlich bleibt es immer so.« Mein Vater verstarb 1997 an Lungenkrebs. Das Band besteht bis heute, aber davon später. Ebenfalls in Papas Lebenserinnerungen findet sich folgende Passage:

Am 24.12.1980 um 15:30 Uhr bin ich mit unserer Anke […] in die Kirche gegangen. Auf dem Weg dorthin sagt sie: »Papa, jetzt schwebt Opa […] über uns und sagt ›Hallo, mein Schätzeli!‹ und dann fliegt er nach Itzehoe zu Oma […].«

Für mich war es ganz natürlich, dass ich solche Eindrücke hatte und teilte. Meine Eltern haben das nie als komisch oder unnormal bewertet. Ich lernte aber schnell, solche Erlebnisse außerhalb des engsten Familien- und Freundeskreises zu verschweigen.

Im Teenageralter war es mit dieser Form von Eindrücken dann auch erst mal vorbei. Mein Anders-Sein blieb mir dennoch erhalten: Wenn es irgendwo lange Zeit laut war und viele Menschen zusammenkamen, kostete mich das Kraft. Wenn es gut lief, etwa bei einer besonders guten Unterhaltung oder einer

Party mit Musik, die ich liebte, funktionierte es aber auch andersrum. In diesem Fall spürte ich einen Energiekick wie von zwei Flaschen Cola auf Ex. Meine Mutter nannte mich dann »überdreht«.

Meine Freunde bemerkten das nicht. Wohl aber, dass man mit mir keine Horrorfilme gucken kann. Einmal, da war ich 16 oder 17, wurde ich bei der Filmauswahl überstimmt (eigentlich bin ich sehr für Demokratie, aber in dem Fall ...) und habe den gesamten Abend unter dem Sofakissen verbracht. Ich wollte mit den anderen zusammen sein, aber nichts von dem Film mitkriegen, weil ich nur allzu gut wusste: Die Bilder würden mich noch wochenlang nicht loslassen. Glauben wollte mir das keiner. »Jetzt stell dich nicht so an!«, hieß es. So war und ist es aber: Filme oder auch Bücher dieser Art schaden mir. Also lasse ich Augen und Finger davon.

Dann, im Dezember 1989, erlitt meine Tante einen Nervenzusammenbruch. Sie hatte bis dahin meine Großmutter väterlicherseits gepflegt. So nahmen wir die Oma zu uns. Ins Altersheim wollte sie nicht. Und sie einfach dahin abzuschieben, das kam für keinen von uns infrage. Dank der Unterstützung durch einen Pflegedienst ging das etwa ein halbes Jahr lang leidlich gut. Doch dann wurde es mit Omas Demenz immer schlimmer. Bald kümmerte ich mich jede Nacht um sie, weil ich sah, dass die Pflege meine Eltern sonst zugrunde richten würde. Ich machte Oma frisch, bat sie, doch nun die frische Windel anzubehalten, damit Mama ihr Bett nicht jeden Tag neu beziehen musste. Aber Oma glaubte einfach nicht, dass sie die Windel brauchte. Jedes Mal aufs Neue. Irgendwann hatte mein Vater regelmäßig Herz-Kreislauf-Beschwerden und ich eine Magenschleimhautentzündung. Meine schulischen Leistungen sackten ab. Da zogen wir mit unfassbar schweren Herzen den Schlussstrich und brachten sie doch in ein Heim. Damals verurteilte ich mich dafür. Ich schämte mich. Und auch mein Vater war unglücklich damit. Wir hätten ihr so gern ihren Wunsch erfüllt, im Kreis

ihrer Lieben zu bleiben. Warum nur machten unsere Körper das nicht mit? Andere schienen so viel belastbarer als wir!
Wäre mir nur damals schon bewusst gewesen, was mir Helga Kohler-Spiegel, Psychotherapeutin und Professorin für Human- und Bildungswissenschaften, ab Mitte dreißig in Interviews und den persönlichen Gesprächen drumherum vermittelt hat! Diese Sätze etwa, die ich heute klar als Wahrheit sehe: »Im Vergleich liegt die Wurzel allen Übels. Das kann man schon an der Geschichte von Kain und Abel erkennen.«[30]

Um zu erleben, wie recht sie hat, muss man eigentlich nur mal mehr als eine Stunde auf Instagram verbringen: Die anderen dort sind schöner, schlauer, erfolgreicher, lustiger ... Das muss gar nicht in echt so sein, aber solche Gedanken tauchen in diesem Kontext unweigerlich auf. Und die machen einem schlechte Gefühle.

Meine Eindrücke aus der Welt zwischen Himmel und Erde schätzen lernte ich zum ersten Mal, als ich einmal spätabends von der Arbeit heimfuhr. (Damals arbeitete ich noch als Industriekauffrau.) Ich war mitten auf der Landstraße, es war stockduster, und auf einmal roch ich einen vertrauten Geruch. Ich kam nicht sofort darauf, was das war. Beim Nachschnuppern fuhr ich bereits langsamer. Der Geruch wurde immer stärker, dabei waren alle Fenster zu und niemand anderes befand sich im Fahrzeug. Und plötzlich ging mir ein ganzes Feuerwerk auf: Das war Opas Geruch! Ganz klar. Das verwirrte mich so, dass ich noch langsamer fuhr. Und genau das hat mir vermutlich das Leben gerettet. Ich eierte quasi durch den Kreisverkehr, als kurz danach ein unbeleuchtetes Auto von rechts hereinbretterte. Ich bemerkte es erst im Licht meiner Scheinwerfer. Wäre ich mit normaler Geschwindigkeit gefahren, hätte es mich voll erwischt.

Noch mal zum Thema »schlechte Gefühle«: Die »negativen« Gefühle meiner Kinder, wollte ich am Anfang meines Mutterlebens am liebsten wegzaubern. Sie sollten glücklich sein! Möglichst immer. Ja, ich weiß, das klingt so naiv wie vermessen, entsprach aber exakt meinem Bauchgefühl. Und so litt ich zunächst mit, wenn sie verletzt worden waren oder sich die Knie aufschlugen, bis ich, auch mithilfe einer guten Freundin, begriff: Ich bin überhaupt nicht zuständig dafür, was meine Lieben fühlen! Ich kann ihnen lediglich helfen, mit ihren Gefühlen umzugehen. Von da an entdeckte ich, dass in meiner besonderen Art der Wahrnehmung ein Schatz steckt, der ihre Schattenseiten überstrahlt. Ich lernte, dass ich nicht mitleiden muss, um mitzufühlen.

Bald darauf entdeckte ich die Gewaltfreie Kommunikation nach Marshall B. Rosenberg. Dabei geht es darum, im Kontakt mit anderen Menschen zu erspüren und zu benennen, was in einem selbst und im anderen gerade lebendig ist, was man selbst fühlt und braucht und was das Gegenüber fühlt und braucht. Außerdem kann man mit der Gewaltfreien Kommunikation Konflikte so lösen, dass es keine Gewinnerinnen und Verlierer gibt. Hinter all dem steht die Idee, dass Gewalt und schlechte Gefühle nur entstehen, wenn wichtige Bedürfnisse, die wir haben, nicht erfüllt werden. Und dass diese Gefühle Annahme benötigen, bevor sie gehen können. Wie die Gewaltfreie Kommunikation wirkt, erkläre ich am besten an einem Beispiel. Meine Tochter Marie (sämtliche Namen in diesem Text wurden geändert) war so zwischen zwei und drei Jahren alt und hatte Hunger, ich aber war noch mit Essenmachen beschäftigt, also fütterte ich sie vorab mit ein paar kleinen Tomaten. Als die alle waren, brach sie in Tränen aus. Sie wollte so gern mehr davon. Aber ich hatte keine mehr da! Sie war untröstlich. Ich bot ihr verschiedene Alternativen an: Zwieback, eine Banane, einen Apfel ... Sie weinte nur noch mehr. Ich versuchte, sie abzulenken. Ohne Erfolg. Dann erinnerte ich mich an Gelesenes und fragte endlich: »Bist du so, so, so traurig, dass ich keine kleinen Tomaten mehr habe?«

Plötzlich ging ein Zittern durch ihren ganzen Körper. »Jaaaa!«, seufzte es voller Inbrunst aus ihr heraus. Und dann war Ruhe. Es hatte ausgereicht, sie einmal ernst zu nehmen, ihre Gefühle in Worte zu fassen, damit sie ihre Gefühle regulieren konnte und offen für neue Lösungen war.

Durch meinen Mann und unsere Kinder lernte ich mich immer besser kennen. Ich brauche Pausen. Egal, ob ich morgens Energie für ein ganzes Kraftwerk in mir spüre oder nicht. Ich bin eine Lernende, was den Umstand angeht, ständig im Dialog mit dem eigenen Körper zu bleiben und auch wirklich auf ihn zu hören. Aber heute kann ich sagen: Ich bin gut, wie ich bin.

Meine »Sensibelchen«-Seite bringt beruflich wie privat auch viele Vorteile. Das durfte ich erst letztens wieder gespiegelt bekommen, als mein zweitgeborener Sohn Paul, 20, mir nach der Benotung zeigte, was er in einem Workbook für sein Studium der Wirtschaftspsychologie geschrieben hatte. »Allein daran, wie häufig das Telefon für meine Mutter klingelt, kann man erkennen, dass sie sehr viele positive soziale Beziehungen besitzt. Nach Messen oder Veranstaltungen hat sie immer eine enorme Menge an neuen Kontakten. Von dieser Kompetenz kann ich lernen, indem ich den sozialen Beziehungen etwas mehr Raum in meinem Leben gebe. Häufig stehen meine eigenen Bedürfnisse an erster Stelle und erst dann die der anderen. In Zukunft werde ich darauf achten, mich öfters in die Lage des anderen hineinzuversetzen und auch mal meine Bedürfnisse zurückzuschrauben, wenn es möglich ist.«

Schade, dass mein Vater meine Kinder nie kennenlernen konnte. Das heißt, und damit sind wir bei dem Band, von dem ich noch erzählen wollte: Vielleicht sieht er sie doch. Hier ein Beispiel, woran ich das festmache: Mein Sohn Tom, heute 23, hatte sein erstes Zeugnis bekommen. Es war toll. Und ich erzählte Tom, während wir die Post verließen, wie stolz sein Opa auf ihn gewesen wäre und dass ich für ein tolles Zeugnis früher immer ein bisschen Extra-Taschengeld von meinem Papa bekommen hatte. Als wir unser Auto erreichten, rief Tom: »Mama, guck mal da!« Und da lagen, ganz nah an den Hinterreifen, 50 Euro. Wir brachten sie zum Fundbüro. Niemand holte sie ab. Also durften wir sie behalten. Und ich fühlte: Das ist das Extra-Taschengeld für Tom. Von seinem Opa im Himmel.

Falls mich nun jemand für verrückt hält: Früher hätte mich das gestört. Heute kann ich damit leben. Und mit einem Augenzwinkern sagen: Besser ein bisschen verrückt als gar keine persönliche Note, oder?

ÜBER DIE AUTORIN

ANKE GASCH liebt und erfindet Geschichten, seit sie denken kann. Zum professionellen Schreiben kam die gelernte Industriekauffrau allerdings erst durch ihre Söhne. Heute ist sie Chefredakteurin eines Gemeindebriefes und der »Federwelt«, einem Fachmagazin für Autorinnen und Autoren. Wenn ihr neben dem Familie-Managen und »Chefredakteuren« noch Zeit bleibt, arbeitet sie auch als Freie Lektorin, Autorin oder Schreibberaterin.
www.frohes-schreiben.de | www.federwelt.de

Herr, ich danke dir dafür, dass du mich so wunderbar und einzigartig gemacht hast! Großartig ist alles, was du geschaffen hast – das erkenne ich!

Psalm 139,14

Du bist dran!

Einzigartig, wunderbar

Notiere dir diesen Bibelvers auf ein Stück Papier oder – falls du das gern machst – schreibe ihn in Schönschrift auf eine Karte. Nun befestige das Papier oder die Karte neben deinem Badezimmerspiegel und lies dir den Vers jedes Mal nach der Morgentoilette laut oder in Gedanken vor, während du gleichzeitig in den Spiegel schaust.

Du kannst dabei die Betonung immer auf ein anderes Wort legen und somit den Fokus auf einen anderen Aspekt lenken. Zum Beispiel: »Ich *danke* dir dafür, …« Hier steht eine tiefe und bewusste Dankbarkeit im Vordergrund. Oder: »*Ich* danke dir dafür, …« Hier geht es um deine Identität, um dein Sein und deine Hochsensibilität. Setzt du die Betonung wie folgt: »Ich danke *dir* dafür, …«, richtest du dich auf Gott als genialen und liebevollen Schöpfer aus. Bei dem Fokus auf das Wörtchen »wunderbar« darfst du dich freuen, dass dein Körper tatsächlich großartig und phänomenal – kurzum: ein Wunderwerk – ist. Und wenn du die Betonung auf »einzigartig« legst, darfst du dir bewusst machen: **So eine wie mich, die gibt's nur einmal!**

Jeder Mensch hat seine ganz eigene Persönlichkeitsstruktur und verdient es, dass man sich die Zeit nimmt, ihn kennenzulernen.

Julia Perrot

6

DIE HIGH SENSATION SEEKER – EINE BESONDERE FORM VON HOCHSENSIBILITÄT

Interview mit Julia Perrot

Julia, kannst du dich noch an den Augenblick erinnern, als du deine Hochsensibilität entdeckt hast? Wie ging es dir damit? Und hat sich danach etwas für dich geändert?

Meine Hochsensibilität hat sich erst in meinen zwanziger Jahren und vor allem im Zusammenleben mit meinem Mann herauskristallisiert, also durch das ständige Konfrontiertsein mit jemand so ganz anderem. Es war nicht unbedingt *ein* Augenblick, eher ein progressives »Wie-Schuppen-von-den-Augen-Fallen«: In den ersten Jahren stellten wir beide fest, dass ich in manchen Punkten »sensibel« bin. Zum Beispiel bin ich sehr geräuschempfindlich und kann mich beim Arbeiten oder Kochen nicht mehr konzentrieren, sobald es um mich herum Geräusche oder Bewegung gibt. Wenn ich mit meinem Mann Tennis spielte, fiel es mir schwer weiterzuspielen, sobald Spieler:innen auf dem Platz neben uns waren, die mich ja eventuell beim Spielen beobachten könnten. Und wie viele Hochsensible habe ich ein sehr buntes und intensives Gefühlsleben sowie ein feines Gespür für und damit auch ein großes Bedürfnis nach Ästhetik. Aus »sensibel« wurde dann öfter »sehr sensibel«. Schließlich kam das Wort »hochsensibel« ins Spiel. Das hat mir – uns beiden – einen gewissen Frieden gebracht. Denn während der Begriff »empfindlich« ja recht schwammig ist, auf viele Menschen zutrifft und vor allem oft negativ konnotiert ist, ist »hochsensibel« eine neutralere Beschreibung, die man einordnen und über die man sich sachlich informieren kann. Seitdem ist für uns vieles leichter geworden. Ich habe auch im Rückblick meine Eltern besser verstanden, die beide – jeweils auf ihre Art – wahrscheinlich hochsensibel waren, ohne es zu wissen. Außerdem hilft mir das Wissen um mein eigenes Hochsensibelsein heute dabei, meinen dreijährigen Sohn, bei dem die Merkmale der Hochsensibilität noch ausgeprägter sind als bei mir, achtsam zu begleiten.

Du bist nicht »nur« hochsensibel, sondern zählst dich auch zu den High Sensation Seekern. Kannst du diesen Begriff kurz erklären? Und wie hast du herausgefunden, dass du zu dieser besonderen Kategorie der Hochsensiblen gehörst?

Sensation Seeker zeichnen sich dadurch aus, dass sie sich nach abwechslungsreichen und intensiven Erlebnissen, Gefühlen und Erfahrungen sehnen. Nach Marvin Zuckerman[31] gibt es verschiedene Untergruppen: Während die einen besonders körperliche Reize brauchen, geht es den anderen mehr um emotionale und kognitive Stimulation, wieder andere leiden besonders unter Langeweile ... Und *High* Sensation Seeker (HSS) sind Sensation Seeker, die gleichzeitig hochsensibel sind.

Dass ich dazugehöre, habe ich durch einen Test in einem Hochsensibilitäts-Buch herausgefunden: Mir ist unheimlich schnell langweilig, ich würde niemals einen Film zweimal gucken, ich brauche regelmäßige Highlights, liebe Adrenalinkicks, sehne mich nach intensiven Erfahrungen und Begegnungen und liebe es zum Beispiel, wenn Menschen sich ganz individuell oder sogar extravagant kleiden. Der Begriff des HSS fasst all das zusammen. Auch wenn es womöglich ausgeprägtere High Sensation Seeker gibt als mich, war auch diese Erkenntnis eine große Hilfe für mich.

Gibt es bestimmte Merkmale oder Eigenschaften, die auf alle – oder viele – High Sensation Seeker zutreffen?

Ich kenne leider bisher niemand anderen, nur ein bis zwei Personen, von denen ich vermute, dass sie High Sensation Seeker sind. Möglicherweise trifft auf viele zu, dass sie eine gewisse Unruhe oder Rastlosigkeit bis hin zu Unzufriedenheit in sich tragen und immer auf der Suche nach mehr sind – vor allem dann, wenn einem dieses Persönlichkeitsmerkmal nicht bewusst ist und man so noch keinen Umgang damit finden konnte.

Fühlst du dich durch diese Begrifflichkeit »abgestempelt« beziehungsweise in eine Schublade gesteckt? Oder hilft sie dir, dich besser zu verstehen?

Als systematisch denkender Mensch kann ich nur sagen: Ich mag Schubladen grundsätzlich – auch wenn sie mich selbst betreffen. Die Gefahr ist natürlich, auch für mich, dass man sich in sie verkriecht und mit ihnen jedes Verhalten zu rechtfertigen versucht.

Abgestempelt fühle ich mich nicht direkt, weil nicht alle aus meinem Umfeld von meiner Hochsensibilität wissen. Fällt das Wort dann aber doch einmal, merke ich schon, dass vieles über einen Kamm geschert wird. Man hat dann direkt das Bild einer scheinbar »typisch« hochsensiblen Frau vor Augen: zartbesaitet, zimperlich und schreckhaft. Dieses trifft jedoch auf mich nicht zu, gerade weil ich mich eher zu den High Sensation Seekern als zu den Hochsensiblen zähle. Daher verzichte ich meist auf den Begriff »Hochsensibilität« und erkläre einfach so, wie ich ticke, um nicht zu schnell abgestempelt zu werden.

Bei der Bezeichnung High Sensation Seeker denke ich schnell an Powerfrauen, die absolut unempfindlich sind, die so schnell nichts aus der Bahn wirft und die intensiven Reize lieben – also im Grunde genommen das Gegenteil einer hochsensiblen Person. Stimmt das? Schließen sich Hochsensibilität und die Eigenschaften eines High Sensation Seekers nicht aus?

Ich finde eigentlich, es passt gut zusammen: Wenn man vereinfacht formuliert, dass hochsensible Menschen Reize besonders intensiv wahrnehmen, könnte man sagen, dass High Sensation Seeker dieses Gefühl besonders brauchen und danach streben: Reize intensiv wahrzunehmen.

Die Kunst für hochsensible Sensation Seeker besteht meines Erachtens darin, sich ihre Reize selbst auszusuchen. Das heißt, für sich herauszufinden, welche Stimuli ihnen guttun und welche nicht – und die wohltuenden dann bewusst ins Leben zu integrieren und die störenden möglichst zu vermeiden. Für mich ist Musik zum Beispiel oft ein »negativer« Reiz, weil sie meine Stimmung ganz schnell beeinflusst; daher ist mir bei langen Autofahrten Stille lieber als Radiohören. Adrenalin hingegen – sei es auf der Achterbahn, beim Snowboarden oder anderen Sportarten – empfinde ich als »positiven« Reiz, den ich idealerweise regelmäßig einplane.

Daneben glaube ich auch, dass meine Hochsensibilität das High Sensation Seeking ausgleicht – ich bin eben keine unempfindliche Powerfrau, die von Bungee-Jumping über eine wilde Disco-Nacht zur Backpacking-Weltreise übergeht. Stattdessen bräuchte ich für besagte Weltreise zum Beispiel jemanden an meiner Seite, bei dem ich mich sicher fühle und von dem meine vielen Eindrücke und Gefühle ernst genommen werden.

Erlebst du dich selbst als widersprüchlich? Wenn ja, wie äußert sich das und wie gehst du damit um?

Man könnte es als widersprüchlich bezeichnen, ich habe jedoch eher das Gefühl, dass beide Eigenschaften sich ausgleichen und mich regulieren – vorausgesetzt, ich schaffe es, sie gut auszubalancieren. So brauche ich einerseits regelmäßige »Kicks«, wie kognitive Inspiration von außen, intensive und interessante Begegnungen, Reisen oder Sport mit hohem Erlebniswert. Das alles bekomme ich natürlich nicht auf Knopfdruck, und es gibt Lebensphasen, in denen diese Dinge schwerer zu realisieren sind. Genauso regelmäßig brauche ich aber Tage, an denen ich niemanden treffe und viel Zeit für mich habe. Die dürfen wiederum nicht zu lange andauern, weil mir sonst etwas Grundlegendes fehlt. Es bleibt also ein Balanceakt, doch wenn der gelingt, kann das ein großer Stabilitätsfaktor sein.

Wie reagiert dein Umfeld darauf?

Ich denke, für einige ist die Mischung aus Hochsensibilität und High Sensation Seeking schwer zu verstehen – was ich gut nachempfinden kann. Viele erleben mich als aufgeschlossene, fröhliche Person, die sehr gerne unter Menschen ist und das Leben genießt. Und das tue ich auch. Nur brauche ich im Gegenzug genauso viel Zeit ohne Menschen – unter anderem, um die gemachten Erfahrungen zu verarbeiten und nachzubewegen. Das ist dann oft nicht nachvollziehbar, auch wenn ich mir sicher bin, dass es vielen so geht.

Was magst du an deiner Persönlichkeit – also daran, dass du ein hochsensibler Sensation Seeker bist? Was ist diesbezüglich deine größte Stärke? Was die größte Herausforderung?

Ich mag an mir, dass ich in Beziehungen sensibel und aufmerksam bin – oder versuche, es zu sein. Ich bin aber nicht nur die Hochsensible, die aller anderen Lasten trägt – was bei mir tatsächlich nicht sehr ausgeprägt ist –, sondern kann auch aus mir herausgehen, an mich selbst denken und Spaß haben.

Eine Herausforderung ist für mich – und andere – meine schnell aufkommende Langeweile. Während bei einem Spaziergang andere zum Beispiel einfach zufrieden sind, finde ich das meist eintönig und bekomme fast depressive Gefühle – es sei denn, es gibt besondere Highlights, gute Gespräche oder die Landschaft ist wirklich herausragend. Auch beim Spielen mit meinem kleinen Sohn fällt es mir manchmal schwer, den Moment zu genießen, weil ich mich dabei furchtbar langweile. Ich muss also Aktivitäten mit ihm finden, die mir selbst auch gefallen, was mit einem Dreijährigen nicht immer einfach ist.

»Dies über alles: Dir selbst sei treu.«

William Shakespeare

Welche Rolle spielen Akzeptanz und Selbstannahme dabei?

Mir persönlich fiel Selbstannahme in dem Bereich lange sehr leicht, weil ich meine Persönlichkeit eigentlich mag. Schwieriger wurde es, als ich schwanger wurde und Angst bekam, mich selbst zu verlieren, weil ich von nun an vermutlich typische Mama-Sachen zu machen hätte: mit meinem Kind basteln und spielen, es stundenlang von einer Bank auf dem Spielplatz aus beim Rutschen beobachten, mit ihm spazieren gehen, damit es an die Luft kommt, mit anderen Müttern Kaffeetrinken ... das alles entspricht mir nicht. Es hat etwas Zeit gebraucht, bis ich erkannt und akzeptiert habe, dass dies gar nicht unbedingt notwendig ist. Natürlich lasse ich mich auf die Bedürfnisse meines Sohnes ein, wenn er es braucht. Aber ansonsten bin ich eben eher die Mutter, mit der er Lach- und Adrenalinflashs erlebt, andere Länder entdeckt, viele tolle neue Bücher liest – weil mich selbst Kinderbücher schon beim zweiten Lesen langweilen, bekommt er öfter mal ein neues – und viel mehr. Ich kann und muss nicht alles für ihn sein und abdecken.

Gibt es Wünsche, die du an dein Umfeld – an Familie, Freunde, Gemeinde – oder an unsere Gesellschaft hast, wenn es um den Umgang mit Hochsensibilität in all ihren Formen und Ausprägungen geht?

Informiert euch. Hochsensibilität ist – was man zum Beispiel an der noch recht unbekannten Kategorie der High Sensation Seeker sieht – ein sehr vielfältiges, dafür aber inzwischen immer besser erforschtes Spektrum. Diese Vielfalt gilt es zu kennen, um Menschen individuell und differenziert betrachten zu können.

Ich finde, dasselbe gilt aber auch für uns Hochsensible: Wir dürfen nicht den Fehler machen zu denken, wir seien hochsensibel und alle anderen »normal«, und deshalb müssen nur sie sich auf *uns* einlassen, sich über *uns* informieren, auf *uns* Rücksicht nehmen. Nein, ich denke, jeder Mensch hat seine ganz eigene Persönlichkeitsstruktur und verdient es, dass man sich die Zeit nimmt, ihn kennenzulernen. Wir als Hochsensible und/oder High Sensation Seeker haben einfach nur das »Glück«, dass man sich zu uns inzwischen belesen kann – dieses Glück hat nicht jeder Mensch.

Hast du einen Rat oder Tipp, den du anderen hochsensiblen Frauen und High Sensation Seeker geben möchtest?

Ja, ein Zitat von William Shakespeare: »Dies über alles: Dir selbst sei treu.«

Vielen Dank, liebe Julia – für deine ehrlichen und authentischen Antworten und den damit inspirierenden und wirklich sehr interessanten Input.

ÜBER DIE AUTORIN

JULIA PERROT, Jahrgang 1985, ist in Wuppertal aufgewachsen, hat Theologie in Paris und Gießen studiert und ist Pastorin in Südfrankreich, wo sie derzeit mit ihrem Mann und ihrem Sohn lebt.

Happy High Sensitivity! – Warum du deine Hochsensibilität feiern darfst

Es gibt viele Gründe, dich über deine Feinsinnigkeit und Feinfühligkeit zu freuen, die Sonnenseiten deiner Begabung zu genießen und deine Hochsensibilität zu feiern. Ein paar habe ich hier für dich zusammengestellt.

Du darfst deine Hochsensibilität feiern,

... weil deine Andersartigkeit etwas Einzigartiges und Wunderbares ist: »Sie sorgt für **Diversität** und ist ein Geschenk der Schöpfung« (Kathrin Sohst).[32]

... weil Gott dich als **Meisterwerk** gemacht und erdacht hat – mit dieser ganz besonderen Gabe.

... weil du als Hochsensible absolut **facettenreich**, bunt und interessant bist. Und weil dir ein riesiger **Schatz an Sinnes- und Gefühlswahrnehmungen zur Verfügung** steht, der anderen in diesem Ausmaß oft verborgen bleibt.

... weil in deiner Feinfühligkeit **eine größere Stärke** liegt, als du vielleicht glaubst. Lass dieses Zitat von Hermann Hesse einmal in Ruhe auf dich wirken: »Weich ist stärker als hart, Wasser stärker als Fels, Liebe stärker als Gewalt.«[33]

... weil du durch den Umgang mit deiner Hochsensibilität – und den damit verbundenen Herausforderungen – automatisch **Charakterstärken wie Ausdauer,**

Willenskraft und Durchhaltevermögen entwickelst. Denn die Schattenseiten deines sensiblen Wesenszugs zu *er*leben und zu *durchl*eben, macht dich mit der Zeit widerstandsfähiger, belastbarer und kann dir innere Kraft verleihen.

... **weil Gott dich feiert.** Den Beweis dafür findest du in der Bibel, in Zefanja 3,17: »Der HERR, dein starker Gott, der Retter, ist bei dir. Begeistert freut er sich an dir. Vor Liebe ist er sprachlos ergriffen und jauchzt doch mit lauten Jubelrufen über dich.« (NLB)

Was feierst du besonders? (Das können auch Punkte sein, die du an anderer Stelle in diesem Buch entdeckt hast.)

____

____

____

Fallen dir noch mehr Gründe zum Feiern ein?

____

____

____

7

SCHWUNGVOLL UND VOLLER WERTSCHÄTZUNG DURCHS LEBEN – HOCHSENSIBEL UND EXTROVERTIERT

Beitrag von Saskia Heinl

Ich liebe Wasser. Und ich liebe Wörter wie »lieben«, »frei sein« und »begeistert sein«. Dazu gehören auch Aussagen wie »Meine Leidenschaft ist es, ...« oder »Ich liebe es, ...«.

Gelegentlich frage ich mich, ob ich meine Mitmenschen damit nicht überfordere. Und ja, hin und wieder ist es so – ich muss mich bremsen. Denn in manchen Situationen muss ein Satz sachlicher formuliert sein, damit er zum Anlass passt. Gefühle haben in unserer leistungsorientierten und bürokratischen Alltagswelt nicht immer Platz. Je nach Beruf und Umfeld sind sie mehr oder weniger gefragt, geachtet, respektiert und wertgeschätzt.

Ich bin eine hochsensible und gleichzeitig extrovertierte Frau, die Zeiten der Stille benötigt, um aufzutanken. In den letzten Jahren durfte ich das erkennen und Wege für mich finden, in denen ich meine von Gott gegebenen Gaben leben und sie freudebringend einsetzen kann. Ich habe Frieden gefunden und weiß jetzt, welche Dinge mich begeistern, welche Menschen mir guttun und was mir Kraft gibt. Die Zeiten, in denen ich alleine bin, habe ich schätzen gelernt.

Gehen

Um diesen Weg zu gehen, bedarf es Mut, das Aushalten von Unverständnis und eine gute Selbstreflektion. Natürlich falle ich – wie jeder Mensch – manchmal aus diesem Frieden heraus und hadere mit mir, aber Grundlegendes hat sich inzwischen verändert. Zurück zum Anfang: Ich liebe Wasser. Warum? Wasser symbolisiert vieles, was mit mir zu tun hat. Meine Gedanken sprudeln (noch so ein Wort, das ich liebe) – sie sprudeln nur so in mir herum und aus mir heraus. Wie aus einem Springbrunnen, der immer mit Wasser gespeist wird. Manchmal ist der Brunnen abgeschaltet, dann bleiben die Gedanken in meinem Inneren und sprudeln dort. Manchmal strömen sie heraus.

Gedankenströme

Viele Eindrücke sind in mir wie die unzähligen Wassertropfen im Wasser. Ich nehme sie aus meinem Alltag auf. Meine Augen sehen »tausend« Kleinigkeiten, wenn ich unterwegs bin, und meine Ohren nehmen viele Geräusche wahr. Außerdem hören sie vieles, was nebenbei gesprochen wird.

Wenn ich dann nach Hause komme, ist es im Idealfall still. Dann kreisen die Gedanken in meinem Kopf, sortieren sich, werden bewertet und fließen auch manchmal geschrieben oder gesprochen wieder heraus. Diese Gedanken – um bei dem Springbrunnen zu bleiben –, sie spiegeln sich im Sonnenschein und machen mich froh, so fröhlich, dass sie sofort jedem entgegensprudeln, der nach Hause kommt. Oder aber sie sind so traurig, dass sie sich wie die Tropfen des Springbrunnens mit dem Regen mischen. Dann ziehen diese Gedanken mich so tief, dass ich sie herausschreiben oder erzählen muss, um sie zu verarbeiten. Manchmal werden die Gedanken-Tropfen auch mit dem Wind umhergeweht. Sie bringen mich so durcheinander, dass ich nicht weiß, was ich damit machen soll. Ich weiß, dass es nicht gut für mein Umfeld ist, diese letzten beiden Gedankenströme immer fließen zu lassen. Deswegen habe ich gelernt, mich – wenn auch nur für kurze Zeit – zurückzuziehen, eine Freundin anzurufen oder mir mit meinem Mann eine ruhige Minute zu erbeten. Und deshalb suche ich auch bewusst die Stille, wenn zu Hause keine Ruhe herrscht. Seit der Geburt unserer Kinder gibt es in unserem Haus nach dem Mittagessen eine Ruhezeit. Früher schliefen die Kinder, heute genießen sie selbst die Ruhe oder Zeit für sich in ihren Zimmern.

Gott

Manch einer würde sagen, dass ein mündliches Gespräch mit Gott ausreicht und für viele tut es das ja auch, für mich jedoch häufig nicht – je nach Stärke des Strudels oder Wirbelsturms der Gedanken. Ich muss meine Gedanken herauslassen, um sie zu sortieren. Deswegen ist es für mich ein guter Weg, meine Gespräche mit Gott aufzuschreiben. Dabei adressiere ich ihn direkt in einem Tagebuch. Ich schreibe auf, wie es mir geht, reflektiere das Gehörte oder Gesehene, kann es somit besser bewerten und finde Lösungen. Mein schriftliches Gebet endet meist in Dankbarkeit meinem Schöpfer gegenüber. Ich glaube, das ist aber nur möglich, weil ich gelernt habe, wie ich funktioniere und immer mehr sehen kann, wie Gott mich geschaffen hat.

Gemeinsam

Ich musste mir erst klar darüber werden, dass nicht jeder so viele Eindrucks- und Gedanken-Wassertropfen in sich aufnimmt wie ich, und nicht jeder auf die gleiche Art und Weise wahrnimmt. Ein Coach erklärte mir, dass es so ist, als ob ein und dieselbe Situation von nicht-hochsensiblen Menschen wahrgenommen wird, als würden sie in einem Raum mit einer Kerze sitzen, während hochsensible Menschen sich quasi auf dem Broadway befinden: Die Menge der Eindrucksaufnahme unterscheidet sich enorm. Auch heute noch ist das für mich hin und wieder unfassbar. Es fällt mir im Alltag manchmal schwer, dass ich Dinge sehe, die andere nicht sehen, denn oft zieht es damit zusätzliche Arbeit für mich nach sich. Oder aber ich fühle mich unter Druck gesetzt, etwas zu tun, was ich eigentlich nicht möchte. »Nein!«-Sagen oder etwas loszulassen, fällt mir nicht leicht, aber ich weiß, dass es wichtig ist, um gesund zu bleiben. Mehr und mehr lerne ich, dass ich Menschen in Gottes Hand lassen muss. Jesus ist der Retter, nicht ich! Manchmal ist ein Gebet genug.

Im Familienalltag heißt das für mich »Listen schreiben«. Mit meiner weiten Sicht auf unsere Abläufe, bei denen Menschen, Dinge und Zeit für mich immer in Beziehung miteinander stehen, hilft es meinen Familienmitgliedern, wenn ich ihnen von meinem Sehen etwas weitergebe, anstatt sie zu kritisieren. Diese »Listen« können auch kreativ gestaltet sein. Sie können zum Beispiel schöne Bildchen an verschiedenen Stellen des Hauses sein, die sich für uns bei der familiären Morgenroutine als hilfreich erwiesen haben. Bis zu dieser Uhrzeit im Bad fertig sein, bis zur nächsten gefrühstückt haben und an der Haustür ein Bildchen mit der letzten Zeit inklusive der Dinge, die angezogen und eingepackt werden müssen. So macht es allen mehr Spaß und es gibt weniger Hektik. Mehr Ruhe im Alltag ist gut für jeden, nicht nur für mich.

Gabe

Ich lernte, dass ich Zeiten ohne zusätzlichen Input brauche, um diese Flut an Gedanken in meinem Kopf zu sortieren. Außerdem, dass Gott mir zwar die Gabe des einfühlsamen Zuhörens gegeben hat, aber dass es zum Beispiel nicht meine Aufgabe ist, »Seelsorgerin« zu sein. Ich fühle tief mit und tauche sehr in die Lebensfluten von anderen Menschen ein. Oft verstehe ich mit meinem Herzen, was zu schönen Gespräche führt. Aber manchmal wird es zu viel, erschöpft mich und raubt mir zu viel Kraft. Ja, es gibt Menschen, die die Gabe der Seelsorge haben, aber ich habe sie nicht. Eine gute Lösung ist für mich, dass ich immer eine Visitenkarte eines Seelsorgers in meiner

Handtasche habe, sodass ich Menschen weitervermitteln kann. Manchmal erkundige ich mich auch nach Fachpersonal und empfehle dieses weiter. Ich mag diese tiefen Gespräche mit Menschen, aber so kann ich meine eigenen Grenzen achten, ohne Menschen gefühlt im Stich zu lassen. Ich liebe es, Menschen sinnvoll zu »connecten«. Das ist meine Gabe.

Grenzen und Möglichkeiten

Jeden Tag versuche ich, den »Sonnenschein im Wasser« glitzern zu sehen. Meist gelingt das, manchmal macht das Leben dies jedoch nicht möglich. Dann tut es mir gut, mich mit einfühlsamen, positiv denkenden Menschen zu umgeben. Sie verhindern durch ihre – oft hochsensible – Art, dass sich meine Gedanken in einen Strudel verwandeln, der mich nach unten zieht. Nicht-hochsensible Vertraute geben mir Ruhe, weil sie nicht in diesem Sturm der Gefühle umher gewirbelt werden, sondern wie ein Leuchtturm in den unruhigen Fluten leuchten.

Es ist meine Leidenschaft, mir Geschichten für Kinder einfallen zu lassen. Da ich dank meiner Hochsensibilität eine sehr große Vorstellungskraft habe, kann ich mir Geschichten bis ins kleinste Detail ausdenken. Beim Kindergeschichten-Schreiben kann ich all meine kreativen Gedanken, meine tiefgehenden Gefühle und meine Beobachtungen einfließen lassen. Ich stelle mir die Kinder vor und überlege, wie ich sie aus ihren Alltagssituationen abholen kann, was ihnen Freude bereitet, was sie zum Lachen bringt oder sie ermutigt.

Diese Fähigkeit kommt mir als Mama ebenso wie als Grundschullehrerin sehr zugute. Vieles wird von mir oder spontan gemeinsam mit den Kindern in Geschichten verpackt. Es wird viel gelacht und dadurch leichter gelernt. In der Klasse nehme ich meine Schülerinnen und Schüler sehr genau wahr. Eine große Freude ist es mir, hochsensible Menschen schon im Kindesalter zu ermutigen, dass Gott sie genau mit ihrer speziellen Art wunderbar geschaffen hat.

Natürlich übersehe auch ich Dinge und verpasse besondere Momente der Kinder, aber in aller Regel fällt mir schnell auf, wenn es Kindern nicht gut geht, sie abgelenkt sind oder nicht klarkommen. Manchmal komme ich als Lehrerin auch an meine Grenzen. Nicht alles, was ich gerne möchte, kann ich im Schulalltag umsetzen, und auch nicht jeder Schülerin, jedem Schüler geben, was er oder sie braucht. Das gibt der Unterrichtsalltag einfach nicht her. Und auch Familienalltage von aus meiner (subjektiven) Sicht leidenden Kindern kann ich als Lehrerin oft nicht verbessern. Auch hier durfte ich von einer erfahrenen Lehrkraft lernen, dass ich manche Kinder durch die Grundschulzeit »nur« begleiten kann. Und dass es manchmal ausreicht, Freude und Wertschätzung »nur« im Schulalltag zu schenken.

Meine Gedankengänge sind im Alltag sehr schnell. Ich habe Spaß dabei, Dinge schwungvoll zu erledigen. Außerdem mag ich es, auch mal »um die Ecke« zu denken. Schnell kann ich auf Neues reagieren, was mir zum Beispiel als Lehrerin zugutekommt. Aber ich muss aufpassen, dass ich meine Mitmenschen damit nicht überrenne, denn das kann zu Unstimmigkeiten führen.

Geschichten und Kreativität

Ein Ventil für meine sprudelnden Kreativgedanken sind auch meine interaktiven Theaterlesungen und Geschichten-Moderationen. Meine ganze Kreativität und Vorstellungskraft steckte ich zum Beispiel schon in eine auf Rollbretter montierte Rakete, einen fliegenden Teppich, eine Geschichtenmaschine und in ein türrahmengroßes Buch. Bei diesen interaktiven Theaterlesungen und Geschichten-Moderationen fühle ich mich absolut in meinem Element. Ich liebe es, die Kinder zum Lachen zu bringen. Eine Zeit der übersprudelnden Freude zu schenken – das gefällt mir, bringt mir selbst Freude und tatsächlich auch Energie.

Beim Schreiben an sich genieße ich die Ruhe, und wenn mich doch so etwas wie »Flugzeuglärm« stört, setze ich mir Noise-Cancelling-Kopfhörer auf und spiele mir Naturgeräusche ins Ohr, denn Naturgeräusche entspannen meine Ohren.

Gottes Chance für dich und mich

Ich leide unter technischen Geräuschen. Auch in einem Zelt kann ich beispielsweise nicht schlafen, weil ich so geräuschempfindlich bin. Außerdem nehme ich fast jeden leidenden Menschen um mich herum wahr und jeden Streit in der Fußgängerzone. Alle diese Dinge machen mich müde und frustrieren mich, mal mehr und mal weniger. Und ja, es gibt Tage, da muss ich mich mit meinen sprudelnden Gefühlen versöhnen, besonders dann, wenn sie auf Unverständnis stoßen oder als Launenhaftigkeit bewertet werden. Aber in die richtigen Bahnen gelenkt, sind sie wertvoll und Gott kann sie nutzen, um mein eigenes und das Leben der Menschen in meinem Umfeld zu bereichern.

Ich liebe nicht nur das Element Wasser, sondern auch die Luft. Mich frei zu fühlen wie ein Vogel, war lange Zeit eine Sehnsucht in mir. Frei, so zu sein, wie Gott mich geschaffen hat. Heute weiß ich, dass das bedeutet, mich anzunehmen, mit meinen Schwächen und Stärken. Auch wenn nicht jeder verstehen kann, wie ich bin. Ich habe die Stärken meiner hochsensiblen Art lieben gelernt, auch wenn ich immer wieder über so manche Herausforderung stolpere. Aber tun wir das nicht alle, hochsensibel oder nicht?

Ich begeistere mich für diese Bibelstelle aus Jesaja 40,30: »Die Jungen werden müde und matt, [junge Menschen] stolpern und stürzen. Die aber auf den HERRN hoffen, empfangen neue Kraft, wie Adlern wachsen ihnen Flügel. Sie laufen und werden nicht müde, sie gehen und werden nicht matt.«

Dazu passt auch 2. Mose 19,4: »[...] wie ich euch auf Adlerflügeln getragen und hierher zu mir gebracht habe.«

Ich mag diese Bibelstellen so, weil sie uns zusagen, dass wir fliegen und frei sein können wie der Adler, und einen wunderbaren Gott haben, der uns auffängt, wenn wir fallen.

Ich wünsche dir, dass du die Stärken deiner Hochsensibilität erkennen kannst! Und wenn du sie nicht sehen kannst, gehe zu deinem Schöpfer. Er fängt dich auf wie ein Adlerjunges und trägt dich wieder hoch hinauf, damit du erkennen kannst, wie wunderbar er dich geschaffen hat. Denn Adlerjunge üben das Fliegen, indem sie aus dem Nest stürzen, und kurz vor dem Boden fängt sie der erwachsene Adler wieder mit seinen Flügeln auf und trägt sie zurück zum Nest, woraufhin sie einen erneuten Flugversuch starten. Dieser Prozess wiederholt sich so lange, bis den Kleinen das Fliegen gelingt.

Diese Zusage gilt auch dir. Dabei bist du nicht »die Hochsensible«, sondern eine einzigartige Frau, der Gott in einer individuellen Art hochsensible Charakterzüge geschenkt hat. Entdecke neu oder wieder, wie wunderbar Gott dich geschaffen hat, und genieße die Vielschichtigkeit, die Kreativität und Freuden deines Lebens und deiner von Gott gegebenen Art!

ÜBER DIE AUTORIN

SASKIA HEINL ist eine leidenschaftliche Geschichtenerzählerin, die es liebt, mit ihren Werken Ohren zum Lauschen und Augen zum Leuchten zu bringen. Ermutigung und Wertschätzung sind ihr in ihren Büchern und auch in ihren interaktiven Theaterlesungen sehr wichtig. Mehr zu ihr und ihrem Buch »Fühlis erste Schulabenteuer«, das sie besonders für hochsensible Kinder geschrieben hat, unter www.saskiaheinl.de.

Introvertiert oder extrovertiert? – Von Unterschieden, falschen Annahmen und Etikettierungen

Introversion und Extraversion

Das Konzept der Introversion und Extraversion ist auf den Psychoanalytiker C.G. Jung zurückzuführen, der es bereits im Jahr 1921 entwickelte. Auch heute noch haben diese beiden Temperamente einen hohen Stellenwert in der Psychologie, wenn es um die Beschreibung der Persönlichkeit geht. Lediglich aus dem Begriff Extraversion wurde im Laufe der Zeit Extroversion bzw. Extrovertiertheit. Introvertiert bedeutet wörtlich »nach innen gewandt«, extrovertiert »nach außen gerichtet«. Beide Begriffe beschreiben die Art und Weise, wie Menschen ihre soziale Umwelt wahrnehmen und mit ihr interagieren, und wie sie Erlebtes innerlich bewältigen.[34]

Wie auf dem Gebiet der Hochsensibilität findet sich auch bei diesem Konstrukt eine enorme Bandbreite unterschiedlicher Facetten und man kann nicht von *der* introvertierten oder *der* extrovertierten Person sprechen. Niemand lässt sich ausschließlich einem der beiden Pole zuordnen. Und jede und jeder kann in bestimmten Situationen einmal extrovertiert und beim anderen Mal introvertiert agieren, je nach Stimmung, Tagesform oder Befindlichkeit.

Außerdem gibt es neben diesen beiden Polen einen Misch-Typ, den sogenannten ambivertierten Typus, der auch als zentrovertiert bezeichnet wird. Ambivertiert heißt so viel wie »nach beiden Seiten gewandt«. Ambivertierte Menschen tragen ungefähr zu gleichen Teilen sowohl die Eigenschaften der Introversion als auch der Extroversion in sich, verdeutlicht Debora Sommer.[35]

Introvertiert und gleichzeitig hochsensibel?

Laut Elaine Aron neigen etwa 70 Prozent der Hochsensiblen dazu, sozial introvertiert zu sein, die anderen 30 Prozent zählen eher zu den Extrovertierten.[36] Bei diesen Begrifflichkeiten kann es schnell zu Missverständnissen oder falschen Annahmen kommen. Häufig wird davon ausgegangen, dass alle Hochsensiblen gleichzeitig introvertiert und alle Introvertierten hochsensibel sind. Dass dies nicht der Fall ist, siehst du am Beispiel von Saskia und Julia (in Kapitel 6 und 7), die sich beide als hochsensibel *und* extrovertiert bezeichnen und diese Kombination in ihren Beiträgen anschaulich darstellen.

Zwar gibt es zwischen den Konzepten der Hochsensibilität und Introversion eine gewisse Schnittmenge – wie tiefgründiges Nachdenken und Reflektieren, eine lebendige Fantasie sowie rasche Überreizung –, trotzdem kann und sollte man hochsensible und introvertierte Menschen nicht über den sprichwörtlichen Kamm scheren. Auf der anderen Seite gehören Introvertierte auch nicht automatisch zu den 15 bis 20 Prozent der Hochsensiblen, selbst wenn es auf den ersten Blick so wirken mag.

Die Wirkung nach außen

Und damit sind wir bei einem wichtigen Punkt: der Wirkung nach außen. Wenn man Menschen lediglich aufgrund ihres äußeren Verhaltens und Auftretens beurteilt, lässt sich oftmals nur schwer sagen, wer nun introvertiert oder extrovertiert ist. Beide »Gruppen« – genauso wie Hochsensible – können gesellig sein, beliebte Gesprächspartner, offenherzige Gegenüber, fröhlich und aufgeschlossen. Den eigentlichen Kern der Veranlagung kann man also nicht ausschließlich an äußeren Verhaltensweisen ablesen.[37]

Wenn mein Mann und ich uns beispielsweise mit FreundInnen treffen, erkennt man auf den ersten Blick nicht, wer von uns eher zu den Introvertierten zählt. Wir beide unterhalten uns gern und ausgiebig mit anderen und genießen das trubelige Miteinander in der Gruppe.

Den großen Unterschied macht unser Innenleben aus, das individuelle Empfinden, Beurteilen und Verarbeiten der erlebten Situation. Mein extrovertierter Mann tankt in der Gesellschaft anderer auf und braucht den Trubel, die Gemeinschaft und möglichst viel Action, um sich wohlzufühlen und vom Arbeitsalltag zu entspannen.

Ich dagegen benötige neben Gemeinschafts- und Action-Zeiten ebenso – wenn nicht sogar mehr – Zeiten der Ruhe und des Rückzugs. **Denn als Introvertierte schöpfe ich meine Kraft aus dem Alleinsein und aus der Beschäftigung mit meinem Inneren.** Regelmäßige Auszeiten, in denen ich mich zurückziehe und einfach »nur« nachdenke und Erlebtes verarbeite, leise Musik höre, bete, lese oder Spaziergänge mit meinem Hund unternehme, sind für mich von entscheidender Bedeutung.

Die Autorin und Coachin Sabine Dinkel bestätigt dies wie folgt: »Introvertierte beziehen ihre Energie aus sich selbst heraus. Sie bevorzugen eine weniger stimulierende Umwelt, weil sie – genau wie Hochsensible – eine niedrige Reiz-Schwelle haben. Sie sind schneller erschöpft als Extrovertierte, die viel mehr Reize vertragen (und teilweise sogar benötigen, um sich richtig gut zu fühlen).«[38]
Demnach richten Introvertierte ihren Fokus und ihre Energie stärker auf ihr Innenleben. Daher wirken sie auch oft stiller, ruhiger und zurückhaltender als ihre ex-

trovertierten Mitmenschen, und erwecken schnell den Eindruck, sehr schüchtern zu sein. Meines Erachtens sind dies allerdings Zuschreibungen, die Vorurteilen gleichkommen – besonders, was die Schüchternheit betrifft. Hochsensible und sensible Introvertierte *können* schüchtern sein, diese Eigenschaft *muss* aber nicht zwingend zu ihrem Temperament gehören. Leider gilt Introversion außerdem heutzutage immer noch als Makel oder sogar fast als Beleidigung, so die dänische Psychotherapeutin und Pastorin Ilse Sand. »Man denkt dabei an jemanden, der verschlossen ist und sich nicht für andere Menschen interessiert, seine Zeit am liebsten allein verbringt und sich mit sich selbst beschäftigt oder den ganzen Tag vor dem Computer sitzt.«[39] Diese Außenwahrnehmung ist bedauerlich, da in Introvertierten viel mehr steckt, als nur den Fokus auf die eigene Person zu richten und sich von der Außenwelt abzuschotten.

Stempel und Etiketten

Was die Einschätzung unserer Mitmenschen betrifft, ist es mir ein großes Anliegen, dass wir aufhören, Menschen und ihre individuellen Charakterzüge vorschnell zu *be*urteilen oder sogar zu *ver*urteilen. Wir sind viel zu schnell dabei, Etiketten zu verteilen, Stempel aufzudrücken und Schubladen einzurichten. Ich nehme mich da selbst nicht aus. Durch ungerechtfertigtes Abstempeln tun wir der anderen Person Unrecht – zunächst nur in Gedanken, danach (oft unbewusst) in unserem Verhalten ihr oder ihm gegenüber. Wer einen introvertierten Menschen beispielsweise als »verschlossenen Nerd« abstempelt, wird ihn auch dementsprechend behandeln, ihm möglicherweise aus dem Weg gehen und damit die

Chance verpassen, diese Person – als liebenswerte Persönlichkeit – richtig kennenzulernen.

Und leider kann es in diesem Zusammenhang auch vorkommen, dass wir uns selbst mit einem Etikett versehen, das uns einengt und ein Stück weit lähmt. So habe ich jahrelang freiwillig den Stempel »introvertiert und schüchtern« getragen, mich damit selbst in eine Opferrolle katapultiert und manchen spannenden Moment im Leben verpasst. Ich möchte dies an einem Beispiel verdeutlichen: Konzerte und Großveranstaltungen wie Buchmessen habe ich gemieden, weil ich dafür meinem Empfinden nach viel zu introvertiert und schüchtern war. Irgendwann wurde mir klar, dass es im Grunde genommen nur der Stempel war, der mich von einer aktiven Teilnahme abhielt. Und nachdem ich diesen – und die damit verbundene Opferrolle – bewusst abgelegt hatte, war und ist mir ein Besuch von größeren Veranstaltungen möglich. Natürlich kosten mich Messe- und Konzertbesuche als Hochsensible einiges an Kraft und ich brauche danach mehr Zeit als andere, um wieder runterzufahren. Trotzdem hat es sich gelohnt, über meinen Schatten zu springen und mich ab und zu ins »Getümmel« zu stürzen. Denn so bin ich um etliche wertvolle Begegnungen, musikalische Genussmomente und horizonterweiternde Erfahrungen reicher geworden.

Also: Stempel und Etikettierungen können zwar auf den ersten Blick hilfreich sein, um Menschen und uns selbst leichter einzuordnen und besser zu verstehen – »kleben bleiben« sollten sie allerdings nicht.

Jeder Typ ist wichtig

Egal, worin die Unterschiede und Gemeinsamkeiten von Intro-, Extro- oder Ambivertierten liegen mögen – eins trifft auf uns alle zu: Wir alle sind (gleich) wertvoll und bereichern mit unseren einzigartigen Persönlichkeiten diese bunte Welt. Dieser Meinung ist auch Elaine Aron, wenn sie in ihrem Standardwerk »Sind Sie hochsensibel?« schreibt, dass wir alle Typen brauchen und dass jeder Typus etwas zu dieser Welt beiträgt, das gleich wichtig ist.

Wir brauchen die extrovertierten Macher, denen es leichtfällt, auf andere Menschen zuzugehen, für ein Gefühl der Verbundenheit zu sorgen und aus Fremden Freunde zu machen. Und wir brauchen die introvertierten Denker, die intensiv nach innen blicken – in ihr eigenes Inneres und das ihrer Mitmenschen. Die für manche Begegnungen zwar erst über ihren Schatten springen müssen, dann aber ein offenes Ohr und ein weites Herz für ihr Gegenüber haben.[40]

Du bist dran!

Extrovertiert oder introvertiert? Welcher Typ bist du?

In Kapitel 1 konntest du dich unter anderem mit der Frage auseinandersetzen, ob du hochsensibel bist. Wie sieht das mit der Extro- und Introvertiertheit aus? Kannst du bereits sagen, zu welchem Typus du am ehesten gehörst? Falls dies nicht der Fall ist, darfst du dir die folgende Frage stellen:

Wo kann ich meine Energietanks am besten neu auffüllen – in der Gesellschaft anderer Menschen oder, wenn ich allein bin?

Hast du Ersteres bejaht, dann bist du wahrscheinlich extrovertiert-hochsensibel. Trifft der letzte Teil der Frage auf dich zu, zählst du wahrscheinlich zu den introvertiert-hochsensiblen Menschen.

Mich frei zu fühlen wie ein Vogel,
war lange Zeit eine Sehnsucht in mir.
Frei, so zu sein, wie Gott mich geschaffen hat.
Heute weiß ich, dass das bedeutet, mich anzunehmen,
mit meinen Schwächen und Stärken.

Saskia Heinl

8

LEITEN MIT HOCHSENSIBILITÄT – DIE KUNST DER ACHTSAMEN ACHTERBAHNFAHRT IM BERUF

Beitrag von Elisabeth Schoft

Ich stehe mitten in einer nicht enden wollenden Schlange, die sich in kleinen Schritten zum Objekt der Begierde vorarbeitet: dem »Burner«, einem sogenannten »Flugkarussell«, bei dem kreischende Adrenalin-Junkies sekundenlang nach unzähligen Mehrfachloops kopfüber in 26 Meter Höhe dem nächsten Kick und freien Fall hinterherjagen. Plärrende Musik aus Lautsprechern hallt über unsere Köpfe. Vermischt mit den 80er-Jahre-Hits der nächsten Rummel-Attraktion macht das jedes Gespräch unmöglich. Als Begleitung halte ich Taschen und bewahre Handys und Brillen vor dem ultimativen Absturz. Und ich muss aufpassen, dass mein eigener nicht kurz bevorsteht. Während ich warte, steigt Panik in mir auf, in meinem Bauch rumort es. Jedes Jahr zur Rummelzeit vergesse ich aufs Neue, wie sehr mich akustische und optische Reize überfordern, wenn sie zu laut und zu verschieden sind – und dass Menschenmassen mich anstrengen. Rummel ist nichts für Feiglinge – oder für Hochsensible. Nach drei Stunden Basler »Herbstmesse« bin ich vollkommen ausgelaugt, meine Energiereserven sind im Keller. Aber immerhin bin ich erlöst. Ich habe meine Lektion gelernt und werde es mir im kommenden

Jahr zur Wahrung meines Seelenfriedens und des Haussegens auf dem heimischen Sofa bequem machen, während die Rummelfreunde sich ins Getümmel stürzen.

Im Beruf geht es mir oft ähnlich. Bereits nach einer Viertelstunde im Büro fühle ich mich manchmal wie auf den Rummel zurückversetzt: Durch laut schwatzende oder hitzig diskutierende Kollegen im Großraumbüro nebenan, noch dazu mit verschiedenen Gesprächssträngen, bin ich akustisch reizüberflutet, spüre die allgemeine (Ver-)Stimmung oder starken Termindruck. Mein persönlicher Endgegner sind knuspernde Snacks aus knisternden Chipstüten in längeren Meetings und die dazugehörenden Kaugeräusche. Um dann in einen produktiven Workflow zu kommen, muss ich fast alle meiner Energiereserven anzapfen. Sofern möglich, hilft da nur eins: Noise-Cancelling-Kopfhörer auf und Bürotür zu. Besteht die Möglichkeit einer Pause, hat sich ein kleiner Spaziergang zum nächsten Café oder Bäckerei als hilfreich erwiesen. Der Coffee to go verschafft mir den nötigen Abstand und bringt mich zurück auf Normaltemperatur.

Warum bin ich, wie ich bin?

Lange habe ich nicht gewusst, warum ich auf kleine Dinge, die von anderen oft übersehen oder überhört werden, so überaus stark reagiere. Bis ich auf Brigitte Küsters Definition von Hochsensiblen als »Menschen, [die] mit einem Nervensystem ausgestattet [sind], welches sie innere Reize (Gefühle, Gedanken, Körperempfindungen) und äußere Reize (Erlebnisse, Geräusche, Gerüche, visuelle Eindrücke) sehr viel stärker wahrnehmen lässt, als es bei Normalsensiblen der Fall ist«[41] aufmerksam wurde.

Was für eine Entlastung – ich bilde mir das alles nicht ein; es gibt auch andere Menschen, die viel wahrnehmen. Kriterien für Hochsensibilität sind laut Küster[42] eine schmale Komfortzone, schnelle Überstimulation, langes Nachhallen und eine individuell ausgeprägte Wahrnehmungsfähigkeit. Die Wahrnehmungsfähigkeit ist bei jedem Hochsensiblen individuell ausgeprägt. Während die einen besonders auf Sensorisches reagieren (auf alles, was mit den Sinnen wahrnehmbar ist), nehmen die anderen besonders Stimmungen und Schwingungen in Begegnung mit anderen empathisch wahr, oder haben besonders ausgeprägte kognitive Fähigkeiten wie vernetztes Denken. Hochsensible mit schmaler Komfortzone benötigen beispielsweise eine Reihe von Bedingungen, um optimal arbeiten zu können: sei es ein Einzelbüro, geräuschunterdrückende Kopfhörer, das passende Licht oder eine aufgeräumte bzw. angenehme Arbeitsatmosphäre mit den passenden Kollegen. Zugegeben: Das klingt nicht unbedingt nach den besten Voraussetzungen für eine Führungsposition.

Hochsensible Leiterinnen

Und doch gibt es sie, die hochsensiblen Leiter und Leiterinnen – obwohl sie nur selten öffentlich in Erscheinung treten. Ich jedenfalls habe noch nicht oft vernommen, dass eine Führungsperson über ihre Hochsensibilität gesprochen hätte. Das ist nicht weiter überraschend, da zum einen nur ca. 20 Prozent der Menschen hochsensibel sind und der Anteil unter (weiblichen) Führungskräften vermutlich noch geringer ausfallen dürfte. Nicht zu vernachlässigen ist außerdem die oftmals negative Art und Weise, in der Hochsensible über ihre besondere Veranlagung sprechen, was dazu führt, dass mit Hochsensibilität oft Schwäche, Begrenzungen, geringere Leistungsfähigkeit und Belastbarkeit sowie schnelle Überforderung gleichgesetzt werden. Assoziationen, die wir im beruflichen Kontext allgemein und in einer Führungsposition natürlich tunlichst vermeiden, da wir als Leiterin leistungsfähig sein und Kraft ausstrahlen wollen. Nichtsdestotrotz gebe ich es zu: Ich bin eine von den hochsensiblen Leiterinnen.

»Kann ich als Hochsensible überhaupt leiten?«, fragte ich

mich anfangs oft. Ich hatte Angst, als zu sensibel zu gelten, mir zu viel zu Herzen zu nehmen. Würde ich im Feierabend abschalten können oder würden mich Gedankenkreisel plagen? Sollte ich nicht eigentlich ganz anders sein: gnadenloser, abgehärteter, durchsetzungsstärker? Würde mir die Führungsverantwortung schneller zu viel werden als anderen, könnte ich dem Druck standhalten? Fragen, auf die ich keine Antwort fand – bis ich es mutig wagte. Denn die vergangenen Jahre in meiner Führungsposition zeigten mir: Es geht. Sicher, es ist herausfordernd und kostet stellenweise Kraft, mehr zu fühlen und wahrzunehmen – aber es ist machbar. Und es ist dringend nötig, dass Hochsensible in Schlüsselpositionen eingesetzt werden, denn die Vorzüge, die sie mitbringen, »das Nachdenkliche, Tiefgründige und Vorausschauende sind eine unverzichtbare Ergänzung als Gegengewicht zu den kämpferischen und wettbewerbsorientierten Kräften und ebenso wichtig wie das Handelnde, Vorwärtsstrebende und Zielbewusste«, schreibt auch Brigitte Küster.[43]

Dabei bedeutet Hochsensibilität nicht, einfach nur besonders emotional oder feinfühlig zu sein. Sondern feine Antennen zu haben, Zwischentöne zu hören, schneller Strukturen und Zusammenhänge zu erkennen und den Durchblick zu haben, Details wahrzunehmen. Somit können Hochsensible als sogenannte »priesterliche Ratgeber«[44] fungieren, wie es Brigitte Küster ausdrückt. Hochsensible Menschen nehmen vieles auf und verarbeiten dieses auf komplexe Art und Weise, die Raum und Zeit benötigt. Die Frage ist also, wie wir die hochsensiblen Eigenschaften im positiven Sinn für unsere Leitungsrolle nutzen können, anstatt uns damit selbst im Weg zu stehen.

Wie sich Hochsensibilität im Leiten ausdrückt

Durch ihr feines Gespür für die Stimmungen anderer und daraus resultierende Bedürfnisse, merken hochsensible Leiterinnen schnell, wenn Mitarbeitende mit Herausforderungen konfrontiert sind, die sie in ihrer Arbeit blockieren oder sie miteinander in einem Konflikt stehen. Ich persönlich kann die dahinterliegenden Beweggründe eines (inneren) Konflikts nicht immer in Worte fassen – hierbei hilft mir aber die Intuition, die ich persönlich als Wirken des Heiligen Geistes verstehe. Hochsensible nehmen oft viel wahr – um mich selbst vor den vielen Informationen und Einflüssen zu schützen, die auf mich einprasseln, habe ich lange meine eigene Wahrnehmung begrenzt. Doch in diesem Fall versuche ich, meine Wahrnehmung zu schärfen, auf jede noch so kleine Intuition zu hören und ihr zu folgen. So kann ich zwischenmenschlichen Schwingungen frühzeitig begegnen, sie ansprechen und entschärfen. Dabei ist mir wichtig, Wertschätzung zu zeigen – mal durch Lob und Anerkennung oder eine kleine Aufmerksamkeit.

Vor einiger Zeit machte ich einen Persönlichkeitstest, der unter anderem zur Identifizierung von Nachwuchsführungskräften eingesetzt wird. Dabei wurde mir ein ungewöhnlich hoher Ausschlag bei »Mitgefühl« attestiert. Keine Eigenschaft, die unter Alpha-Männchen und erfolgreichen Führungskräften besonders gesucht, geschweige denn ausgeprägt ist. Lange habe ich mit diesem Ergebnis gehadert und es zunächst gar nicht mit meiner Hochsensibilität in Verbindung gebracht. Allerdings konnte ich in meinem Arbeitsalltag erkennen, dass ich die Eigenschaft des Mitgefühls gewinnbringend als Leiterin einsetzen kann, indem ich Verständnis für private oder persönliche Herausforderungen von jedem Einzelnen in meinem Team mitbringe. Mitarbeitende sind keine Arbeitsmaschinen, die uninteressant werden, sobald sie nicht mehr die gewünschte Leistung erbringen. Stattdessen steht der Mensch im Mittelpunkt. Als Leiterin mit Empathie und Mitgefühl gelingt es mir so, mich in meine Teammitglieder und Mitarbeitende hineinzuversetzen, sie wahrzunehmen und zu sehen.

Die US-amerikanische Bestseller-Autorin Brené Brown forscht seit Jahrzehnten zu Themen wie Scham und Verletzlichkeit. Für sie ist Verletzlichkeit der Ort, aus dem Liebe, Freude,

Vertrauen, Nähe und Mut erwachsen dürfen.[45] »Strong back, soft front, wild heart« ist eins ihrer Mantras, wenn Angst oder Verletzlichkeit sie übermannen wollen. Wir als Hochsensible haben die Gabe, unserem Gegenüber mit einer sanften Front (»soft front«) zu begegnen. Wir öffnen uns für die Nöte anderer und machen uns verletzlich, anstatt uns zu schützen und emotional vom anderen abzuschotten. Und wir lassen unser wildes Herz (»wild heart«) viel wahrnehmen und fühlen. Wir unterdrücken die Gefühle und Emotionen nicht, sondern fragen uns: Was will mir dieses Gefühl sagen? Es liegt nun in unserer Verantwortung, auch ein starkes Rückgrat (»strong back«) zu entwickeln. Dafür braucht es Mut und Verletzlichkeit. Wie kann empathisches Leiten also aussehen? Ich persönlich halte mich hierbei an einen Vers aus Römer 12,15: »Freut euch mit denen, die sich freuen; weint mit denen, die weinen.« Macht so ein Verhalten verletzlich? Und wie! Dennoch bin ich der festen Überzeugung, dass mich die Offenbarung meiner Verletzlichkeit zu einer nahbaren Leiterin macht und dass Mitgefühl eine der zentralen Fähigkeiten einer Leiterin ist.

Als Leiterinnen, die um die Gabe ihrer Hochsensibilität wissen und darin zu einer reifen Führungspersönlichkeit wachsen wollen, müssen wir uns vor allem in den folgenden sechs Bereichen weiterentwickeln:

Reifen Umgang mit Hochsensibilität finden

Hochsensibilität darf nicht als Ausrede für unangebrachtes Verhalten oder Rückzug benutzt werden. Als Leiterin solltest du einen gesunden Umgang mit der Hochsensibilität finden. Dazu gehört, nicht nur die negativen Aspekte von Hochsensibilität zu sehen, sondern auch die positiven. Die Hochsensibilitäts-Expertin und Coachin

Ulrike Hensel hat folgende sieben Gaben[46] von Hochsensiblen identifiziert:

- Feingefühl
- Wahrnehmungsbegabung
- Denkfähigkeit
- Einfühlungsvermögen
- Intuition
- Kreativität
- Engagement

Diese überaus positiven Ausprägungen in deinem eigenen Leben, Arbeiten und Leiten zu entdecken und umzusetzen, ist wohl eine lebenslange Aufgabe.

Konfliktfähigkeit

Hochsensible dürfen die Angst vor dem Konflikt ablegen. Sei mutig und wage die moderate Auseinandersetzung. Bilde dir aus den verschiedensten Argumentationen eine Meinung – *deine* Meinung – und vertrete sie. Die Kommunikation darf ehrlich und direkt sein – aber achte darauf, andere mit Erkenntnissen, die dir logisch erscheinen, nicht zu überfahren. Für Normalsensible ist nicht immer sofort ersichtlich, was dir schon lange klar ist.

Grenzen setzen

Dazu gehört zum einen, deine eigenen Belastungsgrenzen zu definieren und sie zu verteidigen. Das kann bedeuten, dass du nicht zwei lange Meetings auf einen Tag legst und dir stattdessen deine Mittagspause freihältst – auch, wenn es noch etwas Dringendes zu erledigen gibt. Außerdem gehört zum Grenzensetzen, die eigenen Emotionen nicht mit denen des Gegenübers zu vermischen. Definiere, welche Emotion wirklich von dir selbst stammt und wo du aufgrund fehlender Abgrenzung das Gefühl eines Mitarbeitenden übernimmst.

Entscheidungen treffen

Eine Eigenschaft von Hochsensiblen ist die intensive Wahrnehmung und Reflexion. Im Gegensatz zu impulsiven Menschen durchdenken sie alle Eventualitäten zu Ende – und das benötigt Zeit und Energie. Dennoch ist es wichtig, nicht im Gedankenkreisel zu bleiben, sondern entscheidungsfähig zu werden. Mir hilft es, mich mit jemandem zu beraten, der die Vorzüge meiner vorausgegangenen Analysen schätzt, aber gleichzeitig schneller entscheiden kann als ich.

Sich nicht vom »Zuviel« überwältigen lassen

In einem Beruf mit einer Vielzahl an Aufgaben fällt es schwer, sich nicht genau davon überwältigt zu fühlen. In solchen Momenten braucht es in einer kleinen fünfminütigen Mini-Pause Rückbesinnung und kleine Rituale im Arbeitsalltag wie eine Kaffeepause, einen kurzen Spaziergang oder das Öffnen der Fenster zum Lüften und Kopf-Frei-Pusten. Außerdem ist es wichtig, dass du dich auch mit den eigenen Eigenschaften der Hochsensibilität arrangierst, die du manchmal selbst als hinderlich oder störend empfindest – und dabei gnädig mit dir selbst zu sein. Du bist nicht »zu viel«, nur, weil du viel empfindest und wahrnimmst.

Abschalten können

»Es gibt ein Leben neben der Arbeit«, sagt mir mein Chef oft. Um nicht Tag und Nacht über die Verantwortung als Leiterin und die damit einhergehenden Aufgaben und Herausforderungen nachzudenken, muss ich aktive Entspannungsphasen in meinen Alltag einbauen. Seit einiger Zeit gehe ich nicht nur mit meinen Hunden spazieren, sondern auch noch mit zwei (zum Spazieren ausgeliehenen) Ponys. Die Zeiten im Stall und in der Natur erden mich auf bisher unbekannte Weise und ermöglichen mir eine kleine Auszeit vom trubeligen Alltag. Grundsätzlich hilft es immer, auch die kreative Ader, die Hochsensible oft besitzen, für Alltagsfluchten und Entspannungsphasen zu nutzen. Vielleicht machst du Musik, bist handwerklich begabt, hast einen grünen Daumen oder führst Tagebuch – alles, was dir beim Verarbeiten hilft, ist willkommen!

Ich möchte dich ermutigen, dich und deine Hochsensibilität immer mehr kennenzulernen, diese Gabe schätzen zu lernen und darin zu wachsen. Für ein Umdenken in den Führungsetagen braucht es Frauen wie dich: die mit den feinen Antennen, der Verletzlichkeit, der Empathie und den wilden Herzen.

ÜBER DIE AUTORIN

ELISABETH SCHOFT hat mit 28 Jahren die Marketing- und Presseleitung eines Schweizer Verlages übernommen. Als junge Führungskraft lernt sie jeden Tag, wie es sich mit Hochsensibilität leiten lässt – auf eine Art, die ihr entspricht. Die Autorin des Buches »Leiten auf Weiblich« (Neukirchener Verlag, 2021) lebt in der Schweiz und ist außerdem TV-Moderatorin und Kolumnistin.

Für ein Umdenken in den Führungsetagen
braucht es Frauen wie dich:
die mit den feinen Antennen, der Verletzlichkeit,
der Empathie und den wilden Herzen.

Elisabeth Schoft

TEIL 2

VON FEINEN SINNEN UND HOHER WAHRNEHMUNG – DIE KÖRPERLICHEN ASPEKTE VON HOCHSENSIBILITÄT

Ich wünsche,
dass es dir in allem wohlgeht
und du gesund bist,
wie es deiner Seele wohlgeht.

3. Johannes 1,2

9

MIT ALLEN SINNEN HOCHSENSIBEL

Beitrag von Christina Herr

Einheit

In diesem zweiten Teil des Buches wollen wir uns die körperlichen Aspekte anschauen, die mit Hochsensibilität einhergehen, die es zu beachten, aber genauso zu feiern gilt. Doch auch wenn der Fokus hier auf unserem hochsensiblen Körper liegt, sollte nicht außer Acht gelassen werden, dass Körper, Seele und Geist eine Einheit bilden. Diese drei Bereiche unseres Seins beeinflussen sich gegenseitig und sind in einem ständigen Wechselspiel miteinander verbunden. Geht es uns körperlich gut, freut sich die Seele. Ist unser Geist überlastet, reagiert auch der Körper mit Erschöpfung. Liegt uns etwas auf der Seele, hat das Einfluss auf unseren Geist – wir können uns schlechter konzentrieren – und unseren Körper, beispielsweise in Form von Magenschmerzen. Sobald wir unsere Seele wieder baumeln lassen können, erholen sich auch Körper und Geist.

Dies trifft gleichermaßen auf die Körpersinne zu und betrifft übrigens alle Menschen, nicht ausschließlich HSP. Was wir sehen, hören, schmecken, riechen und ertasten oder auf der Haut spüren, hat eine unmittelbare Wirkung auf Seele und Geist. Ein angenehmer Duft löst ein wohliges Gefühl aus. Der Anblick eines kunstvollen Gemäldes kann eine Flut von eigenen Ideen erzeugen. Laute Musik wirkt sich auf die Konzentration aus. (Manchen fällt es bei lautstarker Musik sogar *leichter*, sich zu konzentrieren.) Eine liebevoll zubereitete, schmackhafte Mahlzeit steigert unser seelisches Wohlbefinden. Und ein kratzendes Kleidungsstück kann uns so verrückt machen, dass es uns bei geistiger Arbeit oder beim Nachdenken stört.

Die (hochsensible) Wahrnehmung

Das Prinzip der Wahrnehmung funktioniert bei allen Menschen gleich: Unsere Sinne sind die Instrumente, mit denen wir die Welt wahrnehmen. Über sie erhalten wir sämtliche Informationen aus unserer Umwelt, können einen Bezug zu unserer Umgebung herstellen, die Welt erleben und mit ihr und unseren Mitmenschen Kontakt aufnehmen. Fehlt uns einer unserer Sinne, stellt das eine enorme Herausforderung dar. Würden alle Sinne ausfallen, wären wir allein nicht lebensfähig.[47] Hochsensible Menschen erleben ihre Sinne und das Zusammenspiel zwischen Sinneseindrücken und Körper, Geist und Seele noch intensiver als durchschnittlich Sensible.

Aufgrund unseres feinen Nervensystems werden Informationen, die wir über unsere Sensoren aufnehmen, blitzschnell ans Gehirn weitergeleitet, ohne vorher gefiltert zu werden. Im Gegenteil: Unser hochsensibles Nervensystem wirkt eher wie ein Verstärker, der uns alle Sinnesreize noch intensiver wahrnehmen lässt. Und manchmal haben wir dann sogar das Gefühl, die Reize, die wir in unserer Umgebung registrieren, wären *in* uns, wären ein Teil von uns – weil wir sie so tief empfinden und sie uns ganz ausfüllen. Im Negativfall kann dies zu der häufig erwähnten Reizüberflutung führen: Nehmen wir mehr Details um uns herum wahr und sind mehr Reizen ausgesetzt, als wir in dem jeweiligen Moment verarbeiten können, fühlen wir uns schnell überwältigt oder überfordert. Unser Inneres kann sich dann wie ein gefülltes Wasserfass anfühlen, das ein weiterer Tropfen – eine weitere Wahrnehmung – zum

Überlaufen bringt. Im positiven Fall kann die intensive Wahrnehmung uns aber auch ein Fest der Sinne bescheren, das uns tief berührt und eine Flut von Glücksgefühlen auslöst.

Carla (37 Jahre) hat an diesem schönen Samstag im Mai eine besondere Verabredung: ein erstes Date mit ihrem Mann Kenan. Genau genommen ist es natürlich nicht das allererste Date, aber der erste Abend, an dem die beiden etwas zusammen unternehmen, nachdem die kleine Leyla geboren wurde. Carlas beste Freundin Anouk hat sich als Babysitterin für Leyla und die vier Jahre ältere Meriam angeboten – also kann das Paar einen ungestörten Abend zu zweit verbringen. Carla hat sich ihr Lieblingskleid angezogen, sorgsam Make-up aufgetragen, die Mädchen ins Bett gebracht und Anouk ein paar letzte Anweisungen gegeben. Nun ist sie zu Fuß auf dem Weg zu dem Restaurant, in dem sie sich mit Kenan treffen wird. Der wollte sofort nach der Arbeit dorthin fahren und hat hoch und heilig versprochen, diesmal pünktlich zu sein. Da es Carla heute Abend leichtfällt, den Alltag beiseitezuschieben und ihre Kinder innerlich loszulassen – sie vertraut Anouk blind –, kann sie den kurzen Spaziergang genießen: die milde Brise, die ihre Haut umspielt, die Abendsonne, die alles in ein warmes Gold taucht, das satte Grün der Bäume am Straßenrand, der verlockende Geruch nach mediterranen Köstlichkeiten, der aus einem Bistro strömt. Kinderlachen ertönt aus einem Mehrfamilienhaus und in einem Busch zwitschern einige Vögel fröhlich um die Wette. Lächelnd schließt sie die Augen und nimmt einen tiefen Atemzug, bevor sie ihren Weg fortsetzt. Kenan erwartet sie bereits im »Al-Amir«, ihrem früheren Stammlokal, mit einem Glas Sekt. Welch Wunder – er ist tatsächlich pünktlich erschienen!

Das Essen, das die beiden nach dem Anstoßen bestellen, ist ein Gaumenschmaus, die Geschmackskombination von Kardamom, Zimt, Koriander, getrockneten Aprikosen, saftig mariniertem Hähnchenfleisch und Granatapfelkernen ein Gedicht. Carla seufzt wohlig. Wie köstlich alles schmeckt! Und wie schön, dass heute Abend hier nicht so viel los ist. Auch die Hintergrundmusik läuft nur ganz leise – Carla empfindet sie überhaupt nicht wie sonst als störend. So kann sie sich voll und ganz auf ihren Mann und ihre Mahlzeit konzentrieren und sowohl das wunderbare Essen als auch die angeregte Unterhaltung rundum genießen. Sogar an ihre beiden kleinen Schätzchen zu Hause muss sie nicht allzu oft denken. Sie ist hier, an diesem wunderschönen Samstagabend im »Al-Amir«, zusammen mit ihrem Mann und genießt diesen Moment, dieses Hier und Jetzt, in vollen Zügen. In diesem Moment fühlt sie sich glücklich, erfüllt mit einem Gefühl tiefster Glückseligkeit.

Unsere feinen Sinne – Geschenk oder Last

Eine intensive und detailreiche Sinnesaufnahme und -empfindung kann also auf der einen Seite ein Geschenk und auf der anderen Seite eine Last darstellen. Und manchmal haben wir Einfluss darauf, ein anderes Mal wiederum nicht. Manchmal stimmen die Gegebenheiten einfach – wie im obengenannten Beispiel von Carla – und wir können unsere Wahrnehmungsfähigkeit so richtig genießen. Ein anderes Mal kann jedoch genau das Gegenteil der Fall sein. Dann läuft solch ein sorgfältig geplantes Date vielleicht völlig anders ab oder auch komplett schief, ohne dass wir dies direkt beeinflussen können. Und wir fühlen uns anschließend schlecht, überreizt und enttäuscht. Um dies zu veranschaulichen, habe ich die Date Night von Kenan und Carla in Kapitel 14 noch einmal aufgegriffen und einen anderen Verlauf dargestellt.

Die Variable, ob Wahrnehmungen als angenehm oder unangenehm empfunden werden, kann aber auch in uns selbst liegen. Während wir beispielsweise den Familienausflug am Samstag – mit all seinen Sinneseindrücken – als anregend und gleichzeitig erholsam empfunden haben, sieht es am Sonntag plötzlich ganz anders aus. Das Kaffeekränzchen bei Tante Erna ertragen wir kaum, obwohl sie doch extra unseren Lieblingskuchen gebacken hat und alle ganz lieb zueinander sind. Aber der kleine Sohn unserer Cousine nörgelt zu oft und zu laut, der kalt gewordene Kaffee schmeckt wie abgestandenes Spülwasser und die Luft in Ernas Esszimmer ist zum Schneiden dick. Sogar die geliebten Donauwellen munden heute nicht so gut wie sonst, und auch an Tantes perfekt arrangierten Blumengestecken können wir uns nicht richtig erfreuen. An solchen Tagen ist jede Sinneswahrnehmung ein Reiz zu viel und kann für uns eine richtige Qual bedeuten. Hier heißt es, geduldig und barmherzig mit uns selbst zu sein und uns vor Augen zu halten, dass dies nicht »unsere Schuld« ist. Wir dürfen akzeptieren, dass unsere Reizschwelle nicht immer gleichbleibend ist, sondern an einem Tag höher und an einem anderen Tag niedriger sein kann. Außerdem können sogar schöne und positive Sinneseindrücke das innere Wahrnehmungs-Fass zum Überlaufen bringen. Ein Ja zu diesen Veranlagungen zu finden, macht uns innerlich ruhiger, gelassener und gefestigter. Und so können wir gewappneter auf die nächste überwältigende Flut von Sinneswahrnehmungen reagieren. (Mehr Tipps dazu findest du in Kapitel 14.)

Doch nun möchte ich auf die einzelnen Sinne noch etwas näher eingehen und aufzeigen, inwiefern unsere hohe Wahrnehmungsfähigkeit auf jeden Sinn bezogen sowohl ein Geschenk als auch eine Herausforderung darstellen kann.

Der Sehsinn

Der Sehsinn ist wahrscheinlich der stärkste und »offensichtlichste« Sinn, denn mit ihm nehmen wir quantitativ am meisten wahr. Sobald unsere Augen geöffnet sind, ist er aktiv – wir können ihn nicht ausschalten und einfach mal nichts sehen. Wir brauchen ihn, um uns in unserer Umgebung zurechtzufinden. Auch »in unserer modernen Gesellschaft haben die Augen mit Abstand die größte Bedeutung unter den Sinnesorganen, weil Informationen und Wissen im Vordergrund stehen und diese meist visuell übermittelt werden.«[48]

HSP haben oft ein gutes Verständnis für Farben und Formen, einen ausgeprägten Sinn für Schönheit und einen genauen Blick fürs Detail. Wir erleben unser visuelles Wahrnehmen besonders intensiv, was dazu führen kann, dass wir gleichzeitig starke Empfindungen bei allem haben, was wir sehen. So kann der Anblick einer schönen Landschaft, das Betrachten eines Kunstwerkes oder der Besuch in einem interessanten Museum wahre Glücksgefühle auslösen. Ich persönlich fühle mich immer sehr erfüllt und berührt, wenn ich beim Wandern oder Reisen tief in die Natur des jeweiligen Landes eintauchen und ihre Schönheiten mit den Augen »aufsaugen« kann.

Durch unseren Blick für Feinheiten nehmen wir auch Unstimmigkeiten in unserer Umgebung wahr – einen Fleck auf dem Teppich, ein farblich »falsch« zusammengestelltes Outfit, Unordnung oder Dreck, eine geschmacklose Wohnungseinrichtung. Dies kann Segen und Fluch zugleich sein, je nachdem, aus welcher (beruflichen) Perspektive wir es betrachten und wie (liebevoll) wir diese vermeintlichen Unstimmigkeiten kommunizieren. Manche HSP reagieren zudem sehr heftig auf grelles Licht, auffällige Farben oder starke Sonnenstrahlen und fühlen sich dadurch in ihrem Wohlbefinden gestört und beeinträchtigt.[49]

Der Hörsinn

Mit dem Hörsinn nehmen wir alle möglichen Geräusche, Töne und Klänge wahr. Alle akustischen Eindrücke, die wir aufnehmen, sind einmalig und vergänglich. Ein Bild oder Gemälde können wir immer wieder anschauen. Ein Ton jedoch ist nur während des Erklingens hörbar, dann verklingt er und entzieht sich unserer Wahrnehmung.[50] Dies macht alles Gehörte zum einen authentischer und sorgt zum anderen für Erleichterung, weil auch die unangenehmen Geräusche irgendwann einmal verstummen und wir ihnen nicht »ewig« ausgesetzt sind.

HSP verfügen häufig über ein feines Gehör, haben ein gutes Rhythmusempfinden, eine hohe Musikalität und ein ausgeprägtes Sprachverständnis. Gute Musik, schöne Klänge oder leise Naturgeräusche können für uns ein erfüllendes und emotionales Erlebnis darstellen und Balsam für unsere Seele sein. Wenn wir einer wohlklingenden Stimme lauschen – bei einem Hörbuch, Podcast oder einer Radiosendung – empfinden wir dies häufig ebenfalls als kleinen Ohrenschmaus. »Auch das aktive Singen, Erzählen oder Vorlesen ist für viele besonders Feinfühlige eine angenehme Stärkung«, schreibt Anne Heintze.[51] Außerdem können wir mit unserem feinen Gehör eher bemerken, ob in der Stimme unseres Gegenübers noch etwas anderes als das Gesagte mitschwingt. Und manchmal fällt es uns leicht, das Unterschwellige bei Gesprächen, den sogenannten Subtext, herauszuhören und – falls wir uns nicht irren – zu deuten.

Die auditive Wahrnehmung kann uns aber auch ziemlich herausfordern und schnell zu einer Überreizung führen. Viele HSP sind äußerst geräuschempfindlich und spüren bei großer Lautstärke oder zu vielen akustischen Reizen um sie herum körperlichen Schmerz bzw. eine körperliche Reaktion. Zu starker Lärm löst mitunter Schwindel, Magenbeschwerden, Herzrasen oder Kopfschmerzen aus. Weiterhin können Hintergrundgeräusche unsere Konzentration stören, selbst wenn sie leise sind. Bei mir ist es so, dass ich alle akustischen Reize in einem Raum fast gleich stark wahrnehme – das Gluckern der Spülmaschine, das Summen des Kühlschranks, das sanfte Schnarchen meines Hundes, das gedämpfte Telefongespräch aus dem Nebenzimmer, das gleichmäßige Ticken der Wanduhr. Neulich hatte ich meinen Sohn zu Kakao und Torte in ein nettes Café eingeladen. Dort ging es mir ähnlich. Während ich mich mit ihm unterhielt – und mich auf das Gespräch konzentrierte –, nahm ich mehrere Gesprächsfetzen von den Nachbartischen und der Bedienung auf und wusste nachher mehr über die anwesenden Personen, als mir lieb war. Ich hatte nicht bewusst gelauscht, sondern einfach (fast) alle akustischen Informationen um mich herum ungefiltert aufgenommen. Mein Mann fragt mich mittlerweile nach Restaurantbesuchen immer scherzhaft, ob ich wieder die Lebensgeschichten aller Gäste erzählen könnte …

Der Geschmackssinn

Über unsere Geschmacksnerven auf der Zunge erhalten wir die wenigsten Reize und Informationen im Vergleich zu den anderen Sinnen. Dies liegt nicht daran, weil sie nur wenig aufnehmen können – im Gegenteil: unsere Zunge kann Hunderte von Aromen unterscheiden –, allerdings sind die Geschmacksnerven meist nur während des Essens und Trinkens aktiv. Am Schmecken ist außerdem unsere Nase beteiligt, die »gesamte Geschmacksempfindung ist ein komplexes Zusammenspiel des eigentlichen Geschmackssinns und des Geruchssinns, gemeinsam mit Tast- und Wärmesinn aus der Mundhöhle«, wie es Anne Heintze formuliert.[52]

Bei einigen HSP ist der Geschmackssinn besonders stark ausgeprägt. Sie können einzelne Gewürze oder Zutaten eines Gerichts herausschmecken und feststellen, ob ein bestimmtes Gewürz fehlt oder übermäßig verwendet wurde. Viele von uns Hochsensiblen verfügen zudem über eine hohe Genussfähigkeit. Vielleicht geht es dir hier so wie mir: Ein gutes Essen genieße ich in vollen Zügen (was man später an den leeren

Tellern sieht). Ich kann mich dabei entspannen und mich auf diesen Moment – des Geschmackserlebnisses – konzentrieren und voll einlassen. Außergewöhnliche Mahlzeiten in einem schicken Restaurant schätze ich überaus und zehre auch nach Wochen noch davon. Oft verbinde ich ein bestimmtes Gericht mit einer Erinnerung – an einen Urlaub, ein Kindheitserlebnis, einen Besuch bei meiner Schwester oder anderen Familienmitgliedern, an ein Date mit meinem Mann. Über meinen ausgeprägten Geschmackssinn und die damit verbundene Genussfähigkeit freue ich mich fast jeden Tag (was man auch an der Waage ablesen kann). Und es ist mir schon immer leichtgefallen, diesen Aspekt meiner Hochsensibilität zu feiern.

Auch wenn es nun so wirken könnte, als seien mit unserem Geschmackssinn keine Herausforderungen verbunden, gibt es sie doch. Gerade Kinder können überaus wählerische Esser sein, denen nur einige wenige Zutaten oder Lebensmittel wirklich schmecken. Dies kann für den kochenden Elternteil manchmal ganz schön anstrengend sein, vor allem, wenn den Eltern eine gesunde Ernährung eigentlich wichtig ist. Ich durfte jedoch die Erfahrung machen, dass sich ein *Picky Eater* im Laufe der Zeit tatsächlich in einen Genussmenschen verwandeln kann, der eine Vielzahl an Lebensmitteln zu schätzen weiß. Wichtig hierbei finde ich, das betreffende Kind nicht zum Essen bestimmter Zutaten zu zwingen und Essen weder als Druckmittel noch als Belohnung einzusetzen. Stattdessen könnten wir die »Probier-Regel« einführen, bei der etwas gekostet werden soll, bevor es gänzlich abgelehnt wird. Diese hat sich bei uns zumindest sehr bewährt.

Meistens geht es aber nicht nur Kindern so, dass sie etwas überhaupt nicht mögen. Auch wir Erwachsenen können eine starke Abneigung gegenüber vereinzelten Lebensmitteln empfinden oder mit Ekel auf einen uns unangenehmen Geschmack reagieren. Als wirkliche Herausforderung sehe ich dies allerdings nicht – sogar eher als Stärke, denn die Wahrnehmung eines schlechten Geschmacks kann uns vor Verdorbenem und somit vor Vergiftungen schützen. Unser feiner Geschmackssinn ist also sinnvoll, da er eine wichtige Funktion bei der Gesunderhaltung hat.

Der Geruchssinn

Über die Riechschleimhaut unserer Nase nehmen wir – meist unbewusst, aber sehr differenziert – kontinuierlich Duftspuren auf. Manche Gerüche sind aufdringlich und gelangen sofort in unser Bewusstsein, andere wiederum sind so fein, dass sie unbewusst verarbeitet werden. Die Geruchsempfindung ist sehr subjektiv, was für die eine einen »Wohlgeruch« darstellt, ruft bei der anderen ein Ekelgefühl hervor. Unabhängig davon gilt für uns alle, dass Gerüche unmittelbar unsere Gefühle ansprechen. (Mehr dazu erfährst du im Interview mit Sarah Kistenich über ätherische Öle in Kapitel 13.)

Wir können angenehme Düfte also voll und ganz genießen und von ihrer wohltuenden Wirkung auf unsere Gefühlswelt profitieren. Außerdem sind wir in der Lage, uns Gerüche einzuprägen und sie später wieder abzurufen. Besondere Düfte sind sehr oft mit besonderen Erinnerungen verknüpft. Der Geruch von Zimt, Nelke und Vanille erinnert uns beispielsweise an die Weihnachtsbäckerei unserer Kindheit, der Duft von Sonnencreme ruft in uns Erinnerungen an vergangene Sommer wach, und bei Pfeifentabak-Geruch denken wir an unseren Opa. Den Duft von Lavendel verbinde ich immer mit Urlaub und Entspannung und komme daher mit ein paar Tropfen Lavendelöl sehr schön zur Ruhe.

Natürlich können Gerüche ebenso ein Störfaktor sein und Abneigung, Ekel oder Übelkeit verursachen. Und meist können wir uns ihnen nur entziehen, wenn wir einen Raum oder Ort verlassen, denn Gerüche strömen ständig mit der Atemluft in uns hinein. Wir können uns zwar die Nase zuhalten, unseren Geruchssinn aber trotzdem nicht per Knopfdruck ausschalten.

Daher sind Geruchsempfindungen für uns manchmal recht belastend. Auch, weil unsere feine Nase bereits (unangenehme) Düfte aufnimmt, die für andere kaum spürbar sind. Allerdings gilt hier wie beim Geschmackssinn: Unser empfindsamer Riechsinn hat gleichzeitig eine Schutzfunktion, wenn wir beispielsweise Brandgeruch schon frühzeitig registrieren und somit unser Umfeld rechtzeitig vor einem möglichen Feuerausbruch warnen können.

Der Tastsinn

Unser Tastsinn ist pausenlos im Einsatz, selbst wenn wir uns dies manchmal nicht bewusst sind. Unsere Hände stehen im permanenten Kontakt mit Gegenständen, Personen und/oder Haustieren – auch im Schlaf – und unsere gesamte Haut übermittelt fortwährend Berührungsreize an unser Gehirn. Wir fühlen den Stoff unserer Kleidung, spüren Luftströme an unbedeckten Körperstellen oder den Schweiß auf unserer Haut. Wir nehmen das Wasser beim Duschen oder Händewaschen wahr, das Handtuch an unserer Haut oder den Kamm auf der Kopfhaut. Unsere gesamte Hautfläche ist als Wahrnehmungsorgan des Tastsinns das »größte Erlebnisfeld des Menschen«.[53]

Die Körperwahrnehmung von HSP ist oft bewusster und differenzierter als bei Normalsensiblen. Bereits zarte Berührungen sprechen unseren Tastsinn an, was sowohl von Vorteil als auch von Nachteil sein kann.[54] So kann zärtlicher Körperkontakt ein Wohlgefühl auslösen, eine Kuscheldecke im Herbst und Winter für ein Gefühl der Geborgenheit sorgen oder ein angenehmer Stoff auf unserer Haut das Wohlbefinden steigern. Ein warmes Bad im Winter, ein Sprung ins erfrischende Freibad im Sommer oder das Eincremen mit einem guten Pflegeöl stellen häufig eine wahre Wohltat für uns dar. Auch über unser empfindsames Hormonsystem wird bei angenehmen Berührungen vermehrt das »Kuschelhormon« Oxytocin ausgeschüttet, das unter anderem stressabbauend wirkt.

Auf der anderen Seite können Berührungen genauso Stressgefühle hervorrufen oder sogar als bedrohlich empfunden werden. Ich kenne einige HSP, die sich nicht gern anfassen oder umarmen lassen, die Berührungen lieber aus dem Weg gehen. Das sollte unbedingt respektiert werden, auch bzw. vor allem bei Kindern. Meines Erachtens sollte jeder Mensch – egal, ob hochsensibel oder nicht – selbst bestimmen dürfen, welche Berührungen für sie oder ihn zulässig sind. Das hat kein anderer, auch kein Verwandter, zu entscheiden.

Andere Hochsensible wiederum reagieren besonders empfindsam auf Schmerz oder kratzige und enge Kleidung. Ihre taktile Reizschwelle ist also recht niedrig. Bei anderen ist das Hitze- und Kälteempfinden höher ausgeprägt. Extreme Temperaturen, insbesondere im Sommer, machen mir beispielsweise sehr zu schaffen. Hitze kann mich dermaßen belasten, dass ich mich an manchen heißen Sommertagen am liebsten in ein abgedunkeltes Zimmer verkrieche. Dafür genieße ich im Winter meinen Wollpulli, die flauschige Heizdecke und das Kuscheln mit meinem Hund umso mehr.

Sinnvolle Sinne

Unsere ausgeprägten Sinne sind also bewiesenermaßen sinnvoll. Sie haben in vielen Fällen eine positive Wirkung auf uns selbst, können aber ebenso auf unsere Mitmenschen wirken und einen Nutzen für unsere Umgebung darstellen. Und unsere Sinne sind darüber hinaus noch zu ein bisschen mehr in der Lage: Mit unseren feinsinnigen Ohren hören wir manchmal heraus, wie es einer Freundin wirklich geht und können ihr auch weiterhin unser offenes Ohr schenken, wenn sie über ein mögliches Problem sprechen möchte. Unsere feinfühligen Hände wissen oft instinktiv, wie wir unser schreiendes Baby, die wegen einer schlechten Note verzweifelte Tochter, eine Freundin mit Liebeskummer, den geliebten Opa im Krankenhaus oder einen übermüdeten Partner beruhigen können. Und unsere aufmerksamen Augen erkennen häufig Dinge, die anderen verborgen bleiben – nonverbale Signale in Gesprächen, die Körpersprache unserer Lieben oder die (täuschende) Fassade einer unbekannten Person.

Vielleicht plagen wir uns manchmal mit den Herausforderungen, die mit unserer Feinsinnigkeit verbunden sind. Dennoch wünsche ich dir und mir, dass wir unseren Fokus auf das Geschenk legen können, das darin liegt. **Auf das Sinn-volle unserer feinen Sensoren:** die Genussfähigkeit. Der Sinn für die schönen Dinge im Leben. Die Liebe zu guter Musik, köstlichem Essen und einer schönen Tasse Tee oder Cappuccino. Die angenehmen Sinneseindrücke, die wir so tief erleben dürfen: visuelle und akustische Genüsse, feine Geschmacks- und Geruchserlebnisse, das wohlige Empfinden beim Berühren geliebter Dinge oder Menschen. All das dürfen wir wertschätzen, auskosten und feiern.

Du bist dran!

Deine feinen Sinne

Wenn du möchtest, beantworte die folgenden Fragen, um noch mehr über deine persönliche Feinsinnigkeit herauszufinden.

Über welchen Sinn bzw. welche Sinne nimmst du besonders intensiv wahr?

____

____

____

Was genießt du daran?

____

____

____

Gibt es etwas, das dich besonders an deiner Feinsinnigkeit stört?

____

____

____

Wie gehst du damit um? Welche Strategien hast du diesbezüglich bisher entwickelt?

____

____

____

Du bist dran!

Die sinn-volle Minute

Nimm dir an jedem Werktag eine Minute Zeit (nutze eine Stoppuhr oder dein Handy) und fokussiere dich jeweils auf einen deiner fünf Sinne. Ist der Geschmackssinn an der Reihe, solltest du natürlich etwas essen.

Was siehst du, hörst oder riechst du? Welchen Geschmack nimmst du wahr? Was spürst du auf deiner Haut, was ertasten deine Hände gerade? Welche Gefühle erzeugt die Konzentration auf deinen jeweiligen Sinn bei dir?

Diese Mini-Übung kannst du im Haus, Garten, Wald oder an einer anderen beliebigen Stelle durchführen; gern auch mit Kindern – die lieben solche Sinnes-Spiele.

Mögest du dir die Zeit nehmen,
die stillen Wunder zu feiern,
die in der lauten Welt keine Bewunderer haben.

Irischer Segenswunsch

10

DER HOCHSENSIBLE KÖRPER ODER WARUM ES WICHTIG IST, AUF DEINEN KÖRPER ZU HÖREN

Beitrag von Stefanie Kloft

Es ist drei Uhr nachts und ich liege wach, bereits seit dreieinhalb Stunden. Wälze mich von der einen Seite auf die andere, gehe zum vierten Mal auf die Toilette, wechsele vom Bett auf die Wohnzimmercouch – nichts hilft. Und mit jeder weiteren Minute steigt die innere Anspannung, denn ich bin nicht zu Hause, sondern als leitende Mitarbeiterin auf einer Surf-Freizeit an der Ostsee. Wir sind gerade erst angereist, vor uns liegt eine Woche voller Action, und ich kann nicht schlafen. Das treibt mich in den Wahnsinn, wo ich doch weiß, wie wichtig erholsamer Nachtschlaf für meine Leistungsfähigkeit ist.

Dabei kenne ich den Grund meiner Schlaflosigkeit bereits. Neben sechs Jugendlichen aus einem Brennpunktstadtteil und einem ehrenamtlichen Mitarbeiter habe ich mir noch etwas anderes nach Fehmarn mitgebracht: emotionalen Stress, Erinnerungen an einen schweren Verlust, Sorge über einen drohenden Streit. Alles gespeichert in meinem Körper, der jetzt einfach nicht zur Ruhe kommt. Denn obwohl ich todmüde bin, ist er es, der mich vom Schlafen abhält. Jedes Mal, wenn ich einnicke, zuckt irgendwo in meinem Körper ein Muskel und lässt mich wieder aufschrecken.

Wenn der Körper rebelliert

Irgendwann, nach über vier Stunden, bin ich dann doch eingeschlafen, aber diese erste Nacht auf unserer Surf-Freizeit ist mir zur bleibenden Erinnerung geworden. Denn dass mein Körper hin und wieder gegen die Überreizung meines hochsensiblen Nervensystems Sturm läuft, kenne ich schon. In diesem Ausmaß habe ich es dort zum ersten und hoffentlich letzten Mal erlebt.

Aber was war da eigentlich los? Wie bei jedem Menschen sind auch bei Hochsensiblen Körper und Psyche eine Einheit. Überreizung, Stress oder seelische Belastungen können sich in individuellen körperlichen Symptomen niederschlagen. Ich bekomme meistens Kreislaufprobleme – Kopfschmerzen, Schwindel, Tinnitus, Schlafstörungen – und Rückenschmerzen. Das »zu viel« auf meinen Schultern schlägt sich körperlich nieder; mir dröhnen die Ohren, die anhaltende mentale Anspannung verspannt mich buchstäblich auch körperlich.

Unser vegetatives Nervensystem zeichnet sich dadurch aus, dass es, anders als das somatische Nervensystem, nicht willentlich steuerbar ist. Wenn ich mich den Reizen meiner Umgebung in gewissen Momenten nicht bewusst entziehe, wird mein Nervensystem sie aufnehmen, ob ich will oder nicht. Das Problem daran ist allerdings, dass ich mich manchen Reizen – besonders den emotionalen – nur schwer entziehen kann. Um trotzdem nicht in die Überreizung zu rutschen, braucht mein Körper mehr Ruhephasen zur Verarbeitung als der Körper eines nicht hochsensiblen Mitmenschen.

Inzwischen geht man davon aus, dass Hochsensible ein stärker erregbares vegetatives Nervensystem besitzen, was bedeutet, dass mehr Reize aufgenommen werden, die verarbeitet werden wollen. Kommt unser Körper mit der Verarbeitung dieser Reize nicht hinterher, kann es zu einer Überstimulation kommen. Dabei reagiert der menschliche Körper mit Stress, das heißt mit Ausschüttung von Adrenalin. Hält die Überstimulation und damit der Adrenalinausstoß an, produziert der Körper ein zweites Hormon, das sogenannte Stresshormon Cortisol. Dieser Stoff baut sich im Körper recht langsam wieder ab, eine weiter anhaltende Überstimulation hat damit einen erhöhten Cortisol-Spiegel zur Folge und dieser schlägt sich in körperlichen Reaktionen nieder: Infektanfälligkeit, Kreislaufprobleme, Bluthochdruck, Schlaflosigkeit ... Dabei trägt gerade erholsamer Schlaf zum Abbau des Cortisols bei. Überschreitet eine hochsensible Person längerfristig die Grenze der Überreizung, kann das daher eine ungesunde Abwärtsspirale in Gang setzen.

Außerdem arbeiten die Spiegelneuronen (»Zellen für emotionale Empathie«) hochsensibler Menschen anders. Not oder Leid meines Gegenübers wird im Gehirn verarbeitet, als wäre ich selbst davon betroffen. Um diesem hohen emotionalen Reiz entgegenzuwirken, ist räumlicher Abstand hilfreich und die Fähigkeit, sich abzugrenzen, unabdingbar. Eine langfristige emotionale Überreizung mit Not, der ich nichts entgegenzusetzen habe, kann krank machen. Auch Ablehnung, nichtgelebtes Potenzial, Gewalterfahrungen oder latente Trauer sind belastende emotionale Reize, die verarbeitet werden müssen. All diese Faktoren können grundsätzlich zu Krankheiten wie Depressionen führen und stehen für sich genommen mit Hochsensibilität nicht in Verbindung. Wenn wir uns aber bewusstwerden, dass der Körper von Hochsensiblen seit der Geburt anders verarbeitet und filtert, wundert es nicht, dass Stresserkrankungen oder Depressionen häufig mit Hochsensibilität in Verbindung gebracht werden.

Same, same but different – den Weg zur Akzeptanz finden

Zu dieser Erkenntnis zu kommen, ist das eine. Aber was fange ich in unserer schnelllebigen, oftmals auf Erfolg getrimmten Gesellschaft damit an?

Durch das »Mehr« an Informationen, die durch das Nervensystem eines hochsensiblen Menschen aufgenommen werden, verlängert sich auch die benötigte Verarbeitungsphase. Das bedeutet, dass gerade emotional – positiv wie negativ – herausfordernde Gespräche, Situationen etc. eine Nachbearbeitungsphase brauchen. Manchmal gehe ich Situationen im Kopf immer wieder durch, bis sie abgelegt werden können. Daraus ergeben sich allerdings zwei Probleme: Zum einen ist ein nicht hochsensibler Mitmensch viel schneller beim nächsten Punkt und reagiert möglicherweise verständnislos, wenn ich immer wieder zu einer für ihn bereits abgehakten Situation zurückkehre. Zum anderen wird diese Nachhall-Phase in der Regel nicht geschätzt, geschweige denn vergütet: Während noch eine Begebenheit in uns nachhallt und Reize verarbeitet werden, steht oft bereits die nächste Situation an – im Job, in der Familie, im Freundeskreis. Dann heißt es, wieder auf Sendung sein, hundert Prozent geben. Da ist Überforderung vorprogrammiert. Und die nötige Verarbeitung von Informationen ist in den seltensten Fällen abrechenbare Arbeitszeit.

Es ist übrigens ein Irrtum, zu glauben, andere könnten mich *verstehen*. So wie ich es nicht nachvollziehen kann, wie es ist, mit einem Nervensystem zu leben, das ein geringeres Maß an Reizen aufnimmt, kann mein Gegenüber nicht nachvollziehen, wie es ist, mit einem hochsensiblen Nervensystem zu leben. **Worauf es ankommt, ist weniger das Verständnis als vielmehr die Akzeptanz.**

Mein Körper ist, genau wie meine Seele, ziemlich empfindsam. Ich friere sehr schnell und reagiere mit Schwindel und Kopfschmerzen auf chemische Gerüche und synthetische Duftstoffe. Eine besondere Herausforderung ist außerdem der Umgang meines Körpers mit Hunger. Wenn ich das Hungergefühl zu lange ignoriere, überschreite ich irgendwann einen kritischen Punkt, ab dem ich keine klaren Gedanken mehr fassen, geschweige denn Entscheidungen treffen kann. Mehr als einmal hat das zu stressigen Situationen, vor allem mit meinem Mann, geführt. Zum Beispiel auf Sightseeing-Touren im

Urlaub. Wir waren lange zu Fuß unterwegs und haben viele Eindrücke gesammelt, während mein Blutzuckerspiegel in den Keller sank. Dann noch zu entscheiden, wo und vor allem was ich essen möchte, ist unmöglich. Inzwischen habe ich gelernt, besser auf meinen Körper zu hören, das sich ankündigende Magenknurren nicht zu ignorieren oder besser noch, von vornherein Essenspausen festzulegen. Oder meinen Mann entscheiden zu lassen.

Mein Körper arbeitet anders. Das bedeutet aber nicht, dass ich nicht die gleiche Leistung bringen kann wie alle anderen auch – nur eben vielleicht nicht in der gleichen Zeit oder unter gleichen Bedingungen. Dafür ein positives Bewusstsein zu schaffen, ist mir ein Anliegen.

Auf einer Reise nach Thailand wollten mein Mann und ich mit einem Überlandbus fahren. Am Terminal standen zwei Busse – gleiches Ziel, gleiche Abfahrtszeit. Nur keine gleiche Ausstattung. Während der eine mit Anschnallgurten, Klimaanlage und Co. schon eher unseren gewünschten Standards entsprach, kam uns der andere gelinde gesagt wie ein für den Schrottplatz ausgemustertes Modell vor. Auf unsere Frage, welchen Bus wir denn nun nehmen sollen, gaben die Einheimischen uns einhellig folgende Antwort: »Same, same but different.«

Diese Bemerkung finde ich sehr treffend. (Die beiden Busse sollen allerdings kein Vergleich für hoch- bzw. nicht hochsensible Menschen sein, ich fand nur die Beschreibung so wunderbar.) Hochsensible Menschen sind gleich, aber anders – und das ist völlig in Ordnung.

Allerdings habe ich leider schon mehrfach eine verletzende Bemerkung zu hören bekommen, wenn klar wurde, dass meine Leistungsfähigkeit – sei es auf Arbeit oder in Familie oder Gemeinde – *same, same but different* ist: »Lass dich doch von Gott verändern.«

Das lässt Wertschätzung vermissen und unterstellt Hochsensiblen – und letztlich auch Gott –, dass mit ihnen, ihrem Körper, ihrem Nervensystem etwas falsch ist, dass etwas in Ordnung gebracht werden muss. Und es zeigt einmal mehr, wie wichtig es in einem Team oder einer Gemeinschaft ist, Hochsensibilität zum Thema zu machen. Denn Hochsensibilität hat nichts mit Unvermögen zu tun! Gleichzeitig darf sie natürlich nicht als Ausrede genutzt werden, sich auf die Kosten anderer vor unliebsamen Aufgaben zu drücken. Der Kern dieses Problems, der in so einem gut gemeinten, aber verletzenden Hinweis stecken könnte, ist jedoch folgender: Wenn beispielsweise meine Kollegin befürchtet, aufgrund meiner Hochsensibilität – und damit verbunden meiner benötigten Verarbeitungsphasen, meinem höheren Schlafbedürfnis – in die Überforderung zu geraten, ist das weder meine noch ihre Schuld, sondern eine Frage der Aufgabenstellung, die wir unter Erwachsenen respektvoll miteinander klären müssen.

Wenn wir mit den Mitteln und Menschen, die uns zur Verfügung stehen, Gefahr laufen überfordert zu sein, müssen wir die Aufgabe verändern, nicht die Menschen! Natürlich ist das nicht in jedem Team, in jeder Gemeinde automatisch möglich, aber es sollte ein erstrebenswertes Ziel von Leitenden werden, die Ziele an die Mitarbeitenden und nicht die Mitarbeitenden an die Ziele anzupassen.

Es heißt, eine Kette ist so stark wie ihr schwächstes Glied. Dabei ist Schwäche für mich nicht mit Hochsensibilität gleichgesetzt. Jeder und jede kann in verschiedensten Situationen die Person sein, nach der sich das Tempo der anderen richtet. Wichtig dabei ist die gegenseitige Akzeptanz. Tatsächlich bin ich der Meinung, dass nicht die größtmögliche Übereinstimmung der erstrebenswerte Zustand eines Teams ist. *Same, same but different* ist völlig in Ordnung, nicht nur auf Hochsensibilität gemünzt. Das »Wir-Gefühl« gründet sich auf dem kleinsten gemeinsamen Nenner: dem gemeinsamen Ziel, der Vision, dem verbindenden Glauben. Damit wird alle Andersartigkeit zweitrangig.

Es geht nicht um richtig und falsch

Vor einiger Zeit habe ich ein intensives, mehrstündiges Seelsorgegespräch geführt. Danach fühlte ich mich völlig erschlagen. Ich ließ die Jalousien runter und legte mich erst mal eine Stunde aufs Bett. Wie ein aufgewühltes Gewässer, das langsam wieder klar wurde, brauchte mein Kopf Zeit, sich zu sortieren, Informationen zu verarbeiten und abzulegen. In der darauffolgenden Nacht schlief ich 14 Stunden am Stück. Solche extremen Situationen kommen zwar eher selten vor, aber es ist trotzdem wichtig, herauszufinden, was ich brauche und was mein Körper braucht, wenn mittels einer Verarbeitungsphase erst mal »Platz gemacht werden muss«. Ich weiß inzwischen, dass mein Körper mindestens acht, besser neun Stunden erholsamen Nachtschlaf braucht. Und genügend Phasen am Tag, in denen ich nicht von Menschen umgeben bin.

Wir haben zehn Jahre lang jeden Sommer ein großes Zeltlager mit etwa hundert Personen veranstaltet. Viele »unserer« Kinder und Jugendlichen haben ein großes Bedürfnis nach Nähe und Aufmerksamkeit. Um gut durch so eine Woche zu kommen, hatte ich mir angewöhnt, morgens erst aufzustehen, wenn alle schon beim Frühstück saßen (wenn es meine Aufgaben zuließen), um auf dem Weg zu den Waschräumen niemandem zu begegnen – nicht, weil ich keinen sehen *wollte*, sondern weil mein Körper etwas mehr Zeit braucht, um auf Touren zu kommen.

Bei meinen Mitmenschen ernte ich mit einer solchen Taktik möglicherweise ein Stirnrunzeln. Ist mein Bedürfnis deswegen falsch? Natürlich nicht! Denn es geht beim Thema Hochsensibilität überhaupt nicht um richtig und falsch, sondern um richtig und richtig! Eine Veränderung dieser Sichtweise geschieht aber nur dann, wenn wir offen darüber reden und dadurch eine positive Wahrnehmung schaffen. Ja, ich möchte mich nicht immer erklären müssen, aber ich kann auch nicht erwarten, dass Akzeptanz einfach so entsteht. Es braucht einen wertschätzenden Austausch, ein Geben und Nehmen.

Ich lerne meinen Körper und seine Reaktionen immer besser kennen. Oft sagt er mir, wann es Zeit ist, sich hinzusetzen und die »Seele nachkommen zu lassen«. Dann muss ich lernen, nicht auf die anderen zu schielen, die es schaffen, noch weiter zu gehen. Oder nicht auf gut gemeinte Hinweise wie »sich einfach mal zusammenreißen« zu hören. Denn so, wie ich bin, bin ich richtig.[55]

ÜBER DIE AUTORIN

Stefanie Kloft (Jahrgang 1988) ist Kinderbuchautorin, Öffentlichkeitsreferentin und Pädagogin bei *Lebendige Steine,* einer christlichen Stadtteilarbeit in einem Brennpunktviertel in Stendal. Mit Anfang 20 entdeckte sie durch einen Thriller von Sebastian Fitzek ihre eigene Hochsensibilität. Sie ist glücklich verheiratet mit Samuel. Mehr über Stefanie auf: https://www.stefaniekloft.de/

Info-Box

Das vegetative Nervensystem

Das vegetative Nervensystem ist ein Wunderwerk der Schöpfung. Es regelt und überprüft die unwillkürlichen, also nicht direkt mit dem Willen beeinflussbaren Funktionen des Körpers, vergleichbar mit einem hoch spezialisierten Computer. Weil es Tag und Nacht völlig selbständig arbeitet und unser Leben aufrechterhält, nennt man es auch »das autonome Nervensystem«. Millionen von mikroskopisch feinen Nervenfasern verbinden die Organe mit den Schaltzentralen im Gehirn und im Rückenmark. Die Arbeit von Herz, Atmung, Stoffwechsel, Verdauung, Teilen des Hormonhaushalts usw. wird von diesem Schaltsystem gesteuert, und zwar durch zwei meist gegensätzlich wirkende Anteile, die man »Sympathikus« und »Parasympathikus« nennt. Der Sympathikus ist für die Leistung, der Parasympathikus für Ruhe und Erholung zuständig.

Ein Beispiel: Wenn ich im Kampf oder auf der Flucht bin, muss mein Körper Höchstleistungen vollbringen, der Sympathikus funkt auf Hochtouren. Das Ergebnis: Mein Herz schlägt schneller, der Blutdruck und die Durchblutung von Muskeln und Gehirn steigen, Blutgefäße werden erweitert, die Atmung beschleunigt sich, die Pupillen vergrößern sich (damit ich mehr sehen kann), die Harnblase und der Darm werden stillgelegt (wer könnte im Kampf schon auf die Toilette laufen?), Stoffwechsel und Körpertemperatur steigen, Energie wird verbraucht und die Schweißdrüsen nehmen ihre Arbeit auf. Das alles steuert mein vegetatives Nervensystem. Wenn Kampf oder Flucht vorüber sind, wird alles wieder in den Ruhe-

modus herunter geregelt und der Parasympathikus fängt an, Impulse zu geben, damit ich mich erholen kann.
Nun gibt es in diesem System eine Art »Grundeinstellung«, die von Mensch zu Mensch unterschiedlich ist. Da gibt es auf der einen Seite die »mit dem dicken Fell«, die nicht so leicht aus der Ruhe zu bringen sind, die aber auch weniger sensibel sein können für Stimmungsschwankungen oder diskrete Signale ihrer Mitmenschen. Ihr Sympathikus kommt nicht so schnell »auf 180« wie bei sensiblen oder hochsensiblen Menschen. Diese besitzen von vornherein eine viel empfindlichere Einstellung; der Sympathikus reagiert auf kleine äußere Reize schon so, als ob er auf der Flucht wäre, der ganze Körper »gerät in Wallung« und braucht viel länger, um wieder zur Ruhe zu kommen. Verständlich, dass diese Reaktion einen Menschen sehr stark belasten kann. Allerdings braucht niemand zu verzweifeln: Auch für feinfühlige Frauen (und Männer) gibt es viele Möglichkeiten, innere Ruhe und Gelassenheit zu erreichen.

Dr. Wolfgang Vreemann

11

TU DIR GUT! – GESUND LEBEN UND ESSEN ALS HOCHSENSIBLE FRAU

Beiträge von Christina Herr und Ruth Pfennighaus

»Tu deinem Leib etwas Gutes, damit die Seele Lust hat, darin zu wohnen.« Dieses Zitat von Teresa von Ávila hast du wahrscheinlich schon einmal gehört oder gelesen.[56] Es drückt zum einen die Verbindung von Körper und Seele aus und macht zum anderen deutlich, wie wichtig eine gesunde Lebensweise für das ganzheitliche Wohlbefinden ist. Wenn wir auf unseren Körper achten, dankt unsere Seele uns dies. Kümmern wir uns nicht genug um den Körper, meldet sie sich irgendwann zu Wort – in Form von Erschöpfung, Antriebslosigkeit oder depressiver Verstimmung. Wenn sie dann nicht gehört wird, wirkt sich das wiederum auf den Körper aus und wir reagieren mit körperlichen Symptomen, beispielsweise mit Magenbeschwerden, Kopfschmerzen oder Schlafstörungen. Das brauchen wir aber nicht einfach so hinzunehmen. Es gibt viele Möglichkeiten, gut für unseren Körper – und damit auch für die Seele – zu sorgen. Ernährung ist ein wesentlicher Bestandteil davon.

In diesem Kapitel soll es also um dein ganzheitliches, hochsensibles Wohlbefinden gehen, das du beträchtlich steigern kannst, indem du deinem Körper Gutes tust: durch eine ausgewogene Ernährung, die du mit stärkenden Ritualen und gesundheitsfördernden Routinen kombinieren kannst. Im Folgenden findest du Anregungen und Tipps, wie du deine Ernährungsweise gesund und achtsam gestalten kannst. Betrachte sie als gut gemeinte Vorschläge, probiere sie in aller Ruhe aus und finde Schritt für Schritt heraus, was dir persönlich guttut.

Bist du, was du isst?

Der Spruch »Du bist, was du isst« ist dir sicher schon einmal begegnet, oder?! Früher habe ich ihn immer als Besserwisserei abgetan und mich über diese Aussage geärgert. Schließlich bin ich, bist du, ja noch viel mehr als die Mahlzeiten und Getränke, die wir täglich zu uns nehmen. Trotzdem steckt ein Fünkchen Wahrheit in diesem Sprichwort: Unsere Ernährungsweise beeinflusst tatsächlich nicht nur langfristig unseren Gesundheitszustand, sondern auch sehr konkret unser Allgemeinbefinden im Hier und Jetzt. Wenn ich jeden Tag Unmengen an zucker- und fetthaltigen Lebensmitteln verputze, schlägt mir das irgendwann auf den Magen, die Leber und schließlich aufs Gemüt. Durch eine ausgewogene Ernährung kann ich jedoch dazu beitragen, dass es dem Darm, der Leber sowie meinem Nerven- und Hormonsystem gut geht. Und das wiederum wirkt sich günstig auf mein ganzheitliches und hochsensibles Wohlbefinden aus. Die Fachberaterin für Hochsensibilität und ganzheitliche Ernährungsberaterin Gabriele Stadler erklärt dies wie folgt: »Wir wissen inzwischen, dass im Gehirn von Hochsensiblen Reize anders verarbeitet werden. Da Nervenzellen sich nicht nur im Gehirn befinden, sondern mitunter auch verstärkt im Darm, ist es nachvollziehbar, dass viele HSP Schwierigkeiten im Magen-Darm-Bereich haben. Das Nervensystem im Darm wird auch Bauchhirn genannt. Die Nervenzellen unseres Bauchhirns führen ein Eigenleben und regulieren selbstständig – also ohne dazu vom Gehirn die Befehle abzuwarten – die Ausschüttung vieler Hormone und Botenstoffe. Der Darm besitzt somit also auch eine Art Gehirn. Über diese Nervenzellen – es sind viele Millionen – steht der Darm in ständigem Kontakt mit dem Gefühlszentrum im Gehirn. Die Folge ist, dass unsere Ernährung, also alles, was im Darm landet, unser körperliches Befinden, aber auch unser Gefühlsleben beeinflussen kann.«[57]

Wohltuendes zur gesunden Ernährung

Dem Ernährungs-Thema könnte man sich stunden- bis jahrelang widmen – ausreichend Fachliteratur und Podcasts dazu gibt es jedenfalls. Auch zur speziellen Ernährung für HSP finden sich einige Ratgeber.[58] Diese haben sicher ihre Berechtigung und mögen für manche eine Hilfestellung sein, ich persönlich empfinde die dort vorgestellten Konzepte aber als zu kompliziert und umfangreich, als dass ich sie im Alltag integrieren und umsetzen könnte. Außerdem gibt es ohnehin keine pauschale Antwort auf die Frage nach *der* optimalen Ernährungsweise für Hochsensible, da jede und jeder als einzigartiges Individuum verschieden auf Lebensmittel und Nährstoffe reagiert und unterschiedliche Lebens- und Rahmenbedingungen hat. Und so interessant, spannend und diskussionswürdig die Fragen rund um die Ernährung auch sein mögen, möchte ich mich hier auf ein paar grundlegende gesundheitsfördernde Maßnahmen beschränken, die sich im Alltag als umsetzbar und hilfreich erwiesen haben. Hierbei soll es allerdings nicht ausschließlich darum gehen, *was* wir essen, sondern ebenso, *wie* und *wann* wir unsere Mahlzeiten einnehmen.

- **Das Teller-Prinzip:** Früher war das Konzept der Ernährungspyramide sehr populär, heute spricht man häufig vom Teller-Prinzip, das eine gute Faustregel für eine ausgewogene Ernährung visualisiert.[59] Hier teilst du deinen Teller gedanklich in vier gleich große Teile auf. Zwei Teile füllst du mit Gemüse und Obst, einen Teil mit eiweißreichen Lebensmitteln wie Eier, Hülsenfrüchte, Nüsse, Kerne,

Milchprodukte und – wenn du magst – Fisch und Fleisch. Der letzte Teil besteht aus Sättigungsbeilagen wie Kartoffeln, (Natur-)Reis, (Vollkorn-)Pasta, Getreide oder Pseudogetreide (Quinoa, Amaranth, Buchweizen). Eine Handvoll frischer Kräuter, Gewürze und zwei bis drei Esslöffel mit guten Fetten – z.B. Oliven-, Lein-, Kokosnuss- oder Algenöl – machen den gesunden Teller komplett. Je bunter dein Teller aussieht, desto gesünder ist er. Man könnte diesbezüglich auch sagen: *Eat the Rainbow!* Das heißt, alle Farben des Regenbogens dürfen in deinen Mahlzeiten vorkommen. Weiterführende Informationen zum Teller-Prinzip – und darüber – hinaus findest du in den Büchern von Dr. Anne Fleck.[60]

- **Clean Eating:** Unter Clean Eating – zu Deutsch »sauberes, reines Essen« – versteht man eine Ernährungsweise auf Basis der Idee, dass der Konsum von Vollwertprodukten und die Vermeidung industriell verarbeiteter Lebensmittel einen positiven Effekt auf die Gesundheit hat. Man versucht dabei, so einfach und so frisch wie möglich zu essen und auf Fertigprodukte, Industriezucker und ungesunde Fette weitestgehend zu verzichten. Auch die Auswahl der verwendeten Lebensmittel ist wichtig: Hier greift man hauptsächlich auf Bioprodukte zurück, auf Saisonales und Regionales.[61] Diese Ernährungsweise mag zwar in mancher Hinsicht einen Verzicht bedeuten, dennoch trägt sie maßgeblich dazu bei, dass du dich energiegeladener fühlst und dass deine Körpersysteme besser reguliert werden. Besonders dein Nervensystem profitiert von einer Reduktion von Zucker und Koffein: Beide Stoffe sorgen nämlich für eine erhöhte Ausschüttung des Stresshormons Cortisol – und das gilt es möglichst zu verhindern, da unser sensibles System ohnehin schon genügend Cortisol produziert, das wir erstmal in Ruhe abbauen müssen.

Viele wenden die Methode des Clean Eating bereits an, ohne sich dessen bewusst zu sein. So achte ich beispielsweise schon etliche Jahre darauf, möglichst nur frische (Bio-)Produkte aus der Region zu kaufen, saisonale Zutaten zu bevorzugen und unsere Mahlzeiten einfach, aber frisch zuzubereiten. Jetzt erst weiß ich, dass dies Teil des Clean Eating ist. Sympathisch an dieser Methode ist, dass sie in vielen Fällen mit der sogenannten 80-20-Regel kombiniert wird.[62] Die besagt nämlich, dass 80 Prozent der Lebensmittel und Gerichte »clean« – und damit gesund – sein sollten, die restlichen 20 Prozent jedoch mit anderen Mahlzeiten und Produkten aufgefüllt werden können, die man mag und die nicht unbedingt gesund sein müssen. Das finde ich sehr entspannend: Manchmal muss es eben eine Portion Pommes sein, eine Pizza, ein Riegel Schokolade, ein paar Weihnachtsplätzchen oder ein schönes Eis.

- **Achtsames Essen:** Die Art, *wie* du isst, ist ein vielfach unterschätzter Aspekt der Ernährung. Bewusstes, langsames und genussvolles Essen trägt nämlich wesentlich zur Entschleunigung und Entspannung bei; intensives Kauen regt die Verdauung an, verbessert die Nährstoffaufnahme und unterstützt die Vielfalt der Darmflora. Nimm dir also immer möglichst ausreichend Zeit zum Essen, Kauen und Genießen. Lege deinen Fokus dabei ganz auf die Mahlzeit (wenn du nicht gerade ein Baby zu füttern oder eine hungrige Kinderbande zu bändigen hast) und lass dein Handy oder andere Medien im wahrsten Sinne des Wortes links – oder woanders – liegen. Konzentriere dich auf das, was du isst, und beziehe deine feinen Sinne dabei mit ein: Welche Zutaten schmeckst du heraus? Welche Geschmacksrichtung magst du an dieser Mahlzeit besonders? Welche Essensdüfte nimmt deine Nase wahr und wie (appetitlich) sieht das Gericht aus? Mir tun diese achtsame Nahrungsaufnahme und das Zelebrieren von Essen unheimlich gut. Ich kann sie allerdings nur dann richtig praktizieren, wenn ich mich nicht von äußeren Reizen – wie lauter Musik, einem überfüllten Restaurant, Missstimmung unter den Tischnachbarn oder starker Hitze – gestört fühle. Überlege einmal, welche Bedingungen du für achtsames Essen benötigst.

- **Gute Trinkgewohnheiten:** Eine ausreichende Flüssigkeitsaufnahme hat ebenfalls großen Einfluss auf deinen körperlichen und seelischen Zustand. Nur, wer genügend Flüssigkeit aufgenommen hat, kann konzentriert und produktiv arbeiten, überlegt handeln, klar denken und sich »gut« fühlen. Wichtig dabei ist, möglichst viele zucker*freie* Getränke zu konsumieren – stilles Wasser und ungesüßte Kräutertees eignen sich hier bestens. Als Faustregel für die Trinkmenge werden 30 Milliliter Flüssigkeit pro Kilogramm Körpergewicht empfohlen. (Diese Empfehlung gilt ausschließlich für gesunde Menschen, nicht für solche, die an einer Herz- oder Nierenschwäche leiden.) Eine Person, die 70 kg wiegt, sollte also täglich etwa zwei Liter Flüssigkeit zu sich nehmen. Während der Mahlzeiten solltest du deine Flüssigkeitszufuhr allerdings einstellen oder beschränken, um den Verdauungsprozess zu unterstützen. Trinken während des Essens kann nämlich bei bestimmten Speisen die Verdauung erschweren – und eine Mahlzeit liegt dir dann schwerer im Magen.

Tipp: Ein großes Glas lauwarmes Wasser mit dem Saft einer halben Zitrone oder einem Tropfen Zitronenöl, das du sofort nach dem Aufstehen trinkst, weckt die Lebensgeister, gleicht den Flüssigkeitshaushalt aus – über Nacht verlierst du einiges an Flüssigkeit – und sorgt für einen schwungvollen Einstieg in den Tag. Außerdem stärkst du durch die Zitrone deine Immunabwehr und unterstützt deinen Körper bei der Entgiftung.

- **Wann essen?** Eine gesunde Lebensweise beinhaltet auch, dass du deine Mahlzeiten in regelmäßigen, gleichbleibenden Abständen zu dir nimmst, möglichst zu den immer gleichen Tageszeiten.[63] Der Abstand zwischen zwei Mahlzeiten sollte etwa drei bis vier Stunden betragen. Wartest du mit dem Essen zu lange und isst erst dann, wenn du einen Bärenhunger hast, kann dies negative Auswirkungen auf deine Stimmung, Konzentration und körperliche Gesamtverfassung haben. Ich bekomme z.B. leichter einen Migräneanfall, wenn ich eine Mahlzeit auslasse und weiß von anderen HSP, dass sie ebenfalls sehr empfindlich auf Hungergefühle reagieren. Regelmäßige Mahlzeiten dagegen sorgen dafür, dass dir mehr Energie zur Verfügung steht und du dich insgesamt wohler fühlst. Bei deinem Abendessen darfst du allerdings Produkte wie Rohkost oder Salat reduzieren oder ganz vermeiden, da deine Verdauung recht lange damit beschäftigt ist. So kann sie besser herunterfahren, was wiederum deinen Schlaf verbessert. Auch das Snacken oder Naschen zwischen den Mahlzeiten solltest du weitestgehend vermeiden. Bei jeder Nahrungsaufnahme erfolgt nämlich ein Blutzuckerreiz, auf den dein Körper reagiert – selbst bei kleinen Snacks – und sich neu auf die Verdauung einstellen muss. Dies kostet ihn bzw. dich natürlich einiges an Kraft. Je häufiger du also isst, desto mehr zehrt das von deiner eigenen Energie.

- **Weitere Hilfsmittel:** Zusätzlich zu einer ausgewogenen Ernährung können die sogenannten Nahrungsergänzungsmittel dein Wohlbefinden unterstützen. Ihre Einnahme kann zu mehr Energie, Widerstandsfähigkeit, Gesundheit und einem besseren Schlaf führen. Meine Familie und ich profitieren schon seit Längerem von den gesundheitsfördernden und positiven Effekten. Da dieser Themenbereich aber sehr umfangreich ist und ich keine Expertin auf diesem Gebiet bin, möchte ich hier nur auf einige wenige Mineralstoffe, Vitamine, Adaptogene und Bitterstoffe hinweisen. Wir verwenden beispielsweise regelmäßig oder als Kur die Mineralstoffe Magnesium, Zink und Selen, die Vitamine C und D sowie einen Komplex aus B-Vitaminen, die Adaptogene Ashwagandha, Ginseng, Rosenwurz und Maca sowie verschiedene Bitterstoffe in Form von frischen Kräutern und Gemüse, Tees oder Tropfen. Mehr zu diesem Thema erfährst du im nachfolgenden Beitrag von der Ernährungsberaterin und Phytotherapeutin Ruth Pfennighaus. Auch im Anhang findest du diesbezüglich weitere empfehlenswerte Literatur.

Der Wert von Ritualen und Routinen

Rituale und Routinen machen das Leben einfacher, geordneter und vorhersehbarer. Sie geben dem Alltag Struktur, sorgen für eine gewisse Sicherheit und können neue Energie verleihen. Hochsensible profitieren besonders davon, wenn sie beispielsweise mithilfe eines Rituals – wie Atemübungen oder Gebeten – einer Reizüberflutung vorbeugen oder durch bewährte Routinen ihren Alltag reizarmer gestalten können. Auch in Momenten, in denen die Komfortzone mal wieder beachtlich schmal erscheint, wissen sie oft, welche Routinen oder Rituale ihnen dann guttun.

Routinen bestehen aus einer gleichbleibenden Abfolge von kleineren Handlungen, die durch mehrfaches Wiederholen zur Gewohnheit werden. Man führt sie meist automatisch aus, ohne bewusst darüber nachzudenken. *Rituale* dagegen sind Aktivitäten oder Praktiken, die Konzentration und Geistesgegenwart erfordern. Meist enthalten sie einen bestimmten Sinn und dienen einem speziellen Zweck, z. B. der Entspannung, dem Genuss, der Spiritualität oder einem achtsamen Lebensstil. Während du ein Ritual durchführst, erledigst du nicht nur eine

Aufgabe, sondern »feierst« gleichzeitig dein Leben. Routinen können auf diese Weise ebenfalls zu einem Ritual werden – es kommt maßgeblich auf die innere Haltung an. Wenn du nämlich deine täglichen Routinen nicht nur als etwas betrachtest, das schnell abgehakt werden muss, sondern sie mit Aufmerksamkeit, Bedacht und Freude ausführst, bekommen sie den Stellenwert eines Rituals und haben somit eine noch positivere Auswirkung auf dein Wohlbefinden.

Einige Rituale und Routinen sind bereits in den oben genannten Anregungen zur Ernährung enthalten, weitere wertvolle Beispiele findest du im nachfolgenden Beitrag von Ruth Pfennighaus.

GANZHEITLICHE IMMUNSTÄRKUNG – DER SCHLÜSSEL ZUR GESUNDHEIT

Beitrag von Ruth Pfennighaus

Die Möglichkeiten der modernen Medizin haben dazu geführt, dass viele Krankheiten ihren Schrecken verloren haben. Die Lebenserwartung ist deutlich gestiegen. Doch der Gewinn durch Fortschritte in Wissenschaft und Technik wird durch die Auswirkungen unseres Lebensstils ausgebremst: ungesunde Ernährungsgewohnheiten, Bewegungsmangel, Stress, Ängste, Umweltbelastungen und Missachten der Heilkräfte der Natur.

Im Durchschnitt fühlen wir uns nicht gesünder als unsere Großeltern und sind mehr denn je mit Krankheiten beschäftigt. Viele Menschen leben mit chronischen Erkrankungen, bei denen lediglich die Symptome gelindert werden können.

Dabei übersehen wir leicht, dass der größte Helfer unserer Gesundheit nicht von außen kommt, sondern in unserem Körper ständig im Einsatz ist. Unser Immunsystem wehrt unauffällig viele Krankheiten ab.

Es gibt zahlreiche Möglichkeiten, das Immunsystem zu unterstützen und zu trainieren. Lassen Sie sich davon inspirieren, wie bei meinem Mann und mir ein gewöhnlicher Tag aussieht – mit vielen Impulsen für unser Immunsystem. Vielleicht haben Sie Lust, etwas davon gleich morgen auszuprobieren, dabeizubleiben und möglichst bald eine zweite Sache hinzuzufügen. Ihr Körper und Ihre Seele werden es Ihnen danken. Sie werden sich wohler fühlen und auch gesünder.

Noch vor dem Aufstehen

Gleich nach dem Aufwachen richten wir uns auf den neuen Tag aus. Wir möchten nicht als Erstes an Sorgen denken, sondern an das Gute, das wir von Gott empfangen haben. Beispielsweise sagen wir uns selbst: »Mein Leben ist wertvoll.« Oder: »Danke, Gott, für diesen neuen Tag!«

Ihr Immunsystem freut sich, wenn Sie morgens mit erfrischendem Wasser außen und innen in Kontakt kommen. Auch die frische Luft lädt zum Genießen ein. Sobald es hell wird, können Sie zum Himmel aufschauen und beobachten, wie das Licht um Sie herum Schauspiele vollführt. Von solchen Aufmunterungen können Sie nicht zu viel bekommen. Auch Singen stärkt nachweislich das Immunsystem – ebenso wie ein gutes Leitwort für den Tag.

Ein gesundes Frühstück

Dem Immunsystem hilft es ungemein, wenn wir gleich morgens guten Kraftstoff bekommen – und zwar nicht nur in Form von Kaffee! Es sind am Morgen vor allem Obst und Haferflocken, ein paar Nüsse und Trockenfrüchte, die dem Körper guttun. Ein Tropfen Vitamin D gehört vor allem im Winter auch zu dem Starterset in den Tag.

Dankbar auf das Gegebene schauen

Überall lauern kleinere oder größere Frustfallen. Schnell empfinden wir uns selbst als unzulänglich. Das schwächt unsere Seele und hat eine lähmende Wirkung auf unseren Körper. Vieles erhebt sich aus dem Sumpf der Selbstverständlichkeiten mit einem ausgesprochenen Danke: das zubereitete Essen, die Hilfeleistung oder die gemeinsam verbrachte Zeit.

Wir sind Gott dankbar für das Geschenk unseres Lebens. Wenn es Beschwerden gibt, schaffen wir Platz für den Gedanken: »Größtenteils bin ich gesund.« Auch in Krankheitszeiten kommt uns der Gedanke zu Hilfe: Wir würdigen, dass das Immunsystem jetzt emsig am Werk ist, um Schlimmeres zu verhindern und Besserung anzustreben.

So gehen wir sorgsam mit uns selbst um und schenken uns selbst und einander Wertschätzung. Das stärkt seelische und körperliche Abwehrkräfte.

Mittagspause

In der Mitte des Tages halten wir inne und nehmen von der Arbeit ein Stück Abstand. Wir brauchen eine Pause von allen Leistungsanforderungen. Beim Mittagessen starten wir mit einem großen Salat, der durch Sprossen und Nüsse angereichert ist. Außerdem kommt das Gemüse der Saison auf den Teller. Das kann durch Kartoffelspalten, Süßkartoffeln, Buchweizen, Naturreis oder Hirse und Hummus ergänzt werden. Über dies alles werden ein bis zwei Esslöffel Leinöl gegossen.

Wir folgen gerne dem Spruch: »Zwischen eins und zwei hat unsere Seele frei.« Wenn das nicht möglich ist, weil wir nur ein paar Minuten Pause haben, nutzen wir diese, um zu uns selbst zu kommen und keine Störungen von außen zuzulassen.

Außerdem ist es wichtig, auf einen ausreichenden Vitamin-D-Spiegel und einen gut gefüllten Mineralstoffhaushalt zu achten. Das ist besonders leicht, wenn man Wildkräuter in seine tägliche Ernährung integriert. Zu den immunstärkenden Pflanzen gehören Knoblauch, Meerrettich, Kapuzinerkresse, alle Beeren, Hagebutten und der altbekannte Apfel. Die Wildkräuter Brennnessel, Spitzwegerich, Löwenzahn und Giersch bereichern unsere Ernährung jeden Tag in der Suppe, als Smoothie, Aufstrich oder Salat. Die Bitterstoffe, die in fast allen Wildpflanzen enthalten sind, sanieren den Darm, in dem achtzig Prozent unserer Immunabwehr sitzen.

Bewegtes Leben

Ihr Körper möchte Ihnen gerne sagen: »Ich bin von Kopf bis Fuß auf Bewegung eingestellt.« Deswegen lassen Sie keine Gelegenheit ungenutzt, um sich zu bewegen. Das fördert die Durchblutung und damit auch die natürlichen Erneuerungsprozesse. Am besten draußen, dann bekommt der Körper eine Extraportion Sauerstoff.

Ein echter Feier-Abend

Das Abendessen nehmen wir so früh wie möglich zu uns. Um so ruhig schlafen zu können, wie wir es uns wünschen, ist nach einem Hochgeschwindigkeitstag ein allmähliches »Herunterfahren« nötig. Wir versuchen, Reize zu reduzieren, Aufregungen am Abend zu vermeiden und bei uns selbst anzukommen – in dem Bewusstsein, dass Gott da ist.

Zur Immunstärkung können wir also einiges selbst tun. Wählen Sie aus den Anregungen diejenigen aus, die sich am leichtesten in Ihren Alltag integrieren lassen.

ÜBER DIE AUTORIN

RUTH PFENNIGHAUS leitet mit ihrem Mann das »Gesundheitshaus« in Marburg (www.ge-haus.de). Sie ist Ernährungsberaterin und Phytotherapeutin und möchte mit Lebensfreude in den Alltag einbeziehen, was gesund ist. Mehr über natürliche Heilmittel zur Stärkung des Immunsystems schreibt sie in der Broschüre »Ganzheitliche Immunstärkung – Der Schlüssel zu Ihrer Gesundheit«. Videos mit Ruth Pfennighaus gibt es auf: www.hopetv.de/mediathek/kleinekraeuterkunde

Der vorliegende Text wurde bereits in der Zeitschrift LYDIA 04/2022 veröffentlicht.

Muße [...]
ist bisweilen heilsamer als Arbeit.

Wilhelm von Humboldt

12

ENTSPANNUNG UND REGENERATION FÜR HOCHSENSIBLE FRAUEN

Beitrag von Janine Kelly

Entspannung ist für dich als hochsensible Frau ein überaus wichtiges Thema, dem du sehr hohe Priorität beimessen solltest. Sowohl das überdurchschnittlich aktive Gehirn als auch der Körper brauchen regelmäßige und beständige Zeiten des Rückzugs und der Stille, um alle Eindrücke verarbeiten zu können. Das Kreieren von Oasen der Ruhe und das Etablieren von Erholungsroutinen sind entscheidend für die körperliche, mentale und seelische Gesundheit einer hochsensiblen Frau. Da dein hochsensibler Körper und Geist nicht so schnell entspannen können und du mehr Zeit zur Erholung brauchst, möchte ich dir verschiedene Regenerationsformen vorstellen, mit Hilfe derer du Stress loslassen und wieder Kraft schöpfen kannst.

Zeit mit dir

In der Ruhe liegt die Kraft, wie man so schön sagt. Und diese ist der Schlüssel im Leben einer hochsensiblen Frau. Deshalb möchte ich zuvorderst *Zeit mit dir* als bedeutendsten Energiebaustein zur Entspannung voranstellen. Unser heutiger Alltag bringt viele Herausforderungen mit sich. Vor allem die vorherrschende Fülle an Aufgaben und Medienkonsum lassen kaum Raum zum Innehalten. Die Reizüberflutung der digitalen Medien und das Gefühl, ständig verfügbar, auf Sendung, sein zu müssen, führen zu einer Überbelastung des hochsensiblen Gehirns und damit auch des gesamten Organismus. Es entsteht ein Dauerstress, der kaum noch verarbeitet werden kann und sich häufig in körperlichen Symptomen wie Müdigkeit, Erschöpfung, Verspannungsschmerzen oder diffusen Krankheiten zeigt. Nicht zu unterschätzen ist die emotionale und seelische Belastung durch das ständige Lesen und Hören von negativen Nachrichten oder das Vergleichen mit anderen und deren Leben auf Instagram und Co. Dabei rückt häufig die eigene persönliche Entwicklung in den Hintergrund. Für dich als hochsensible Frau ist es deshalb in erster Linie entscheidend, dir tägliche Ruheinseln zu schaffen, in denen es nur um dich geht. In diesen Zeiten der Stille kannst du innehalten, dich bewusst wahrnehmen und wieder zu dir selbst finden, bei dir ankommen. Indem du den Blick vom Außen und deinen Mitmenschen weg ins Innen richtest, ermöglichst du es dir, im Moment zu sein und zu spüren, wie es dir geht und was du gerade brauchst. Vielleicht ist es einfach nur Stille, nach der du dich jetzt sehnst. Oder ist es eine Meditation, eventuell eine Entspannungsübung? Vielleicht brauchst du aber auch eine körperliche Betätigung wie einen Spaziergang in der Natur oder Sport. Mache es dir zur Gewohnheit, täglich achtsam und wertschätzend mit dir umzugehen und auf deine Bedürfnisse zu achten. Schaffe dir hierzu bewusst zeitliche und räumliche Nischen.

Gebet und Meditation

Ein zweiter wichtiger Energiebaustein ist das *Gebet* oder die *Meditation* als Entspannungsform. Dafür gestalte dir einen festen Ort, der zu jeder Zeit für dich Rückzug und Zuflucht in überfordernden Situationen bedeutet. Hier kannst du in der für dich geeigneten Gebets- oder Meditationsform Geborgenheit und Sicherheit finden. Im Treffen mit deinem Schöpfer bist du angenommen und stets gut aufgehoben – mit allem, was du gerade mitbringst. Dieser Ort symbolisiert Pause, Ruhe und Entspannung.

Meditation und Gebet lassen den Blutdruck, die Herzfrequenz und den Cortisolspiegel sinken. Die (Gehirn-)Forschung weiß mittlerweile, dass durch regelmäßiges Meditieren negative Emotionen wie Wut, Sorgen, Ängste nach nur ungefähr zwei Monaten reduziert werden können. Veränderungen im neuronalen Netzwerk des Gehirns verdeutlichen dies. Der Umgang mit Gefühlen wird verbessert und damit einhergehend die Qualität zwischenmenschlicher Beziehungen.

Es gibt sehr viele verschiedene Meditationsformen. Ich finde die Achtsamkeitsmeditation, in der man sich auf die Atmung konzentriert, am effektivsten zur schnellen Entspannung.

Atmung

Und damit komme ich zum dritten Energiebaustein, der *Atmung*. Wenn Gott davon spricht, dass er uns den Atem eingehaucht hat (1. Mose 2,7) und sein Atem in uns lebt (Hiob 27,3), zeigt er uns die lebensnotwendige Bedeutung des Atmens in doppeldeutiger Hinsicht auf. Wie wichtig ist es deshalb für unsere Gesundheit und einen entspannten Körper, richtig zu atmen.

Die gesündeste Atemtechnik ist die sogenannte Zwerchfellatmung, bei der sich der Bauch nach außen wölbt. Hierbei atmest du tief und bewusst durch die Nase ein, hältst die Luft für ein paar Sekunden an und atmest lange wieder aus. Wenn du dich in stark reizüberfluteten Momenten so auf deine Atmung konzentrierst, trägt ein tiefer und langsamer Atemrhythmus dazu bei, anders mit einer überfordernden Situation umzugehen. Durch die Fokussierung auf die Zwerchfellatmung während der Achtsamkeitsmeditation, das Lauschen auf den Luftstrom durch die Nase kann sich bei täglichen Übungen ein höheres Wohlbefinden mit einem reduzierten Stresslevel einstellen.

Natur

Für viele hochsensible Frauen ist das Verweilen oder Bewegen in der *Natur* entspannend. Dieser Energiebaustein tut allen Menschen gut, weshalb Ärzte raten, sich täglich mindestens zwanzig Minuten im Freien zu bewegen. Vor allem dein hochsensibler Körper profitiert von der ruhigen, reizarmen Natur. Allein die Farbgebung der Natur bewirkt eine positive Veränderung der Gehirnfrequenz. Das Genießen und die Freude beim Entdecken der Schönheiten der Schöpfung entlasten den gesamten Körper, indem der Cortisolspiegel gesenkt und das Immunsystem gestärkt wird. Genaues Beobachten und Achtsamkeit lassen dich den Moment bewusster erleben und bringen dich schneller weg von kreisenden Gedankenspiralen. Gott hat den Menschen so angelegt, dass dieser als Teil der Schöpfung (1. Mose 2,7) die Natur lebensnotwendig braucht. Und das nicht nur ernährungstechnisch, auch die Seele nährt sich von und aus der Natur und kann hier ihrem Schöpfer und seiner Lebensidee begegnen: Dein Leben als Teil der gesamten Schöpfung trägt eine Bedeutsamkeit in sich, die es zu entdecken gilt. Ein Aufenthalt in der Natur verhilft häufig zu mehr innerer Klarheit, die es dir wiederum ermöglicht, deinen Blickwinkel zu verändern, neuen Mut zu schöpfen und leichter Entscheidungen zu treffen. Auch das Betätigen im eigenen Garten – das Arbeiten mit den eigenen Händen in der Erde beim Säen, Unkrautjäten und Ernten – lädt die Energieakkus wieder auf.

Körperlicher Einsatz

Der nächste Energiebaustein – der *Körpereinsatz* – wird oftmals unterschätzt. Sowohl bei körperlichen Entspannungsübungen als auch beim sportlichen Auspowern werden überschüssige Energien abgebaut.

Was wir in einem vollen Alltag oftmals zwischendurch benötigen, sind kurze Entspannungsübungen, die uns schnell und effektiv herunterfahren, damit auch eine fünfminütige Pause zu einer echten Erholungsquelle wird. Solch eine Übung, die Georg Parlow noch ausführlicher beschreibt, möchte ich dir hier kurz vorstellen.[64]

In der sogenannten Aufladestellung legst du dich auf den Rücken, während dein Kopf und die Schultern an eine Lehne mit einem Kissen gestützt werden. Die Beine werden an den Knöcheln überkreuzt, am besten liegt dein rechter Fuß über dem linken. Mit beiden Händen formst du Babyfäuste, wobei der Daumen jeweils innerhalb der Faust verschwindet. Die linke Faust legst du zwischen Bauchnabel und Schambein ab. Die rechte Faust wird aufs Herz gelegt. Du kannst so lange in dieser Position verweilen, wie es dir guttut und dabei zusätzlich noch auf deinen Atem achten.

Bei solchen Entspannungsübungen stehen vor allem Achtsamkeit und Ruhe im Vordergrund.

Aber auch regelmäßiger Sport kann eine mögliche Form der Regeneration und Relaxation sein. Hast du schon deine Lieblingssportart gefunden? Wenn nicht, probiere dich ruhig aus! Das Angebot ist so vielfältig – da ist für jede Frau etwas dabei. Wenn du nur schwer deinen »inneren Schweinehund« überwinden kannst, empfehle ich dir das Sporteln in einer Gruppe. Die gemeinschaftliche körperliche Betätigung bringt nicht nur mehr Freude, sondern stärkt gleichzeitig soziale Fähigkeiten. Regelmäßiger Sport kann gerade für den hochsensiblen Körper sehr entlastend wirken. Der Stoffwechsel wird angekurbelt, die gesamte körperliche Kondition verbessert. Ängste, sogar Depressionen, können abgebaut werden, da es zu einer erhöhten Ausschüttung von Glückshormonen kommt. Insgesamt sind Körper und Psyche viel belastbarer und gesünder, womit einhergehend sich auch die Schlafqualität verbessert, die so wichtig für das hochsensible Gehirn ist.

Nachtruhe

Ausreichend *Schlaf* ist enorm wichtig zur Regeneration und verlangt deine volle Aufmerksamkeit sowie ein gutes Zeitmanagement. Hierbei gilt es auch, die Zeit vor dem Einschlafen zu berücksichtigen. Folgende Tipps können für ein gesundes Schlafen hilfreich sein. Direkt vor dem Schlafengehen sollte – wenn möglich – nicht geistig intensiv gearbeitet, ebenso nicht schnelle Bilder durch Fernsehen und Handy aufgenommen werden. Letztere sollten auch deshalb nicht zu deinem Tagesabschluss gehören, da das ausgesendete Blaulicht die Schlafqualität stört. Es gaukelt dem Organismus Sonnenlicht vor und hemmt damit die Bildung des Schlafhormons Melatonin. Ohne Medienkonsum kann sich der Körper auf die Nachtruhe vorbereiten und muss nicht noch zusätzliche Reize verarbeiten. Ein Spaziergang oder ein warmes Bad können förderlich sein. Ein dankbarer Tagesrückblick hilft, langwierigem Beschäftigen mit Negativem und Grübeln vorzubeugen. Ann Voskamp bietet hierzu in ihrem Buch »Tausend Geschenke – Andachten« die Möglichkeit zum Verschriftlichen dankbarer Augenblicke.[65]

Es ist gut, vier Stunden vor der Nachtruhe nichts mehr zu essen, um die Regeneration des Körpers zu verbessern. Dehnübungen können zusätzlich einen gesunden, entspannten Schlaf unterstützen. Bei Ein- oder Durchschlafproblemen können das Auswendiglernen und Aufsagen eines Bibelverses oder eines Gedichtes sehr hilfreich sein. Nach kurzer Zeit (er)kennt das Gehirn dieses Ritual und schaltet automatisch schneller auf Einschlafmodus. Auch hat sich bei häufigem nächtlichem Aufwachen das Festhalten wiederkehrender Gedanken auf einem

Notizzettel auf dem Nachttisch als wirkungsvoll erwiesen.[66] Weil der Cortisolspiegel am stärksten in der Tiefschlafphase vor Mitternacht sinkt, ist es sinnvoll, wenn du deine Nachtruhe vor 23 Uhr beginnst.

Routinen

Als letzten Energiebaustein, der dir und deinem Alltag mehr Ruhe und Gelassenheit bringt, möchte ich dir eine beständige *Morgen- und Abendroutine* ans Herz legen. Durch Rituale erlebst du Sicherheit und ermöglichst es deinem Gehirn, sich zu entspannen.

Aus eigener langjähriger Erfahrung kann ich die positiven Auswirkungen eines morgendlichen Rituals nur bestätigen. Wie stärkend und erfrischend ist es, sich gleich morgens positiv auf den bevorstehenden Tag zu fokussieren. Dankbarkeit spielt hierbei eine nicht zu unterschätzende Rolle. Wenn du dich mit Vorfreude auf das Heute ausrichtest, stimmst du dich auf die kleinen und großen Gnadengeschenke Gottes ein, die er dir jeden Tag neu überreichen möchte. Diese zu entdecken und zu erkennen, lässt dich tiefe Dankbarkeit und Freude empfinden – Gefühle, die dich wiederum innerlich entspannen lassen. Mutiger und positiver gehst du auf Anstehendes zu und stärkst deinen Selbstwert. Hast du schon eine eigene Morgenroutine entwickelt? Darin könnte zum Beispiel ein Gebet, lautes Proklamieren oder eine Meditation enthalten sein. Um nicht nur den Geist, sondern auch den Körper in Schwung zu bringen, mache ich schon morgens gerne eine kurze Bewegungseinheit, bestehend aus Dehn- und körperlichen Aktivierungsübungen. Somit starte ich gut gelaunt, kraftvoll und gleichzeitig entspannt in den neuen Tag. Du wirst merken, wie sich dein gesamter Tag positiv verändern wird. Vielleicht musst du dafür ein wenig früher aufstehen. Aber diese Zeit wird sich in deinem anschließenden Alltag rentieren. Eine ähnliche Abendroutine mit dir wichtigen Inhalten kannst du ebenso entwickeln und fest etablieren.

Wohltuendes

Weitere Formen der Entspannung und des Auftankens von Energiereserven sind das Arbeiten mit Materialien wie im Handwerk oder in der Kunst. Für viele hochsensible Frauen wirkt auch das Genießen von Schönheit entspannend – zum Beispiel beim Betrachten eines Gemäldes, beim Hören von wohltuender Musik oder beim Verzehr einer leckeren Mahlzeit. Auch die Nähe zu einem lieben Menschen, bei dem man sich wohl fühlt, wirkt stressreduzierend.

Denke daran, du hast die wunderbare Gabe der Hochsensibilität von deinem Schöpfer anvertraut bekommen. Nur im Zustand körperlicher und seelischer Ausgeglichenheit bist du auch in der Lage, deine Gabe sinnvoll einzusetzen. Sei es dir also wert, auf dich zu achten, dir tägliche Zeiten der Entspannung und Ruhe zu schenken, um deine Energiereserven stets aufzutanken und aus ihnen kraftvoll, ausgeglichen und freudig zu leben.

ÜBER DIE AUTORIN

JANINE KELLY, Jahrgang 1981, ist studierte Sozialpädagogin und arbeitet als Christliche Lebensberaterin in Gütersloh. Ihr Herzensanliegen ist es, Menschen in der Beratung zu begleiten, mit ihnen die größere Perspektive Gottes für ihr Leben zu entdecken und zu erleben, wie Gott wirkt und Zerbrochenes heilt. Mehr über Janine auf: https://www.janinekelly.com/

13

DER EINSATZ VON ÄTHERISCHEN ÖLEN FÜR DEIN WOHLBEFINDEN

Interview mit Sarah Kistenich

Sarah, du bist Vertriebspartnerin für ätherische Öle und nutzt diese auch in deinem Familienalltag mit Begeisterung und großer Überzeugung. Wie kam es dazu? Und was begeistert dich so an ätherischen Ölen?

Dieser Teil meiner Geschichte beginnt leider schon mit dem Drama, das meist erst in der Mitte oder am Ende eines Buches aufkommt. Aber man bewegt sich oft erst, wenn es richtig weh tut. Es fällt mir nicht leicht, diese Geschichte zu erzählen. Heute bin ich unendlich dankbar, trotzdem war es eine sehr schwere Zeit und die Folgen begleiten uns täglich.

Als wir ätherische Öle kennenlernten, steckte meine kleine Familie gerade in einer heftigen gesundheitlichen Krise. Mein Mann hatte eine unerkannte Blutvergiftung, benötigte eine lebensrettende Operation, der noch viele weitere folgten. In dieser Zeit mussten wir auf harte Weise lernen, dass die Medizin zwar Leben retten, aber auch Folgen mit sich bringen kann, und wir mussten uns mit dem Thema Tod und Amputation auseinandersetzen. Ich war sehr verzweifelt und bat Gott täglich, mir eine Möglichkeit zu schenken, wie ich besser für unsere Gesundheit sorgen kann. Ich war bereit,

alles zu tun, damit wir nie wieder in diese Situation kommen würden.
Zu dieser Zeit traf ich eine Freundin, die mir bereits vorher mehrmals von ätherischen Ölen erzählt hatte. Damals dachte ich, sie wäre bloß einem neuen Hype aufgesessen. Aber sie blieb hartnäckig und erzählte immer wieder, was diese Öle für sie veränderten – bis ich schließlich nachgab und mir ein Öle-Starterset bestellte.

Das war im Herbst 2018, und auch wenn es sehr klischeehaft klingt, war dies eine der besten Entscheidungen für uns als Familie. Körperlich und emotional haben wir bislang so viele Probleme lösen und uns mehr als nur pflegen können. Ich staune immer wieder, wie gut uns die ätherischen Öle tun und unser Leben qualitativ verbessern.

Das ist in etwa die Kurzfassung der letzten Jahre. Ich werde immer etwas emotional, wenn ich davon erzähle, die Zeit damals war sehr schwer, aber gleichzeitig ist so viel Segen daraus entstanden.

Deshalb kann ich auch nicht schweigen. Ich sehe, was für eine Power in den ätherischen Ölen steckt und ich wünsche mir, dass jeder diese Möglichkeit bekommt, es selbst zu erleben und für sich zu nutzen. Es ist ein bisschen wie unterlassene Hilfeleistung, wenn ich meinen Mund halten würde! Weißt du, was ich meine?

Ich möchte anderen die Möglichkeit geben, die Freiheit zu haben, die sie uns gebracht haben. Auch wenn sich das komisch anhören mag. Ich wünsche mir, dass jeder Mensch Freiheit für sich erleben darf, körperlich, emotional, psychisch und spirituell. Für mich ist Gott der, der freisetzt – nicht ätherische Öle –, doch er hat sie gemacht und wir dürfen sie als Werkzeug nutzen.

Kannst du uns ein bisschen über ätherische Öle erzählen? Was ist das überhaupt und wie wendet man sie an?

Sehr gerne. Bereits 300 vor Chr. wurden sie eingesetzt, in der Bibel finden sich Hunderte Erwähnungen ihrer Nutzung. Ätherische Öle sind somit eine uralte Kostbarkeit.
Es gibt verschiedene Arten, den kraftvollsten Teil der Pflanze – das ätherische Öl – zu gewinnen: Destillation, Kaltpressung, Extraktion durch Lösungsmittel oder Absolues aus Blumen, Bäumen, Büschen, Kräutern, Harzen und Früchten. Das ätherische Öl der Pflanze ist quasi ihr Immunsystem, denn es schützt sie beispielsweise vor Witterung, Verletzungen und Fressfeinden.

Durch die Destillation ist das Öl hochkonzentriert und hat viel mehr Kraft als die Pflanze selbst. Das Wort »ätherisch« bedeutet flüchtig, das heißt, es verflüchtigt sich schnell in der Luft und ist nicht wie ein Olivenöl fettig.

Unser Körper und ätherische Öle harmonieren sehr gut miteinander. Aufgrund ihrer kleinen Moleküle gelangen sie schnell durch unsere Haut und verteilen sich in unserem Körper. Daher ist es unglaublich wichtig – und das liegt mir sehr am Herzen –, gute Qualität zu nutzen. Ätherische Öle nehmen andere Stoffe wie einen Rucksack mit in den Körper, was in Verbindung mit Schadstoffen zu gesundheitlichen Problemen führen kann.

Nicht alle ätherischen Öle sind gleich. Leider gibt es Hersteller, die synthetische Düfte verkaufen oder beimischen, diese Produkte empfehle ich auf keinen Fall!

Die volle Wirkung kann ein Öl zeigen, wenn auf die Qualität des Anbaus, der Ernte und Destillation, bis hin zum Versiegeln der Flasche, geachtet wird. Das kann ein Öl für kleines Geld nicht leisten. (Die Leserinnen können mich gerne kontaktieren, welche ätherischen Öle ich favorisiere.)

Die Anwendung ist kinderleicht und lässt sich in drei E aufteilen:

Einatmen ist die einfachste und für uns in Deutschland bekannteste Anwendung. Du kannst dir einen Tropfen Zitrone in die Hand geben, verreiben und direkt aus der Hand einatmen. Schon strömt dieses frische, sonnige Gute-Laune-Aroma in deine Nase und erfrischt deinen ganzen Körper. Eine weitere Variante ist der Diffusor, ein Kaltvernebler. Es ist die leichteste und effektivste Möglichkeit, ätherische Öle durch das Einatmen zu nutzen. Winzige Moleküle verteilen sich in der Luft, du inhalierst sie und kannst ihre gute Wirkung nutzen. Unter anderem kannst du damit auch die Atmosphäre des Raumes bestimmen und für ein gutes Raumklima sorgen. Pfefferminze am Morgen motiviert so manchen Langschläfer und eine beruhigende Mischung am Abend macht einen großen Unterschied in der Zubettgehzeit bei uns.

Einreiben ist das zweite E. Du kannst ätherische Öle direkt auf deiner Haut auftragen. Da sie sehr viel Kraft haben, ist eine Verdünnung mit einem fetten Öl ratsam – vor allem, wenn du empfindliche Haut hast. Trägeröle sind fette Öle wie Kokosöl, Mandelöl, Jojobaöl, Olivenöl. Auch sie sollten unbedingt von guter Qualität sein, wegen des Rucksack-Effekts, von dem ich eben erzählt habe. Für ein direktes Auftragen empfehle ich gerne, einen Roll-On zu verwenden. Roll-Ons sind kleine Glasfläschchen mit einem Rolleraufsatz, die du mit Trägeröl und einigen wenigen Tropfen ätherischen Ölen füllst. So ist dein Öl immer sofort einsatzbereit und du kannst es überall mit hinnehmen.

Das letzte E ist die **Einnahme**. Ätherische Öle zum Würzen oder Aromatisieren in der Küche sind wirklich großartig. Ofenkartoffeln mit Rosmarin- und Thymianöl, Kuchen mit Zitronenöl oder ein Spritzer Limette im Wasser, es gibt unzählige Möglichkeiten. Um sie direkt zu nutzen, kannst du sie auch in eine Leerkapsel mit Trägeröl geben und mit Flüssigkeit schlucken. Achte auch hier darauf, ätherische Öle zu nutzen, die eine natürliche und wirklich gute Qualität haben. Füllstoffe oder synthetische Stoffe können deinem Körper schaden.

Eins noch – *Safety First* ist wichtig. Ätherische Öle gehören nicht in die Augen, Ohren oder Nase. Sie sind großartig, wenn es um unsere Kinder geht, wichtig ist aber, dass du hier richtig verdünnst und die Wirkung der Öle kennst, damit du sie auch gezielt nutzen kannst. So manches Öl solltest du erst nach der Schwangerschaft nutzen, da sie Wehen fördern können, was natürlich eher am Ende hilfreich ist. Ein gesunder Menschenverstand und eine Person, ein Team, das dir hilft und dich begleitet, ist für mich das Wichtigste, wenn du ätherische Öle nutzen willst!

Besteht ein Zusammenhang zwischen ätherischen Ölen und unseren Emotionen?

Es besteht ein direkter Zusammenhang zwischen ätherischen Ölen und unseren Emotionen! Unser Körper wurde so gemacht, dass Düfte direkt in unser Gehirn gehen, sich dort an Rezeptoren hängen und so unsere Emotionen beeinflussen können.

Wenn du atmest, gelangen die Moleküle durch deine Nase direkt in dein limbisches System. Dies wird als eine olfaktorische Stimulation bezeichnet. Das limbische System ist ein spannender Ort im Gehirn, das Zuhause für unsere Emotionen, das gleichzeitig zuständig ist für Konzentration, Antrieb, Aufmerksamkeit, Verdauung, und Triebe.

Beispielsweise verbinde ich mit dem Duft von Lebkuchengewürz Erinnerungen an meine Kindheit, an das Plätzchenbacken mit meiner Oma. Das ist eine schöne Erinnerung, genauso gibt es aber auch negative Erinnerungen zu gewissen Düften, weil sie mit negativen Emotionen und Erinnerungen verbunden sind.

Düfte beeinflussen unsere Emotionen permanent, sie sind damit verbunden. Das finden wir schon in der Bibel, in Psalm 51, wieder: David reinigte sich mit dem ätherischen Öl Ysop, nach seinem Ehebruch – ein Ritual für Körper und Geist, mit dem er Gott um Reinigung und Vergebung bat.

Es ist ein automatischer Ablauf im Gehirn, der Gefühle, Erinnerungen und Düfte miteinander verbindet, eine sekundenschnelle, unterbewusste Wahrnehmung in Sekunden. Wir denken zwischen 60.000 bis 80.000 Gedanken pro Tag – unglaublich, was unser Gehirn für eine Kapazität hat und wie viele Düfte dort gespeichert sind. Total faszinierend, oder?

Düfte können unser Gehirn stimulieren, Konzentration und Aufmerksamkeit fördern sowie Achtsamkeit unterstützen. Manche ätherischen Öle, wie zum Beispiel Weihrauch, enthalten Sesquiterpene, die den Sauerstoffgehalt im Gehirn erhöhen, was sehr förderlich für die Konzentration ist. Andere ätherische Öle haben Eigenschaften, die regulieren und beruhigen können. Es gibt speziell zusammengestellte ätherische Ölmischungen, um Emotionen gezielt zu begleiten.

Wir Hochsensiblen haben meist eine sehr ausgeprägte Wahrnehmungsfähigkeit und ein reges Gefühlsleben. Inwiefern können ätherische Öle darauf – auf unsere Emotionen und Wahrnehmungen – Einfluss nehmen? Und gibt es andere Aspekte, warum ätherische Öle gerade für Hochsensible hilfreich und wertvoll sind?

Als ich mit ätherischen Ölen anfing, war der Hauptgrund für ihre Anwendung rein körperlicher Natur. Mit der Zeit habe ich entdeckt, wie sich auch meine Emotionen, meine Stimmung veränderten. Nach einiger Recherche entdeckte ich, dass die Wissenschaft meiner Wahrnehmung recht gab: Ätherische Öle haben einen unmittelbaren Einfluss auf unsere körperliche und seelische Gesundheit.

Natürlich erledigen sie nicht die Arbeit im Sinne eines Wundermittels, sie sind Begleiter. Ich habe ja schon erwähnt, dass es sehr speziell zusammengesetzte Ölmischungen gibt, weil man festgestellt hat, dass bestimmte Öle bestimmte Bereiche in unserem Gehirn ansprechen. Dadurch kann bereits bei der ersten Anwendung ein Gefühl der Entspannung entstehen. Grundsätzlich hat es aber mit Routinen zu tun, einer Regelmäßigkeit in der Anwendung und der dadurch entstehenden Verknüpfung im Gehirn.

Ich versuche mal, dies an einem Beispiel zu veranschaulichen: Wenn mein Kind gerade einen Wutausbruch hat, ich sofort ein ätherisches Öl, z.B. Lavendel, zücke und dies von nun an immer bei einem Wutausbruch mache, dann verbindet mein Kind mit diesem Duft auch Wutausbrüche und seine damit verbundenen Emotionen. Diese Verknüpfung ist nicht schön! Aber wenn ich Lavendelöl immer bewusst in schönen, ruhigen und entspannten Momenten mit meinem Kind nutze, wird es den Duft mit diesen angenehmen Momenten verbinden. Kommt es dann zu einem Wutausbruch, setze ich mich zu meinem Kind, nehme selbst einen Tropfen Lavendelöl in meine Hand, verreibe ihn und atme bewusst ein. Das gleiche biete ich auch meinem Kind an, so kann das Gefühl von Ruhe und Sicherheit viel schneller im Gehirn angesprochen werden.

Es ist unglaublich wichtig, solche Routinen zu schaffen. Denn so können wir gerade in diesen Momenten, in denen wir überreizt sind, uns überwältigt oder ausgesaugt fühlen, gezielt mit ätherischen Ölen arbeiten, um uns damit zu stärken.

Als Hochsensible kennen wir alle Orte oder Menschen, die uns viel Kraft kosten. Ich habe eine Ölmischung, die ich gezielt für diese Momente nutze, damit ich bei mir bleiben kann und mich nicht aufreiben lasse.

Welche Möglichkeiten gibt es, mit ätherischen Ölen unser Wohlbefinden als Hochsensible zu unterstützen?

Routinen schaffen und loslegen! Vertraue deinem Geruchssinn und was dich anspricht. Ich stehe oft morgens vor meinem Schrank und lasse meine Nase entscheiden. Wenn ich weiß, was am Tag ansteht, nutze ich entsprechende Öle. Am frühen Abend nutze ich beispielsweise gerne eine Mischung zum Entspannen. Wenn alle nach Hause kommen und erst mal runterkommen müssen, ist das ein Segen für mich.

In meiner Tasche habe ich immer ätherische Öle dabei, fertig gemischte Öle für alle Fälle. Meine Mary-Poppins-Tasche nenne ich sie: Sei es für den Spielplatz, weil die Haut Unterstützung braucht, oder die Seele, weil das Abenteuer missglückt ist, oder ich vor einer schweren Situation stehe. Ich habe mir einen Roll-On gemischt, den ich jeden Tag auftrage, mit einer Mischung für meine Emotionen und ich spüre sofort, wenn ich mal vergessen habe, ihn zu nutzen.

Durch diese Routine wird das Nutzen von ätherischen Ölen mit der Zeit ganz natürlich und so selbstverständlich wie das Zähneputzen.

Kann man Hochsensibilität mit ätherischen Ölen »heilen«?

Wer will das denn heilen? Hochsensibel zu sein, wird oft so negativ dargestellt und unsere Gesellschaft will dafür auch keinen Platz lassen, aber wir brauchen Hochsensibilität. Sie ist der Kleber dieser Gesellschaft. Sie sorgt für Achtsamkeit, Ausgleich, Ruhe, Liebe und Menschlichkeit. Menschen, die sich ihrer Stärke bewusst sind, haben die Möglichkeit, große Spuren in dieser Welt zu hinterlassen. So sehe ich das.

Wie nutzt du die Öle in deinem Alltag als Hochsensible? Welche Erfahrungen hast du persönlich mit ätherischen Ölen in diesem Zusammenhang gemacht?

Ich habe mir eine Routine in meinem Alltag geschaffen. Es gibt bestimmte Öle, die ich direkt nach dem Aufstehen für mein Wohlbefinden auftrage, denn gerade als Hochsensible ist es wichtig, den Körper gesund zu erhalten. Körper und Geist sind eine Einheit. Ich starte den Morgen mit einer motivierenden Mischung im Diffusor – das hilft mir bei der Sache zu bleiben, vor allem, wenn schwere Dinge geplant sind. Mehrmals am Tag nutze ich meinen Roll-On für die Emotionen, um einfach im Gleichgewicht zu bleiben. In herausfordernden Momenten liebe ich Baumöle und Aromen, die mich stärken und mir ein

Gefühl der Sicherheit geben. Meine Zahnärztin riecht mich immer schon von Weitem, weil ich bei einer Zahnbehandlung besonders viel Sicherheit brauche.

Ich nutze ätherische Öle präventiv, da ich gerne vorbereitet bin. Treffe ich auf kräftezehrende Menschen oder Situationen, hilft mir die Verwendung von Ölen, bei mir zu bleiben und mich emotional nicht zu verausgaben oder involvieren zu lassen. Das klingt erstmal seltsam, aber ich glaube, alle hochsensiblen Menschen kennen diese Situationen, in denen ihnen die Kraft geraubt wird und sie sich gern einen Schutzschild wünschen. Deshalb begleite ich meinen Alltag mit ätherischen Ölen, damit ich nicht mein Gleichgewicht verliere und besser mit diesen Situationen umgehe, die mich Kraft kosten und unerwartet sind.

Was sollten Hochsensible bei der Verwendung von ätherischen Ölen beachten? Und glaubst du, dass es bei intensiver Anwendung auch zu einer Reizüberflutung kommen kann?

Wer mit ätherischen Ölen starten möchte, sollte unbedingt auf die Qualität achten. Handelt es sich um wirklich reine ätherische Öle, dann reicht schon ein Tropfen, um sich zu begleiten und dann Routinen zu schaffen. Zum Beispiel jeden Morgen dieses Öl in den Diffusor zu geben, es jeden Abend vor dem Schlafen unter die Füße zu massieren, oder einen Roll-On zu mischen und ihn täglich aufzutragen. Wenn das erste Öl im Alltag angekommen ist, kommt das nächste dazu. Mit vielen Ölen gleichzeitig zu starten, ist sehr herausfordernd und überfordert zuweilen. Besser ist es, sie Schritt für Schritt in den Alltag einzubauen.

Jeder Mensch empfindet Düfte auf sehr unterschiedliche Weise, was dem Einen zu stark ist, mag die andere gerne intensiv. Praktisch reichen ein bis zwei Tropfen, beispielsweise Lavendel im Diffusor im Schlafzimmer. Bei ätherischen Ölen gilt immer: Weniger ist mehr! Das Prinzip »Viel hilft viel« sorgt in diesem Fall für eine Reizüberflutung.

Welche Öle kannst du Frauen empfehlen, die mit dem Einsatz von ätherischen Ölen beginnen möchten? Was sind deiner Meinung – und Erfahrung – nach die »wichtigsten« Öle?

Christina, das ist eine so schwere Frage, denn sie sind alle großartig. Jedes hat seine eigene Wirkung und deshalb ist es kaum möglich, sich festzulegen.

Es gibt natürlich die Evergreens: **Zitrone, Lavendel und Pfefferminze.** Die drei sind schon ein unglaubliches »Powerhaus«, mit denen man sich schon wunderbar begleiten kann.

Ich persönlich arbeite sehr gerne mit einem sogenannten Starterset, das sowohl Öle für die Emotionen als auch das körperliche Wohlbefinden beinhaltet. Außerdem gehört ein Diffusor dazu, denn erst damit lässt sich das volle Spektrum der ätherischen Öle nutzen. Das Set ist für den Alltag zusammengestellt, damit du immer das nötige Öl zur Hand hast.

Liebe Sarah, ich danke dir herzlich, dass du uns einen Einblick in die Welt der ätherischen Öle gegeben hast!

Ich danke dir! Es ist mir eine unglaubliche Ehre, Teil dieses Buches sein zu dürfen und ich hoffe sehr, dass meine Worte der ein oder anderen Leserin zum Segen werden dürfen! Ätherische Öle sind so viel mehr als ein schöner Duft. Sie sind eine so einfache und natürliche Möglichkeit, uns den Alltag zu erleichtern.

ÜBER DIE AUTORIN

SARAH KISTENICH, geboren 1984, lebt mit ihrem Mann, Sohn und Hund zwischen Frankfurt a. Main und Taunus. Sauerteigbrote, ätherische Öle, Hoffnung und Routinen sind ihre Leidenschaften. Sie liebt es, andere für einen natürlichen und gesunden Lebensstil zu begeistern. Auf Instagram teilt sie ihren Alltag unter @sarah.kistenich https://www.instagram.com/sarah.kistenich/.

Du salbest mein Haupt mit Öl
und schenkest mir voll ein.
Gutes und Barmherzigkeit werden mir folgen
mein Leben lang.

Psalm 23, 5b+6a

Elf ätherische Öle für hochsensible Frauen

Es gibt insgesamt etwa 120 verschiedene ätherische Öle. Diese Vielzahl hier vorzustellen und zu empfehlen, würde sowohl den Rahmen dieses Buches als auch deinen Geldbeutel sprengen. Einige tolle Öle hat Sarah bereits im Interview genannt. Die möchte ich an dieser Stelle aufgreifen und die Liste um eine weitere Auswahl ergänzen, die sich besonders im Umgang mit Hochsensibilität als hilfreich erwiesen hat. All diese Öle sind von Sarah und mir erprobt, in unseren Familien seit mindestens zwei Jahren im Einsatz und überzeugen uns seitdem mit ihrer wohltuenden Wirkung. Wichtig zu erwähnen ist noch, dass unsere Empfehlungen als solche zu verstehen sind und keine Heilungsversprechen darstellen.

Zitrusfrüchte

Grapefruit

Die Grapefruit ist ein Hybrid zwischen der Pampelmuse und der süßen Orange. Das Öl wird aus den Schalen der Grapefruit gewonnen und duftet fruchtig-herb mit einer leichten Bitternote.

Körperliche Wirkung: hat die Fähigkeit, Giftstoffe aus dem Körper zu ziehen, die Fettverbrennung zu aktivieren und

überschüssige Flüssigkeit auszuleiten, wirkt hautstraffend.
Seelische Wirkung: kann unseren Körper dazu anregen, vermehrt Endorphine (auch bekannt als Glückshormone) zu produzieren, wirkt geistig aufbauend und kann Stress und Angst lindern.
Für HSP: fördert ein Gefühl der Leichtigkeit, wirkt anregend und erfrischend, macht leicht euphorisch.
Vorsicht! Hat phototoxische Wirkung. Verwendet man es verdünnt auf der Haut, sollte man diese in den nächsten acht Stunden nicht der Sonne aussetzen, da dies zu Verbrennungen führen kann.

Orange

Orangenöl wird aus den Schalen der Orange gewonnen und gilt aufgrund seines frisch-fruchtigen Duftes als »Gute-Laune-Öl«.
Körperliche Wirkung: stimuliert das Immunsystem, wirkt kreislaufanregend und durchblutungsfördernd.
Seelische Wirkung: sorgt für gute Stimmung, mehr Gelassenheit und Entspannung.
Für HSP: Duft von Orangenöl kann dabei helfen, die Dinge lockerer zu sehen und mit unbekannten Herausforderungen flexibler umzugehen
Vorsicht! Auch Orangenöl hat eine phototoxische Wirkung, siehe oben.

Zitrone

Zitronenöl wird durch Wasserdampfdestillation oder Kaltpressung aus der Zitronenschale gewonnen. Es hat eine leicht gelbliche Färbung und verbreitet einen angenehmen, frischen Zitrusduft.
Körperliche Wirkung: stärkt bei innerer Einnahme (ein

Tropfen auf ein großes Glas Wasser) das Immunsystem, wirkt antibakteriell, fiebersenkend und krampflösend, steigert die Konzentrationsfähigkeit.
Seelische Wirkung: Geruch löst ein Gefühl von Frische aus, wirkt anregend, stimmungsaufhellend und aktivierend, da es die Eigenschaft besitzt, die Produktion von Dopamin (Glückshormon) und Noradrenalin (Neurotransmitter mit anregender Wirkung) anzukurbeln.
Für HSP: steigert das »allgemeine hochsensible« Wohlbefinden.
Vorsicht! Auch Zitronenöl hat eine phototoxische Wirkung, siehe oben.

Pflanzen

Angelikawurzel

Das farblose Öl der Angelika gewinnt man durch Wasserdampfdestillation aus den Wurzeln. Das Öl duftet sehr aromatisch, würzig und moschusartig.
Körperliche Wirkung: Bereits im Mittelalter wurde Angelika verräuchert, um die Luft zu desinfizieren und Krankheitserreger abzutöten; hilft bei nervösen Magen- und Verdauungsbeschwerden und ist schleimlösend.
Seelische Wirkung: aufbauend, stabilisierend und beruhigend; unterstützt dabei, Ängste zu lösen und hat ausgleichende Wirkung auf das Nervensystem.
Für HSP: Duft erzeugt Gefühle der Behaglichkeit und Geborgenheit; hilft dabei, negative Gefühle zu vertreiben.
Vorsicht! Hat wie Zitrusfrüchte phototoxische Wirkung; ist sehr hochpreisig.

Geranie

Geranienöl, auch Rosengeranienöl genannt, wird mittels Wasserdampfdestillation aus den Blüten und Blättern der Pflanze gewonnen. Wegen seines rosenartigen Duftes wird es gern als Ersatz für echtes Rosenöl eingesetzt.
Körperliche Wirkung: kann bei Zyklusschwankungen und Hormonstörungen regulierend wirken, regeneriert und pflegt trockene Haut, strafft Cellulite und kann Narbenbildung verhindern.
Seelische Wirkung: kann die Endorphinproduktion ankurbeln und ausgleichend bei seelischen Belastungen wirken, ist stimmungsaufhellend und wirkt anregend bei Erschöpfung und Lethargie.
Für HSP: wirkt beruhigend bei starken Gefühlsbelastungen, kann helfen, nervöse Anspannungen zu lösen.
Vorsicht! Darf nicht innerlich angewendet bzw. eingenommen werden.

Lavendel

Lavendelöl wird durch Wasserdampfdestillation aus den Blüten des Lavendels gewonnen. Es ist ein mildes, gut verträgliches Öl, das wegen seines angenehmen Duftes und seiner vielfältigen Einsatzmöglichkeiten sehr beliebt ist.
Körperliche Wirkung: verdünnt auf die Haut aufgetragen, wirkt es heilend und entzündungshemmend bei leichten Hauterkrankungen, unreiner Haut oder kleinen Wunden, lindert rheumatisch bedingte Schmerzen und hält im Sommer Mücken sowie andere unliebsame Insekten fern.
Seelische Wirkung: beruhigt unruhige und gestresste Nerven, unterstützt einen ruhigen Schlaf und verbessert die Schlafqualität, hebt die Stimmung.

Für HSP: kann Nervensystem vor Reizüberflutung schützen und zu einer schnelleren Entspannungsphase führen.
Vorsicht! Kann unverdünnt zu Hautreizungen führen.

Kräuter

Muskatellersalbei

Muskatellersalbei gilt als *das* Öl für Frauen. Es wird durch Wasserdampfdestillation aus dem blühenden Kraut gewonnen und duftet krautig-frisch.
Körperliche Wirkung: wirkt krampflösend – besonders bei menstruationsbedingten Unterleibsschmerzen, löst Blähungen und regt die Verdauung an, wirkt muskulären Verspannungen entgegen, enthält Phytoöstrogene, die den Hormonhaushalt ausgleichen und bei Wechseljahresbeschwerden unterstützen können.

Seelische Wirkung: kann erhebend, stimmungsaufhellend und euphorisierend wirken, vertreibt trübe Gedanken und weckt kreative Impulse.
Für HSP: hebt die Energie, stärkt emotionale Ausgeglichenheit und hilft beim Abbau von Spannungen.
Vorsicht! Es besteht das Risiko einer Hautsensibilisierung, nur stark verdünnt verwenden; nicht in der Schwangerschaft anwenden.

Pfefferminze

Pfefferminzöl wird durch Wasserdampfdestillation aus den Blättern gewonnen. Das darin enthaltene Menthol sorgt für den charakteristischen Geruch des Öls.

Körperliche Wirkung: hat äußerlich angewendet und mit Wasser oder fettem Öl verdünnt, kühlende Eigenschaft, lindert Kopfschmerzen und löst Muskelverspannungen, lässt uns tief ein- und durchatmen.
Seelische Wirkung: Duft steigert die Konzentrationsfähigkeit und das Denkvermögen, erfrischt den Geist.
Für HSP: kann den Kopf freimachen, wenn wieder einmal (zu) viele Eindrücke zu verarbeiten sind.
Vorsicht! Darf nicht in die Augen oder Schleimhäute gelangen.

Harz- und Baumöle

Fichte

Fichtennadelöl wird mittels Wasserdampfdestillation aus den Nadeln, Zweigspitzen oder Ästen der Fichte gewonnen. Der holzig-frische Duft erinnert an einen Spaziergang im Wald.
Körperliche Wirkung: wirkt schleimfördernd, durchblutungsanregend und leicht entzündungshemmend, weitet die Lunge und wirkt lindernd bei Erkältungskrankheiten, stärkt die Immunabwehr, hilft bei Durchblutungsstörungen und Rheuma.
Seelische Wirkung: löst emotionale Blockaden, verhilft zu innerer Balance, wirkt Nervosität und Anspannung entgegen, wirkt sowohl beruhigend als auch anregend.
Für HSP: kann Halt geben und erden, wenn man (durch zu viele Reize) den Boden unter den Füßen verloren hat.
Vorsicht! Darf nicht bei obstruktiven Bronchialerkrankungen wie COPD, Asthma oder Keuchhusten verwendet werden.

Weihrauch

Weihrauchöl ist vor allem für seinen speziellen Geruch bekannt, der oft mit Kirchengebäuden assoziiert wird. Es wird mittels Wasserdampfdestillation aus dem getrockneten Harz des Weihrauchbaums gewonnen.
Körperliche Wirkung: lindert Beschwerden rund um Bronchien und Lunge, wirkt hautglättend und regenerierend, kann bei der Behandlung von rheumatischen Erkrankungen unterstützen.
Seelische Wirkung: besänftigt erhitzte Gemüter, reduziert Anspannung und Stress, beruhigt das Nervensystem, kann die Fantasie fördern und die Stimmung positiv beeinflussen.
Für HSP: hilft, im Hier und Jetzt zu sein, kann im Gebet und bei Entspannungsübungen verwendet werden.
Vorsicht! Nicht unverdünnt anwenden. Kann Hautreizungen verursachen, wenn es abgestanden oder oxidiert ist.

Zedernholz

Zedernholzöl wird durch Wasserdampfdestillation aus den Spänen der Zeder gewonnen. Sein Duft ist balsamartig und süßlich-holzig.
Körperliche Wirkung: hat hautpflegende Eigenschaften, unterstützt die Wundheilung und pflegt die Kopfhaut.
Seelische Wirkung: kann beim Stressabbau helfen und Nervosität entgegenwirken.
Für HSP: beruhigende, »einhüllende« Wirkung, fördert die Ausschüttung von Serotonin.
Vorsicht! Unbedingt echtes Zedernholzöl verwenden (botanische Bezeichnung Cedrus atlantica oder Cedrus deodara). Fälschungen können giftig sein.

Hochwertige und reine ätherische Öle bekommst du in vielen Apotheken, Drogerien und Bioläden. Oder du beziehst sie über Vertriebspartnerinnen wie Sarah Kistenich. Die meisten der oben genannten Öle kannst du miteinander mischen und dir so deine eigene anregende (Zitrone, Pfefferminze und Weihrauch), beruhigende (Lavendel, Zedernholz, Fichte, Orange), ausgleichende (Geranie, Muskatellersalbei, Orange) »fröhliche« (Muskatellersalbei, Grapefruit, Zitrone) oder »schützende« (Angelikawurzel, Zedernholz, Weihrauch) Mischung herstellen. Falls du anfangs nur ein einziges ätherisches Öl ausprobieren möchtest, empfehle ich dir Lavendel.[67]

14

ZU LAUT, ZU SCHNELL, ZU VIEL? – WIE DU MIT REIZÜBERFLUTUNG UMGEHEN KANNST

Beitrag von Christina Herr

Ganz reizend – oder auch nicht

Die Begriffe »Überreizung« und »Reizüberflutung« sind in diesem Buch bereits mehrfach gefallen. Erläutern möchte ich sie an dieser Stelle nicht erneut, sondern dir vielmehr Anregungen und Tipps an die Hand geben, wie du mit einer Flut an Reizen umgehen kannst, wie du Überreizung vermeiden und in akuten Situationen darauf reagieren kannst.

Erinnerst du dich an Carla, die junge Mutter aus Kapitel 9? Ihre abendliche Verabredung mit ihrem Mann lief ja prima und Carla konnte den Abend – mit all seinen Reizen und Sinneseindrücken – vollends genießen; sie fand ihn sozusagen ganz *reizend* und *reizvoll* im positiven Sinne. Doch dasselbe Date hätte auch folgendermaßen ablaufen können:

> Carla (37 Jahre) hat an diesem Samstag im Mai eine besondere Verabredung: ein Date mit ihrem Mann Kenan. Es wird der erste Abend sein, an dem die beiden etwas zusammen unternehmen, nachdem die kleine Leyla geboren ist. Carla freut sich schon seit Wochen auf die gemeinsame Zeit und verspricht sich ein unbeschwertes,

genussvolles und romantisches Date mit ihrem Mann. Glücklicherweise hat ihre beste Freundin Anouk sich als Babysitterin für Leyla und die vier Jahre ältere Meriam angeboten – also dürfte das Paar in der Tat einen ungestörten Abend zu zweit verbringen können. Für die Auswahl ihres Outfits hat Carla ewig gebraucht, ihr Lieblingskleid ist ihr leider nach der Geburt zu eng geworden. Skeptisch betrachtet sie sich nun im Spiegel. Die blaue Leinenhose spannt sich um ihren Bauch und bringt ein paar unliebsame Speckröllchen zu Tage. Auch in der hellen Tunika sieht sie aus, als sei sie immer noch schwanger. So ein Ärger – für ein Make-up ist jetzt auch keine Zeit mehr! Stattdessen versucht sie, noch rasch die Mädchen ins Bett zu bringen, bevor Anouk kommt. Bei einem *Versuch* soll es dann allerdings bleiben. Baby Leyla schreit aus voller Kehle und Meriam stimmt bald darauf solidarisch in das Gebrüll mit ein. Zwar nimmt Anouk ihr die Mädchen ab und verspricht, sie würde das alles schon geregelt bekommen, Carla solle sich auf die Socken bzw. Plateau-Sandalen machen.
Trotzdem wird Carla auf dem Weg zum Restaurant weder den Kloß im Hals noch das Sorgenknäuel im Magen los. Zu allem Überfluss beginnt es auch noch zu regnen. Sie ballt ihre Hände zu Fäusten und spürt, wie ihr die Anspannung den Rücken empor kriecht. Der kurze Spaziergang zum »Al-Amir«, ihrem früheren Stammlokal, gestaltet sich immer mehr zu einer Tortur. Warum hat sie bloß keinen Regenschirm mitgenommen? Ihre Kleidung ist mittlerweile klitschnass, die überflüssigen Kilos zeichnen sich noch mehr ab. Wie unangenehm! Hoffentlich ist Kenan heute Abend wenigstens pünktlich dran! Er hat es ihr zwar hoch und heilig versprochen, aber wegen sei-

ner chronischen Neigung zur Unpünktlichkeit kann sie sich nie richtig darauf verlassen. Carlas Freude auf den gemeinsamen Abend schwindet mit jedem Schritt. Ob die Mädchen sich wohl wieder beruhigt haben? Sobald sie im Trockenen ist, wird sie Anouk anrufen. Mist! Jetzt ist Carla auch noch in eine Pfütze getreten! Die schönen neuen Sandalen sind nach diesem Abend sicher total hinüber. Wütend schüttelt Carla den Kopf.

Als sie das Restaurant betritt, erwartet Kenan sie dort bereits mit einem Glas Sekt. Welch Wunder – er ist tatsächlich pünktlich erschienen! Erleichtert atmet sie auf. Nun kann sie den Abend doch noch genießen – zusammen mit ihrem Mann natürlich. Aber leider hat sich Carla zu früh gefreut: Nachdem die beiden angestoßen haben, teilt Kenan ihr mit, dass er leider nur eine halbe Stunde Zeit habe. Danach müsse er sofort wieder ins Büro, da heute ein sehr wichtiger Auftrag eingegangen sei und das Angebot für den sehr wichtigen Kunden noch nicht fertiggestellt sei. Carla glaubt, ihren Ohren nicht zu trauen. Ist die Hintergrundmusik, die sie ohnehin nervt, nur zu laut oder hat ihr werter Ehemann gerade wirklich das lange geplante Date abgeblasen? Ohne ein Wort zu sagen, stolpert Carla zu den Damen-Waschräumen. Obwohl es dort ganz abscheulich riecht, lässt sie sich auf einen Toilettensitz sinken. In diesem Moment ist ihr einfach alles zu viel. Sie hat nicht nur die Nase gestrichen voll, ihr gesamtes Nervenkostüm scheint gerade so zerbrechlich wie Zuckerglas zu sein. Carlas leises Weinen wird vom fröhlichen Gedudel aus den Deckenlautsprechern übertönt.

Wie es zur Überreizung kommt

Was hat Carla falsch gemacht? Oder hat sie überhaupt irgendetwas falsch gemacht? Ich glaube nicht. Und ich glaube, dass dies hier auch gar nicht die richtige Frage ist. Schauen wir uns zunächst einmal an, welchen inneren und äußeren Reizen Carla ausgesetzt war. Die inneren Reize bestanden aus einer kritischen Auseinandersetzung mit ihrem Körper(-Gewicht), der Sorge um ihre Kinder, möglicherweise verbunden mit einem Versagensgefühl als Mutter, der hohen Erwartung an die Zeit zu zweit und der Enttäuschung, als Kenan die Verabredung viel zu früh beendet. Wobei Letzteres gleichzeitig auch ein äußerer Reiz ist, der von ihrem Mann ausgeht und für den er verantwortlich ist. Weitere äußere Reize treten auf in Form des Kindergeschreis, des einsetzenden Regens, der nassen Kleidung und der ruinierten Schuhe. Auch die Hintergrundmusik im Restaurant und der Gestank auf den Toiletten stellen störende Reize von außen dar. Carla ist also einer Flut von Informationen aus ihrer Umwelt ausgesetzt, die sie über ihre Sinneskanäle aufnimmt und verarbeiten muss. Zu einem bestimmten Zeitpunkt kommt es schließlich zu einer Überreizung und Carla fühlt sich vollkommen überwältigt. Wie bereits in Kapitel 9 erwähnt, können wir solche reiz-vollen Situationen häufig nicht ganz vermeiden. Auch das überwältigende Gefühl, dass uns plötzlich alles zu viel ist, können wir nicht so einfach abstellen. Und manchmal tut es dann sogar gut, ein paar Tränchen zu verdrücken. Auch das ist Teil des Verarbeitungsprozesses.

Trotzdem müssen wir Reizen und Reizüberflutungen nicht hilflos ausgeliefert sein. Wir dürfen uns vielmehr die Frage stellen, welche Handlungen, Einstellungen oder Gegenstände uns dabei helfen können, damit fertig zu werden, uns auf reiz-volle Situationen vorzubereiten und in Phasen der Überreizung bedacht zu handeln. Hierbei gilt es wieder einmal zu beachten, dass wir alle verschieden sind und somit individuell von den verschiedenen Anregungen profitieren können – oder eben auch nicht. Entscheidend sind das Ausprobieren und Austesten.

Wie du Überreizung vermeiden und dich vor Reizüberflutung schützen kannst

- Mache dir zuallererst bewusst, **welche Reize du persönlich als besonders störend empfindest**, an welchen Orten und in welchen Situationen diese gehäuft auftreten. »Auch wenn sich diese Faktoren nicht immer umgehen lassen, bist du doch innerlich besser vorbereitet und kannst der kommenden Flut von Reizen oder Informationen besser begegnen.«[68] Versuche außerdem, deine persönlichen **Grenzen herauszufinden**. Wann ist bei dir der Punkt erreicht, an dem einfach nichts mehr geht? Welche Auslöser waren oder sind dafür verantwortlich? Was hast du in solchen Situationen gedacht und gefühlt? Und wie hast du bislang darauf reagiert?
- Bei Lichtempfindlichkeit kannst du dir eine **Sonnenbrille** in die Handtasche stecken, die du jederzeit aufsetzt, wenn grelles Licht dich zu sehr reizt. Außergewöhnliche Sonnenbrillen zählen heutzutage zu den trendigen Modeaccessoires – du kannst sie also ganz lässig auch in geschlossenen Räumen tragen.
- Wenn du täglich mehrere Stunden am Computer oder Handy arbeitest, ist die Nutzung einer **Blaulichtfilter-Brille** empfehlenswert. Wie eine Sonnenbrille vor UV-Strahlen schützt, soll diese Brille die Augen vor Blaulicht schützen. Blaulicht an sich ist nichts Schädliches – es ist auch im Tageslicht enthalten und notwendig für deinen Tag-Nacht-Rhythmus. Du brauchst es, um wach zu werden und zu bleiben. Abends jedoch kann es deinen Körper daran hindern, sich auf die Nachtruhe vorzubereiten, da es die Ausschüttung des Schlafhormons Melatonin bremst. Falls du also am Abend häufig noch künstlichem Blaulicht ausgesetzt bist – durch dein

Handy, deinen PC oder Fernseher – kann eine Blaulichtfilter-Brille sehr hilfreich sein. Du bekommst sie für kleines Geld in einem Optikerladen oder im Internet. Eine andere Möglichkeit ist natürlich, die Nutzung von Medien abends auf ein Minimum zu begrenzen, doch dazu später mehr.

- Bei Geräuschempfindlichkeit empfehle ich dir hochwertige kabellose **Noise-Cancelling-Kopfhörer** oder sogenannte In-Ears. Die Investition lohnt sich auf jeden Fall. Ich bin von ganzem Herzen dankbar für meine »Ohr-Knöpfe«, die mir den Alltag ungemein erleichtern, die mich überallhin begleiten und fast täglich im Einsatz sind (sogar auf Familienfeiern). Hintergrundgeräusche werden damit ausgeblendet, Flug- oder Fahrlärm wird wesentlich erträglicher und ich kann mich beim Arbeiten viel besser konzentrieren. Wichtig: Ich trage die In-Ears in solchen Fällen als Schutz, also ohne dabei Musik oder etwas anderes zu hören.
- Um eine Überreizung der Augen zu vermeiden, kann das **Prinzip des Minimalismus** sehr wirksam sein. Minimalismus bringt natürlich noch etliche weitere Vorteile mit sich, aber ein hilfreicher Vorteil für HSP liegt vor allem darin, dass unser Sehsinn weniger optische Reize zu verarbeiten hat, je leerer und strukturierter ein Raum ist. Das bedeutet nun nicht einen völligen Verzicht auf schönes Mobiliar, Bilder oder Fotowände, Dekostücke oder hübsche Kissen. Vielmehr wird beim Minimalismus-Konzept Wert darauf gelegt, dass du nur Schönes und Lieblingsstücke behältst und dich von den Dingen trennst, die du nicht unbedingt benötigst oder die dir nicht mehr gefallen. Weitere Informationen zum Thema findest du im Buch *Minimalismus Mom* von Anne Löwen (siehe Anhang).

  Meine Familie und ich sind gerade dabei, unser Haus in Ruhe Zimmer für Zimmer auszumisten und möglichst minimalistisch zu gestalten. Trotzdem sieht es bei uns keineswegs steril oder ungemütlich aus. Und meine Augen sowie meine Seele freuen sich über mehr Ordnung, freie Flächen und eine gewisse Luftigkeit. Minimalismus kann also sowohl einen positiven Einfluss auf die Ordnung unseres Zuhauses als auch auf unsere innere Ordnung haben.

- Es ist kein Geheimnis, dass man über diverse Medien eine Fülle von Reizen und Informationen aufnimmt, oft sogar unbewusst. Das Smartphone ist ein ständiger Begleiter, der PC ein unentbehrliches Arbeitsgerät, der Fernseher dient zur Unterhaltung und Informationsaufnahme, die Spielkonsole zur Entspannung und mit Streaming-Diensten kann man wunderbare Serienmarathons veranstalten. An der Nutzung und dem Genuss dieser Medien ist zunächst überhaupt nichts auszusetzen. Kritisch wird es erst dann, wenn du dich darin verlierst und zu viele Stunden damit verbringst, obwohl du es im Grunde genommen vielleicht gar nicht möchtest. Ich kenne das sehr gut: Da wollte ich nur mal kurz meine Nachrichten bei Instagram checken und blieb dann für eine Stunde – oder mehr – dort »hängen«. Im Nachhinein ärgere ich mich dann immer über mich selbst. Ähnlich ging und geht es mir manchmal mit anderen Medien: Nach einer übermäßigen Nutzung fühle ich mich unzufrieden, irgendwie unbehaglich und – gereizt. Meist sogar *über*reizt.

  Vor einigen Monaten, als ich gesundheitliche Herausforderungen zu bewältigen hatte, entschied ich mich, meinen Medienkonsum drastisch zu reduzieren: auf Social Media, TV-Nachrichten und sogar Filme und Serien zu verzichten. Nur den Computer nutzte ich hin und wieder (und ich las viel). Interessanterweise empfand ich diesen **Digital Detox** gar nicht als Verzicht, sondern vielmehr als Befreiung und Erleichterung. (»Digital Detox«, zu Deutsch *digitale Entgiftung,* bezeichnet den teilweisen oder totalen Verzicht der Nutzung digitaler Medien für eine gewisse Zeit.) Dem Körper, Geist und der Seele fiel es durch diesen »Reizentzug«

viel leichter, sich zu erholen und sich auf andere schöne Dinge zu konzentrieren. Vielleicht möchtest du das auch einmal ausprobieren. Natürlich musst du nicht von einem Tag auf den anderen deinen Medienkonsum komplett herunterfahren. Du könntest z. B. damit beginnen, eine Woche lang auf TV-Nachrichten zu verzichten oder für eine bestimmte Zeit deine Aktivität bei Social Media auf ein tägliches Minimum von zehn Minuten zu begrenzen. Diese Maßnahmen können schon dazu führen, dass dein Alltag reizärmer wird und du somit weniger Informationen zu verarbeiten hast. Insgesamt ist ein bedachter und eingeschränkter Medienkonsum hilfreich, um Reizüberflutung vorzubeugen. Überlege doch mal, wie du dies in deinem Alltag umsetzen kannst. Falls du für eine Zeit lang auf alle oder einzelne Medien verzichten – also einen Digital Detox durchführen – möchtest, überlege dir außerdem, was du in der freien Zeit stattdessen unternehmen könntest: ein gutes Buch lesen, spazieren gehen, dich mit einer Freundin treffen, Sport machen, ein leckeres Essen zubereiten, dir Zeit für die Körperpflege nehmen, dich mit kreativen Dingen beschäftigen oder andere Sachen machen, die du liebst.

- »Eine allgemeine Regel lautet, dass uns ein Reiz viel mehr ausmacht, wenn wir ihn nicht kontrollieren können und wenn wir das Gefühl haben ihm ausgeliefert zu sein.«[69] Finde also heraus, **welche Reize du in deinem Arbeits- und Familienalltag steuern** kannst. Sind es die oben genannten Medien oder vielleicht Geräusche im Haus, die sich dezimieren lassen – z. B., indem du eine laut tickende Wanduhr durch eine digitale Uhr ersetzt oder dir einen geräuscharmen Staubsauger zulegst? Möglicherweise ist es auch das Radio, das im Hintergrund dudelt oder die Playlist, die du dir nebenbei anhörst? Oder könntest du eventuell ein paar grelle Glühbirnen gegen solche mit angenehm warmem Licht austauschen?

- Achte bei deiner **Tages- und Wochenplanung** darauf, deine To-Do-Listen nicht zu voll zu packen und Pausen gezielt einzuplanen. Allein schon das Wissen darum, dass du an einem Tag eigentlich mehr Aufgaben zu erledigen hast, als du bewältigen kannst, stellt einen negativen Reiz dar und verursacht unnötigen Stress. Besser ist es dann, von vorneherein einige To-Dos von der Liste zu streichen, um so etwas mehr »Luft« zu haben. Auch für Unvorhergesehenes sollte immer noch genügend Platz sein. Bei der Planung meines Arbeitsalltags hat es sich außerdem bewährt, reiz-volle mit reizarmen Aufgaben abzuwechseln. Nach einer für mich »aufregenden« Videokonferenz beschäftige ich mich beispielsweise mit einer ruhigeren Aufgabe wie dem Beantworten von Mails. Oft mache ich dazwischen eine kleinere oder größere Pause.
- Sowohl eingeplante als auch ungeplante **Pausen** darfst du absolut ernst nehmen, einhalten und mit Ruhe oder ruhigen Aktivitäten füllen. Sie dienen dazu, die erlebten Reize zu verarbeiten und deinen Akku wieder aufzuladen. Bei einem pausen-losen Alltag ist ein Zustand der Überreizung und Überforderung irgendwann unausweichlich. Plane also schon im Vorhinein ausreichend Zeit zum »Herunterfahren und Nachhallen« nach absehbar anstrengenden oder sehr anregenden Begegnungen und Aufgaben ein. Und gönne dir nach erlebnisreichen und reiz-vollen Arbeitstagen etwas, das dir hilft, die erlebten Reize zu verarbeiten: ein ruhiges Gespräch mit einem lieben Menschen, einen Spaziergang, ein Bad oder eine Auszeit auf dem Sofa mit schöner Musik. Lass dir und deinem Körper – deinen Sinnen, Nerven und Gefühlen – auf jeden Fall genügend Zeit bei diesem Verarbeitungsprozess.
- Sei vorbereitet und ausgerüstet! Bei anstehenden Veranstaltungen, Arbeitsterminen oder größeren Familienfeiern ist eine gute **Vorbereitung** von entscheidender Bedeutung. Überlege dir unbedingt vorher, was du brauchst, damit es dir möglichst gut geht. Sind es bequeme Schuhe, ein Regen-

schirm (siehe die Geschichte von Carla), Kopfschmerztabletten, Wechselkleidung, eine Wasserflasche, ein Müsliriegel oder etwas Obst, eine Kopfbedeckung bei extremer Kälte oder starkem Sonnenschein, Handcreme oder ein ätherisches Öl, eine zusätzliche Jacke im Winter oder ein Handventilator im Sommer? Plane außerdem ausreichend Zeit für diese Vorbereitung und das »Fertigmachen« – beispielsweise in Form einer ausgiebigen Dusche und dem Auftragen von Make-up – ein. Bereite dich auch innerlich auf die zu erwartenden Reize vor. So fällt es dir später leichter, damit umzugehen und dich ihnen zu stellen.

- Besinne dich auf deinen Glauben. Als Christin und Königstochter kannst du **Ruhe bei Gott** finden und in seiner Gegenwart auftanken. In den folgenden Bibelversen wird dies sehr schön ausgedrückt: »Nur bei Gott komme ich zur Ruhe; er allein gibt mir Hoffnung. Nur er ist ein schützender Fels und eine sichere Burg. Er steht mir bei, und niemand kann mich zu Fall bringen« (Psalm 62,6+7). Das Bild mit der sicheren Burg mag ich sehr. Es zeigt mir, dass da ein geschützter Ort ist, an den ich mich flüchten kann, wenn um mich herum viel los ist und eine Flut von Reizen auf mich einströmt. Bei Gott bin ich sicher, er bietet mir Schutz vor dem »zu viel«, »zu laut« und »zu schnell«. Entscheidend ist allerdings, *dass* ich mir Zeit für eine Begegnung mit ihm nehme und *dass* ich seine Gegenwart aufsuche. Dann durfte ich schon oft erleben, dass ich nach einer Ruhezeit bei Gott gestärkter in den Tag gehen und mich gewappneter den alltäglichen Herausforderungen und Reizen stellen konnte.
  In der täglichen Meditation in der Gegenwart Gottes liegt eine unglaubliche Kraft. Jesus wusste das auch. Auch er war täglich einer Fülle an Reizen ausgesetzt. Natürlich sahen diese Reize vor zweitausend Jahren noch ganz anders aus als heute. Trotzdem hatte Jesus viel zu bewältigen: Er arbeitete als Tischler und teilweise als Fischer, predigte und un-

terrichtete, reiste zu Fuß bei extremer Hitze, kümmerte sich um die Sorgen und Probleme etlicher Menschen und litt mit ihnen. Ich stelle mir seinen Alltag als äußerst anstrengend vor. Doch Jesus wusste, was er dann brauchte: Zuerst einmal merkte er, »wann es genug war. Dann zog er sich in eine einsame Gegend zurück und suchte die Ruhe bei seinem himmlischen Vater. **Er wusste, dass es ein Genug gibt, dass Zeiten der Ruhe wichtig sind,** dass er die Reize begrenzen muss«, schreibt Ursula Blatti.[70]

- Mache dir immer wieder bewusst, dass deine hohe Wahrnehmungsfähigkeit und deine feinen Sinne zwar die Veranlagung zur Überreizung mit sich bringen, dass aber gleichzeitig sehr viel **Potenzial** in ihnen steckt. Eine innere Ablehnung deiner Veranlagung sorgt nur für einen weiteren unangenehmen (inneren) Reiz und führt somit noch schneller zu einem Zustand der Reizüberflutung. Die Autorin Susanne Moeberg schreibt dazu: »Der beste Schutz vor Überreizung ist die Fähigkeit, im gegenwärtigen Moment anwesend zu sein, ohne zu urteilen und ohne zu bewerten: präsent, mit **Akzeptanz und Geduld den Gegebenheiten gegenüber**.«[71]
- Ein kompletter Rückzug und die vollständige Vermeidung jeglicher Art von Reizen ist natürlich auch keine Lösung – solche »Strategien« führen nur zu Isolation, Einsamkeit und Unmündigkeit. Halte dir vielmehr regelmäßig vor Augen, dass du durch eine **bewusste und selbstbestimmte Auseinandersetzung mit herausfordernden Reizen** deine Widerstandsfähigkeit, Souveränität, Selbstsicherheit und dein Durchhaltevermögen stärkst.

Was du bei einer akuten Überreizung tun kannst

- Nimm eine **Mini-Auszeit**. Besuche (allein!) die Toilette und wasche dir in aller Ruhe die Hände – falls der Geruch dort nicht allzu unangenehm ist ... Oder geh kurz vor die Tür und nimm ein paar tiefe Atemzüge.

- Trink ein großes **Glas Wasser.** Das erfrischt den Geist und regt den Kreislauf an.
- Verwende ein beruhigendes oder ausgleichendes **ätherisches Öl** (siehe Kapitel 13).
- Führe **Atemübungen** durch (siehe Kapitel 20).
- Setze **Noise-Cancelling-Kopfhörer** auf. Damit kannst du wenigstens die akustischen Reize abmildern.
- **Creme** langsam und sorgfältig **deine Hände ein**. Das kann dir dabei helfen, bei dir selbst zu bleiben und dich selbst besser wahrzunehmen, wenn um dich herum sehr viel los ist.
- Nutze ein **Ruhebild**, das du dir vorher ausgesucht hast – eine beruhigende und kraftvolle Metapher, ein Foto deiner Lieblingslandschaft oder deines Lieblingsmenschen, einen bedeutsamen Gegenstand – und an das du dich in reizüberfluteten Situationen erinnern und auf das du dich konzentrieren kannst. Bei mir ist das unter anderem der Schirm aus Psalm 91: »Wer unter dem Schirm des Höchsten wohnt, der kann bei ihm, dem Allmächtigen, Ruhe finden. [...] Du brauchst keine Angst zu haben vor den Gefahren der Nacht oder den heimtückischen Angriffen bei Tag. Du aber darfst sagen: *Beim HERRN bin ich geborgen!*« Auch das Bild, dass ich jederzeit in Gottes Hand bin – egal, was in mir und um mich herum passiert – und dass er mich nie fallen lässt, empfinde ich als absolut beruhigend und schützend.
- Wenn du die Situation nicht ändern kannst, dann versuche, sie so zu **akzeptieren**, wie sie gerade ist. Vielleicht gelingt es dir sogar, den **Fokus auf die schönen Aspekte** der Situation – einer Veranstaltung, eines arbeitsreichen Tages oder deiner aktuellen Tätigkeit – zu lenken.
- Betrachte, wenn möglich, dich selbst, deine Überreizung und die reiz-vollen Umstände mit einem **geduldigen, barmherzigen und freundlichen Blick.**
- Solltest du deine persönliche Grenze erreicht haben und aufgrund der akuten Überreizung nicht mehr gestaltungs-

fähig sein, dann zieh die Handbremse: Tritt den **Rückzug** an, verlass die Situation und konzentriere dich darauf, deinem überreizten Nervensystem etwas Gutes zu tun. Gönn dir Ruhe und Stille, auch wenn andere das womöglich nicht verstehen oder nachvollziehen können. Aber: »Niemand anderes als die hochsensible Person, also du selbst, kann erkennen, wann dieser Zeitpunkt gekommen ist und niemand als du selbst kann die Initiative ergreifen, um sich Ruhe zu verschaffen. Der Rückzug in eine Oase der Harmonie und Geborgenheit, ganz nach deinem eigenen Geschmack, ist jetzt die einzige Lösung. [...] Das gibt der Seele neue Kraft und auch die Umwelt wird nach einigem Kopfschütteln merken, wie gut diese Auszeit der Mutter, dem Vater, der Schwester oder dem Kollegen getan hat [...].« (Anne Heintze, »Reizüberflutung: Was kannst du dagegen tun«)[72]

Wichtig bei der Fragestellung nach einem bedachten Umgang mit Reizen ist vor allem, *jeden* Tag möglichst gut für sich – den hochsensiblen Körper und das empfindsame Nervensystem – zu sorgen und für sich sorgen zu lassen. Und zwar, *bevor* man bzw. frau völlig überwältigt, überreizt und überfordert ist. Wenn du sorgsam auf dich achtest und Zustände der Überreizung möglichst geringhältst, wirst du außerdem bemerken, dass die positiven Merkmale deiner Hochsensibilität viel stärker zum Vorschein kommen. So stellt Renate Göckel ganz richtig fest: »Hochsensible sind in einem ungünstigen Umfeld extrem störbar, wachsen aber in einer günstigen Umgebung über sich selbst hinaus.«[73] Ich hoffe, unter den oben genannten Anregungen war mindestens eine für dich dabei, die du als unterstützend, konstruktiv oder wirksam empfindest. Weitere Tipps zum Umgang mit Überreizung findest du in dem sehr empfehlenswerten Buch »Hochsensibel durch den Tag« von Sabine Dinkel.

TEIL 3

VON HOCHGEFÜHL UND ZARTER STÄRKE – DIE SEELISCHEN ASPEKTE VON HOCHSENSIBILITÄT

Mehr als alles hüte dein Herz;
denn von ihm geht das Leben aus.

Sprüche 4,23

15

MEHR ALS EIN GEFÜHL? – VON TIEFEM EMPFINDEN UND HOCHGEFÜHLEN

Beitrag von Christina Herr

»Den stärksten Anlass zum Handeln bekommt der Mensch immer durch Gefühle,« wusste schon Carl von Clausewitz. Gefühle spielen im Leben aller Menschen eine wichtige Rolle. Sie prägen unser tägliches Erleben und Handeln, beeinflussen sowohl unsere Entscheidungen als auch die anschließende Bewertung, bereichern uns und lassen uns ein Leben lang wachsen. Völlige Gefühllosigkeit in Bezug auf das Erleben und Erfahren gibt es nicht. Auch unsere Sinne stehen in direkter Verbindung mit unseren Gefühlen. Es ist kaum möglich, etwas zu sehen, zu hören, zu riechen oder zu schmecken, ohne dass dabei ein bestimmtes Gefühl ausgelöst wird. (Dies gilt jedenfalls für gesunde Menschen; ist man beispielsweise von einer Depression betroffen, können bestimmte Gefühle durchaus gedämpft, »gelähmt« oder nicht vorhanden sein.)

Manchmal sind wir uns unserer Gefühle oder Emotionen allerdings nicht bewusst, nehmen sie dann nicht richtig wahr oder unterdrücken sie absichtlich oder unabsichtlich. Doch dazu später mehr.

Gefühle oder Emotionen?

Die Begriffe »Gefühl« und »Emotion« werden häufig synonym verwendet, es besteht jedoch ein Unterschied. **Emotionen** treten unmittelbar auf, sobald wir etwas Schönes oder auch eine Gefahr wahrnehmen. Sie sind sozusagen das Alarm- und Überlebenssystem des Organismus. Eine gefährliche Situation erzeugt beispielsweise Angst und unser Körper wird blitzschnell – ohne dass wir darüber nachdenken – in Alarmbereitschaft versetzt und reagiert dementsprechend (vgl. »Das vegetative Nervensystem«). **Gefühle** dagegen entstehen durch die bewusste Wahrnehmung, Reflexion und die damit einhergehende Bewertung von Emotionen. »Um ein Gefühl zu haben, ist es notwendig, über das Geschehene nachzudenken, die entstandenen Emotionen zu bewerten, zu reflektieren, wie wir uns verhalten haben, und so zu beginnen, die Situation [...] aufzuarbeiten. [...] In der Tat ist einer der Hauptunterschiede zwischen Emotionen und Gefühlen, dass das Gefühl sich nach und nach entwickelt. Es kann sich ändern und verändern und ist für Tage, Wochen, Monate und sogar Jahre vorhanden.«[74] Gefühle sind somit komplexer als Emotionen, da sie sich aus mehreren Basis-Emotionen zusammensetzen können und in der Regel Folge eines Lernprozesses sind.

»Lachen wirkt Wunder im Herzen« (Afrikanisches Sprichwort)

Auf Gefühle und Emotionen trifft jedoch eines gleichermaßen zu: Sie spielen sich sowohl auf der seelischen als auch auf der körperlichen Ebene ab. All das, was wir spüren, fühlen und empfinden, hat einen deutlichen Einfluss auf unseren Körper und unser Allgemeinbefinden. Angenehme Gefühle – wie Freude, Dankbarkeit, Gelassenheit oder Hoffnung – steigern üblicherweise das körperliche Wohlbefinden, unangenehme – wie Traurigkeit, Wut, Enttäuschung oder Angst – können sich ungünstig auf den Körper und die Gesundheit auswirken.

Folgender Bibelvers bringt dies auf den Punkt: »Ein fröhliches Herz macht den Körper gesund; aber ein trauriges Gemüt macht kraftlos und krank« (Sprüche 17,22).

Doch sind wir unseren Emotionen nun hilflos ausgeliefert? Können wir nichts gegen »schlechte« und unerwünschte Gefühle tun? Und gibt es überhaupt »schlechte« Gefühle?

Zart im Nehmen, stark im Fühlen

Bevor ich auf diese Fragen eingehe und versuche, sie zu beantworten, möchte ich zunächst das Fühlen und Empfinden hochsensibler Menschen beleuchten. In einigen Gedanken und Aussagen dazu sind nämlich auch bereits die Antworten auf oben genannte Fragen enthalten. HSP besitzen oft ein besonders intensives Gefühlsleben: Wir fühlen mehr, tiefer, stärker und detaillierter. Meist haben wir zudem ein reiches Innenleben, das auch ohne äußere Reize in den buntesten Farben schillert. »Und wenn dann die Impulse von außen dazukommen, sind unsere Emotionen ordentlich in Bewegung«, schreibt Kathrin Sohst.[75] Das können wir dann in manchen Momenten als überwältigend oder sogar als bedrohlich empfinden, in anderen Momenten wiederum als wertvolle Bereicherung, Geschenk und Hochgefühl. Feinfühligkeit wird in der Gesellschaft leider immer noch oft als Nachteil, Makel oder gar Beschädigung angesehen. Dabei ist weder intensives Empfinden noch das Ausdrücken von Emotionen ein Zeichen von Schwäche, sondern eher ein Markenzeichen großer Lebendigkeit, Authentizität und Menschlichkeit. Außerdem gehört zu einem ausgeprägten Gefühlsleben nicht nur die Wahrnehmung der eigenen Emotionen, sondern auch die der anderen. Dass in diesem Mit-Gefühl – der Empathie – ebenfalls eine große Stärke liegt, kannst du in Kapitel 16 nachlesen.

Trotzdem kann unsere Feinfühligkeit auch eine Last für uns Hochsensible darstellen. Vielleicht geht es uns manchmal so wie der anonymen Person, deren Aussage ich kürzlich im Internet las: »Kann ich meine Gefühle bei Ebay verkaufen? Ich will sie nicht mehr.« Dieser Wunsch, unsere Gefühle einfach loszuwerden, kann entstehen, wenn sie zu laut werden und uns scheinbar kontrollieren, wenn wir überreagieren – vielleicht sogar mit Aggression – oder wenn Stimmungen anderer uns überrollen und wir uns emotional komplett überfordert fühlen. Und manchmal haben wir vielleicht auch einfach nur »keine Lust« auf die ständige Präsenz unserer Gefühle. Viel zu spüren und tief zu fühlen, ist nämlich immer auch mit dem Risiko der Überreizung verbunden. Außerdem kann uns unsere Feinfühligkeit verletzlicher machen – besonders, was Kritik von außen, Diskussionen oder unbedachte Worte anderer betrifft.

Gleichzeitig steckt im tiefen Fühlen Hochsensibler auch eine Stärke, die unser Leben reicher macht. Oft geht Feinfühligkeit einher mit großer Begeisterungsfähigkeit, der Freude am Detail, tiefer Ergriffenheit und Berührung sowie mit einem feinen Sinn für Humor. Durch unsere emotionale Wahrnehmungsbegabung können also auch Hochgefühle ausgelöst werden, da wir auch das Schöne tiefer und bewusster spüren.

Ich habe mir vor einiger Zeit bewusst vorgenommen, auch diesen Aspekt meiner Hochsensibilität wertzuschätzen und zu feiern. Die intensiven Gefühle, die bei wertvollen Begegnungen, beim Aufenthalt in der Natur, durch eine gute Lektüre oder während eines ergreifenden Films bei mir erzeugt werden und die ich beim Reisen oder beim Besuch eines Gottesdienstes erlebe, versuche ich, anzuerkennen und in vollen Zügen zu genießen. Ich möchte bewusst dafür dankbar sein und mich von ganzem Herzen darüber freuen. Von einer ähnlichen Erfahrung berichtet auch die Heilpädagogin Jutta Jorzik-Oels: »Ich bin froh und dankbar zu fühlen, zu leben, das Leben zu spüren, diese wunderbare Welt zu erleben in all ihren Erscheinungen! Dass ich auch Schmerz tiefer empfinde, nehme ich gerne dafür in Kauf.«[76]

Wenn es uns gelingt, konstruktiv mit unserer feinfühligen Veranlagung umzugehen, können HSP sich sogar insgesamt wohler fühlen als der Durchschnitt aller Menschen – das haben Untersuchungen gezeigt.[77] Denn bei uns wirken nicht nur die negativen Einflüsse – und die damit einhergehenden Gefühle – tiefer ins System hinein, sondern genauso die positiven Reize und Emotionen.

Wichtig ist allerdings, einen angemessenen Umgang mit unserem ausgeprägten Gefühlsleben zu erlernen, damit dieses für uns auch eine Bereicherung darstellt.

Gefühle zulassen

Dazu gehört unter anderem, dass wir Gefühle nicht unterdrücken, ablehnen oder als »lästiges Übel« ansehen. Das wusste auch der Begründer der Psychoanalyse Sigmund Freud: »Nicht zum Ausdruck gebrachte Gefühle werden niemals sterben. Sie werden lebendig begraben und kommen später auf hässlichere Weise hervor.«[78] Wir Menschen sind nun mal fühlende Wesen, wir dürfen uns erlauben zu fühlen. Und unsere Gefühle brauchen genügend Raum, um sich zu entfalten. Nur so können wir sie später auch wieder ziehen lassen. Wir können zwar versuchen, sie zu unterdrücken, aber irgendwann brechen sie sich doch Bahn – manchmal sogar in Form von Krankheiten, Selbsthass oder Depressionen. »Je mehr wir versuchen, Angst, Trauer, Zorn, Ekel oder Verachtung wegzudrücken, desto stärker manifestieren sich diese Gefühle und desto weniger ist Platz für Freude, Staunen, Glück und Liebe. Wenn wir lernen, unsere Gefühle anzuschauen und willkommen zu heißen, dann schwimmen wir durch einen klaren See. Denn Gefühle werden nur dann zu dunklen, tiefen und stinkenden Schlammlöchern, wenn wir sie nicht zulassen.«[79] Außerdem können negative Emotionen auch ein Schlüssel zu innerer Heilung sein. Wenn wir uns beispielsweise gezielt mit den Themen Scham, Wut oder Verzweiflung auseinandersetzen und nicht mehr dagegen ankämpfen, haben diese Gefühle eine bessere Chance, sich nach und nach zu wandeln. Und oft können wir dann auch ein

Verständnis für die Botschaft dahinter erlangen.[80] Aus diesem Blickwinkel betrachtet, gibt es »schlechte« Gefühle also nicht. Jedes Gefühl kann dazu beitragen, dass wir etwas lernen, reifer werden und in unserer Persönlichkeit wachsen.

Zeit für Gefühle

Dabei gilt es natürlich, dass wir uns auch ausreichend Zeit für das Wahrnehmen, Reflektieren und Verarbeiten unserer Emotionen nehmen. Außerdem dürfen wir uns im Alltag regelmäßig Möglichkeiten zum Aufladen der eigenen Gefühls-Akkus schaffen und uns von gefühlsgeladenen Erlebnissen erholen. Von positiven Emotionen und Hochgefühlen profitieren wir am besten, wenn wir innerlich dazu bereit sind und uns in einem gewissen Zustand der inneren Ruhe und Gelassenheit befinden.

I choose joy!

Um noch einmal auf die Frage, ob wir unseren Emotionen und Gefühlen hilflos ausgeliefert sind, zurückzukommen: Das muss nicht so sein. Wir sind durchaus in der Lage, unsere Gefühle zu kontrollieren und Einfluss auf unseren Gemütszustand zu nehmen. Wir können uns bewusst für positive Gefühle entscheiden. Als es mir vor einigen Monaten gesundheitlich nicht gut ging und es etliche Gründe gab, traurig, frustriert und niedergeschlagen zu sein (und ich mich häufig auch so gefühlt habe), traf ich diese wichtige Entscheidung für mich. **»I choose joy«** – »Ich entscheide mich für die Freude« – lautet seitdem eines meiner Lebensmottos. Die Umsetzung gelingt mir nicht immer, dennoch hat sich diese Entscheidung in sehr positivem Maße auf meine Gefühls- und Gedankenwelt sowie mein hochsensibles Wohlbefinden ausgewirkt. Wichtig dabei ist, dass wir uns nicht von den – oft ungünstigen – Umständen um uns herum abhängig machen, sondern dass wir trotz aller Widrigkeiten die positiven Gefühle wählen und unseren

Fokus darauflegen. Freude beruht nämlich nicht darauf, dass wir uns über *etwas Bestimmtes* freuen müssen. Susanne Moeberg schreibt dazu: »Es geht um einen Beschluss. Wenn Sie beschließen, froh zu sein, ist es, als würden Sie eine Stirnlampe aufgesetzt bekommen, die leuchtet und Ihnen die Augen für die Möglichkeiten öffnet. Es geht nicht darum, sich nie mehr an etwas zu stören. Niemand wird froher davon, niemals etwas abzulehnen. Es geht vielmehr darum, sich dem grundlegenden Empfinden von Freude bewusst zu sein sowie dessen, was Sie tun können, um zur Freude zurückzufinden, wenn Sie diese verloren haben.«[81] Wir dürfen also selbst bestimmen, ob wir froh sein werden. Außerdem hängt das Ausmaß unserer Freude und Zufriedenheit von unseren Erwartungen, sowie von den uns zur Verfügung stehenden Möglichkeiten, diese zu erfüllen, ab. Je geringer der Abstand zwischen unseren Erwartungen und Möglichkeiten ist, desto froher und zufriedener können wir sein. Die *Möglichkeiten* lassen sich nur zu einem gewissen Grad ändern, unsere *Erwartungen* können wir jedoch jederzeit verändern. Dies gilt sowohl für Erwartungen an uns selbst als auch für Erwartungen an andere.

Du darfst nicht alles glauben, was du fühlst

Einen Aspekt sollten wir bei der Auseinandersetzung mit unserer Feinfühligkeit allerdings beachten: Unsere Gefühle können uns auch einmal – oder mehrmals – täuschen oder sogar belügen. Ein gutes Beispiel dafür ist der Titel des Bestsellers »Du darfst nicht alles glauben, was du denkst«, in dem der Comedian Kurt Krömer von seinen Depressionen berichtet. Das Wörtchen »denkst« könnte man hier genauso durch »fühlst« ersetzen, da das Denken sehr eng mit den Gefühlen verknüpft ist und nahezu jeder (bewusste) Gedanke auch ein bestimmtes Gefühl erzeugt. Insbesondere negative Gefühle dürfen wir also hinterfragen und uns selbst fragen, ob wir in scheinbar gefährlichen Situationen tatsächlich Angst haben und ängstlich reagieren »müssen« oder ob es gar keinen echten Anlass dazu gibt. Das bedeutet nun allerdings nicht, dass wir Emotionen wie Angst, Wut oder Verzweiflung einfach wegdrücken oder ignorieren sollen. Wir dürfen uns ihnen stellen und dann prüfen, ob sie den Stellenwert haben müssen, den wir ihnen in dem betreffenden Moment geben. Wenn wir schwarzsehen und alles um und in uns dunkel ist, bedeutet das noch lange nicht, dass die Realität momentan so ist und dass andere »unsere« Realität genauso sehen. Mir hat es an dunklen Tagen sehr geholfen, meine »schlechten« Gefühle zwar in gewisser ernst zu nehmen und zu akzeptieren, ihnen aber kein allzu schweres Gewicht zu verleihen. Stattdessen habe ich versucht, mir immer wieder bewusst zu machen, dass es »nur« Gefühle sind, die nicht mit meinem Leben und meiner Identität identisch sind. Auch das ist ein ausschlaggebender Grundsatz im Umgang mit unseren Emotionen: Wir *sind* nicht unsere Gefühle – wir *haben* Gefühle. Wenn wir diesen Unterschied kennen und danach leben, können wir mehr innere Freiheit erleben.[82]

Was ich uns wünsche: Lasst uns für angenehme Gefühle dankbar sein, lasst uns das Schöne und Wertvolle an unserer Feinfühligkeit schätzen und lasst uns an unangenehmen Emotionen wachsen. Und lasst uns das Hochgefühl, das wir immer wieder erleben dürfen, feiern.

Du bist dran!

Stärkende Erinnerung

Überlege einmal, in welchen Situationen du ein Hochgefühl erlebt hast. Mache dir dazu Notizen, wenn du magst. Solltest du gefühlsmäßig irgendwann mal an einem Tiefpunkt angelangt sein, darfst du diese Situationen in deiner Fantasie wieder aufsuchen und dir so in Erinnerung rufen, wie stärkend und wohltuend dieses Erlebnis war.

An dunklen Tagen kannst du dich außerdem auf diesen Vers aus den Psalmen konzentrieren: »**Du zeigst mir den Weg, der zum Leben führt. Du beschenkst mich mit Freude, denn du bist bei mir; aus deiner Hand empfange ich unendliches Glück**« (Psalm 16,11). Allein das Wissen, dass Gott in jeder Gefühlslage bei dir ist und dass er möchte, dass es dir rundum gut geht, kann bereits für ein positives Gefühl sorgen.

Warum Werte wertvoll sind

Unsere Werte zu kennen und mit ihnen im Einklang zu leben, hat einen großen Einfluss auf unser Wohlbefinden und unsere Gefühle. Wir fühlen uns oft dann am wohlsten, wenn wir unser Leben, unsere Beziehungen und unsere Arbeit als sinnvoll empfinden und Werte, die uns wichtig sind, in den Mittelpunkt stellen. Werte sind eng mit unseren Emotionen verbunden, da sie keine Dinge sind, sondern für ein bestimmtes Gefühl stehen, das erzeugt wird, wenn wir etwas tun, was wir im tiefsten Inneren als wahr und richtig erleben.[83] Anne Heintze formuliert es so: »Gelebte Werte führen zu einer *bewussten* Lebensführung und zum allmählichen Erkennen der eigenen Berufung – zu dem, was auf dem Inneren heraus nach uns ruft.«[84]

Sich auf die Spur der eigenen Werte zu begeben, ist also absolut lohnend und trägt zu einem sinnerfüllten und glücklichen Leben bei.

Welche Werte sind dir besonders wichtig? Für welche machst du dich stark?

____

____

____

____

Gibt es Werte, denen du gern mehr Beachtung schenken und die du bewusster ausleben möchtest?

____

____

____

____

Hier ist eine Auswahl an möglichen Werten: Akzeptanz, Authentizität, Bescheidenheit, Disziplin, Ehrlichkeit, Erfolg, Fleiß, Freiheit, Freundlichkeit, Frieden, Gastfreundschaft, Geduld, Gerechtigkeit, Gesundheit, Gewissenhaftigkeit, Glaube, Großzügigkeit, Harmonie, Hilfsbereitschaft, Liebe, Loyalität, Mitgefühl, Optimismus, Ordnung, Respekt, Sauberkeit, Selbstständigkeit, Sicherheit, Toleranz, Treue, Umweltbewusstsein, Unabhängigkeit, Verantwortungsbewusstsein, Vergebung, Vertrauen, Wertschätzung, Wissen, Wohlstand, Zuverlässigkeit

Bedenke aber auch, dass aus deinem Wertebewusstsein ein hoher Anspruch entstehen kann – an dich selbst und andere. Diesen gilt es immer wieder zu hinterfragen und auszutarieren. Außerdem werden nicht alle Menschen deine Werte teilen, auch das solltest du weder von ihnen erwarten noch ihre persönlichen Wertmaßstäbe verurteilen. Zwar können Werte auch eine Schattenseite beinhalten, dennoch sind sie wertvoll, wegweisend und wichtig – ganz gleich, welche Werte das im Einzelfall sein mögen.

Das Mitgefühl
mit allen Geschöpfen ist es,
was Menschen
erst wirklich zum Menschen macht.

Voltaire

16

EMPATHIE – HOCHSENSIBLE GABE UND HERAUSFORDERUNG

Beitrag von Janine Kelly

Geschenk und Aufgabe

Empathie ist eine der größten Stärken vieler hochsensibler Frauen und kann zu sinnerfüllten und tiefen Beziehungen beitragen. Mit ihrer vielfach ausgeprägten Fähigkeit zum Zuhören und ihrem aufrichtigen Interesse am Gegenüber werden hochsensitive Menschen als Gesprächspartner und in Freundschaften sehr geschätzt.

Aber die größte Stärke eines Menschen kann, wie bei allen Fähigkeiten und Begabungen im Leben, bekanntlich auch zu seiner größten Schwäche werden. So auch hier, wenn sich HSP zum Beispiel im Anderen verlieren und die Grenzen zwischen Ich und Du verschwimmen. Dies ist mit eine der schwierigsten Herausforderungen, denen sich hochsensible Frauen stellen lernen müssen. Denn Einfühlungsvermögen zu leben und dabei wir selbst und bei uns zu bleiben, ist das schönste Geschenk, das unser Schöpfer uns machen konnte. Sein Plan, liebe- und verständnisvolle Beziehungen auf dieser Welt zu leben, zeigt ihn in seiner liebenden Haltung uns Menschen gegenüber. Als Abbilder Gottes dürfen wir damit nicht nur einen Teil seines Wesens widerspiegeln, sondern Gottes Herzenswunsch nach gesunden Beziehungen in diese Welt hineintragen. Was für ein Geschenk! Was für eine Aufgabe! Bist du dir dieses Privilegs bewusst?

Doch bevor wir dazu bereit sind, mit dieser Begabung ein Licht zu sein, müssen wir mögliche Gefahren und Grenzen dieser Stärke kennen- und einschätzen lernen. So möchte ich im Folgenden zuerst die Schönheit dieser Gabe aufzeigen und danach die Bedeutsamkeit eines persönlichen Lernweges und die Wichtigkeit zur Abgrenzung skizzieren. Erst Letztere schließt den Bogen zu einem gesunden Leben im Sinne der Einfühlsamkeit.

Der Wert der Empathie

Empathie ist ein absolut bedeutender Wert in unserer heutigen Gesellschaft. Vor allem in unserer westlichen Welt, in der sich unsere Gesellschaftsstrukturen in den letzten Jahrzehnten immens schnell verändert haben, sind es doch die alten biblischen Werte, die überhaupt ein Zusammenleben möglich machen. Wenn es um das Leben und Sein in einer materialistisch geprägten westlichen Kultur geht, darf nicht unerwähnt bleiben, dass gerade zwischenmenschliche Werte wie Verständnis, Interesse aneinander, Hilfsbereitschaft und Verbundenheit zum Erhalt dieser beitragen. Ein immer angestrengteres Streben nach Hab und Gut, angesehenen Positionen und einer egozentrischen Selbstverwirklichung würde schnell zu einer leeren, kalten und unnahbaren Gesellschaft führen, die sich nur noch um sich selbst und ihren eigenen Erhalt dreht.

Und an dieser Stelle kommt die Bedeutung der HSP ins Spiel. Georg Parlow spricht davon, dass »81 Prozent der Hochempfindlichen sich selbst als gute Zuhörer bezeichnen.«[85] Somit erleben die meisten hochsensiblen Frauen, dass sie in der Lage sind, sich leicht anderen Menschen zuzuwenden. Durch ihre erhöhte Fähigkeit der Wahrnehmung können sie sehr schnell Situationen und Menschen erfassen. Vielleicht kennst du auch die Situation, dass du auf einer Feierlichkeit den Raum betrittst und ganz automatisch beginnst, alles und jeden wahrzunehmen? Welche Person steht in welcher Beziehung zu wem? Wie sind die vorherrschenden Stimmungen? Verbindungen oder Feindseligkeiten unter den Anwesenden erspürst du rein intuitiv durch deine feinen Antennen. Oder du bist in der Lage, Bedürfnisse, Unausgesprochenes oder sogar Falsches in deinem Gegenüber während eines Gespräches zu erfühlen.

Was dann bei den meisten Hochsensitiven passiert, ist Folgendes: Unzählige hochsensible Frauen ahnen instinktiv, was dem Gegenüber guttun würde und wie man ihm ein gutes Gefühl schenken könnte. Als HSP spürst du so fein, was jemand braucht, weil du dich intensiv in andere einfühlen und seine erzählte Geschichte nachempfinden kannst. Verständnis für das Leid oder die Sorge des anderen steigt in dir auf. Genau hierin liegt die unglaubliche Stärke dieser Gabe der Empathie: Du weißt einfach, was es gerade braucht – sei es nur ein verständnisvolles Zuhören, ein Annehmen der Person, einen liebevollen Rat oder einen Mut machenden Blick.

Ich glaube, dass Gott uns an genau diesen Platz stellt, um mit unserer Hochsensibilität einen Unterschied zu machen. Nahezu prophetisch erspüren wir, in welchem emotionalen Setting sich ein Mensch befindet und können viele andere Zusammenhänge automatisch erkennen. Hierbei unterstützt uns unser weit gegliedertes Nervensystem und die Anlage des komplexen Vernetzens. Das ist der Moment, in dem du als hochsensible Frau zum Zuge kommen und mit deinem gottgegebenen Geschenk Zuhörerin oder sogar Wegweiserin für Entmutigte sein kannst. In früheren Kulturen wurden HSP genau aufgrund dieser Gabe geschätzt und in ihrem sozialen Umfeld oftmals um Rat gefragt.

Als hochsensible Frau darfst du diese Begabung für dich (neu) entdecken und ihr genau diesen Stellenwert einräumen, den sie hat: Eine unabdingbare zwischenmenschliche Gabe im

Kleinen und damit aber auch im Großen der Gesellschaft. Werde dir deiner Stärke und deines Auftrags bewusst und setze sie ein – mit hingebungsvoller Freude und Dankbarkeit für diese einmalige Gabe, die niemand sonst so leicht ausleben kann wie du! Gott hat dich dazu berufen, einen gewaltigen Unterschied zu machen und nicht nur dein Umfeld, sondern damit auch diese Welt unvergleichlich zu bereichern! Lebe die Kraft deines Einfühlungsvermögens, die auch die Grundlage für Versöhnung und Liebe ist! (Wenn du dir dieser Stärke noch nicht selbst bewusst bist, dann beginne doch heute, Gott um seine Perspektive auf die dir anvertraute Gabe zu bitten.)

Herausgefordert

Damit du das mit Leichtigkeit umsetzen kannst, ist es jedoch unabdingbar, die Herausforderungen dieser hingebungsvollen Lebensart und des tiefen Mitfühlens zu erkennen und zu lernen, damit bewusst umzugehen. Es besteht dabei nämlich die Gefahr, sich im Anderen vollständig zu verlieren. Den meisten hochsensiblen Frauen fällt es schwer, in der Begegnung mit dem Anderen und im Einfühlen in ihr Gegenüber bei sich zu bleiben. Hier verschwimmen oftmals die Grenzen zwischen einem selbst und der anderen Person. Eine große Rolle spielt hierbei unser Selbstbewusstsein. Wenn wir uns im Moment der Begegnung unserer Selbst, unseres Ichs, bewusst sind, können wir uns vom Du abgrenzen. Das Risiko der empathischen Gabe besteht im Verschmelzen von Ich und Du. Dann stellt sich plötzlich die Frage, ob ich eigentlich noch mich selbst oder nur mein Gegenüber spüre. Die eigentliche ehrliche und empathische Gesprächssituation löst sich auf und wird zu einem verworrenen Gefühlsknäuel. An diesem Punkt kann die Gabe nicht mehr zur Entfaltung kommen, da sich die HSP im Anderen verloren hat.

Beobachte dich doch mal in den nächsten Tagen, wie du in Begegnungen auftrittst! Kannst du dich in andere hineinversetzen, ohne dabei den Schutzraum deines Ichs zu übertreten? Bist du in der Lage, weiterhin zu wissen, wer du bist, was dich ausmacht, was genau dein Anliegen war? Diese Fragen können helfen, dich selbst nicht in Gesprächen aus den Augen zu verlieren, auch wenn es inhaltlich vielleicht mehr um den anderen geht. Bist du dir deiner Werte, Worte und Handlungen bewusst und kannst aus Ersteren heraus klar agieren? Oder merkst du, dass du oft nur unbewusst auf dein Gegenüber reagierst?

Gottes Licht als Schutzschild

Aus meiner persönlichen Erfahrung kann ich berichten, dass mir Gott ein wunderbares Bild geschenkt hat. Hilflos im Umgang mit manchen meiner Mitmenschen, habe ich ihn gebeten, mir zu zeigen, wie ich mich selbst gesund abgrenzen und trotz meines Mitgefühls bei mir bleiben kann. Hier hat mir das Bild sehr geholfen, wie Gottes Licht mich als warmer heller Kreis umgibt und strahlt. Er möchte, dass ich die Gabe der Empathie nutze und anderen Menschen Zuflucht und Unterstützung sein kann. Aber er möchte nicht, dass dadurch meine Kraftreserven stets aufgebraucht werden und leer sind. Ich wusste, dass es einen Weg geben muss, diese Begabung zu leben, ohne selbst immer darunter zu leiden und mich zu verausgaben. Gott hat mir hier klar gezeigt, dass er mein Schutzschild sein möchte. Seine Liebe und Wärme legen sich um mich als göttlicher Schutz und können gleichzeitig das Verbindungsglied der strahlenden Liebe zwischen mir und meinem Mitmenschen sein. Gottes Liebe überträgt sich somit nicht nur auf mein Gegenüber, wenn ich ihm mein Ohr und mein Verständnis schenke, sondern Gott hüllt auch mich selbst in den warmen beschützenden Mantel seiner Liebe ein.

Entdeckungsreise ins Reich des Mitfühlens

Ich denke, dass Gott uns auch alles zukommen lassen wird, was wir für die Ausführung dieser Aufgabe brauchen, wenn wir als seine geliebten Töchter solch einen wunderbaren Auftrag von ihm bekommen haben. Mache dich auf deine persönliche Entdeckungsreise ins Reich des Mitfühlens und erkunde, was du persönlich brauchst, um deine Empathie gesund zu leben. So könntest du in den nächsten Tagen Gott fragen, was er sich in Bezug auf deine Hochsensibilität gedacht hat und wie er dich ausstatten möchte, diese bedeutsame Aufgabe und diesen Teil deiner einzigartigen Persönlichkeit auf eine gesunde Art und Weise zu leben. Außerdem kannst du dich beobachten, wie du im Kontakt mit anderen Menschen reagierst, wie dein Körper reagiert und welche Gedanken und Gefühle in dir aufsteigen.

Du bist deiner Hochsensibilität nicht ausgeliefert. Hast du gelernt, mit ihr konstruktiv umzugehen, kannst du deine Sensitivität vor allem in zwischenmenschlichen Bereichen bewusster steuern. Deine Lebensqualität steigt, da du dir der Feinheit deiner Sinne und des aktiven Umgangs damit bewusst bist. Du gewinnst an Freude und Kraft, wenn du deine Hochsensibilität und Empathie annimmst, und dieses Geschenk bewusst und klar einsetzt.

Die andere Seite der Empathie

Dass Empathie eine Gabe ist, die viele HSP in sich tragen, steht fest. Doch so wertvoll und wichtig diese Stärke auch ist, sollten wir dabei beachten, dass es genauso eine andere Seite gibt: die unseres Gegenübers, dem wir unser Mitgefühl, unsere einfühlsame Zuwendung und wohlwollende Anteilnahme »schenken«. Letzteres habe ich bewusst in Anführungszeichen gesetzt, denn manchmal empfindet unser Mitmensch die ihm entgegengebrachte Empathie nicht unbedingt als Geschenk. Hier eine kleine abendliche Szene aus dem Hause Herr:

Ich (mit besorgter Miene und sehr eindringlichem Blick auf meinen Mann): »Oh, geht's dir nicht gut?«
Er: »Äh, wie bitte?!« (Mein Mann sieht kurz von seiner Zeitschrift auf.)
Ich: »Du hast doch irgendwas.« (Mein Blick wird intensiver.)
Er: »Ich? Nö.« (Mein Mann wendet sich wieder seiner Lektüre zu.)
Ich: »Is' wirklich nichts?«
Er: »Nee-ee.« (Mein Mann liest weiter.)
Ich (kopfschüttelnd): »Du wirkst aber irgendwie total fertig.«
Er: »Mir geht's gut. Bin bloß müde.« (Er seufzt tief.)
Ich (eifrig): »Siehste. Ich hab's doch gewusst. Dir geht's nicht gut.« (Ich lächele ihn sehr mitfühlend an.)
Er (ziemlich genervt): »Du hast recht. Jetzt habe ich wirklich was – und zwar dich und deine Fragerei!
Kannst du mich jetzt bitte mal in Ruhe lesen lassen?«
Ich: »Hm ...« (Beleidigt verlasse ich den Raum.)

Oft gehe ich mit meiner empathischen Art einfach zu weit. Ich meine es gut, möchte helfen oder unterstützen – und erreiche genau das Gegenteil. Mein Gegenüber – in den meisten Fällen mein Mann – will nur in Ruhe seiner Freizeitbeschäftigung nachgehen und sich vom Arbeitsalltag erholen. Ihm ist gar nicht daran gelegen, über ein mögliches Problem zu sprechen, das findet er in solchen Situationen nur unnötig anstrengend. Oder er ist sich seiner Gefühle selbst noch gar nicht bewusst und braucht erst einmal Zeit, um das »Problem« überhaupt zu erkennen. Oder – ganz wichtig – möglicherweise besteht ja auch gar keins. Es kann nämlich tatsächlich vorkommen, dass wir uns bei der Einschätzung unserer Mitmenschen irren, dass wir ihr Verhalten oder ihre scheinbaren Gefühle falsch deuten. Manchmal projizieren wir dann unsere eigenen Gedanken, Sorgen und Emotionen in unser Gegenüber und meinen, er oder sie müsse genauso empfinden wie wir. Ein Beispiel aus der Corona-Zeit: Während der Lockdowns wurde in den Nachrichten immer wieder erwähnt, wie sehr die Kinder und Jugendlichen unter diesem Zustand leiden würden. Dem war nichts entgegenzusetzen und ich dachte, befürchtete und war mir schließlich sicher, meinem Sohn würde es auch so ergehen. Dementsprechend verhielt ich mich ihm gegenüber: einfühlsam, ein wenig besorgt, mitfühlend, mitleidend. Die Sache war nur, dass mein Sohn überhaupt nicht litt. Interessanterweise konnte er die Zeit des Lockdowns und Homeschoolings sogar auf seine Weise genießen. Er lernte, seinen Alltag gut zu strukturieren, mochte das selbstbestimmte Lernen und war in seiner Freizeit ständig mit kreativen und sportlichen Aktivitäten beschäftigt. Mein Mitgefühl war in dieser Hinsicht also völlig fehl am Platz. Glücklicherweise konnte ich dies recht schnell erkennen, sonst hätten sich meine Befürchtungen wahrscheinlich irgendwann auf meinen Sohn übertragen und er hätte dann tatsächlich gelitten.

Ich möchte Empathie auf keinen Fall als etwas Negatives darstellen. Mir ist jedoch wichtig, dass wir uns der Schattenseiten bewusst sind und diese Gabe reflektiert, behutsam, bedacht und uneigennützig einsetzen. Und vor allem: dass wir unser Gegenüber dabei immer im Blick behalten.

Das Glück deines Lebens
hängt von der Beschaffenheit
deiner Gedanken ab.

Marcus Aurelius

17

NEGATIVE GLAUBENSSÄTZE IDENTIFIZIEREN UND IN POSITIVE AFFIRMATIONEN UMWANDELN

Beitrag von Janine Kelly

Viele Frauen finden sich manchmal in Situationen wieder, in denen sie sich im Hinblick auf ihre Hochsensibilität mit negativen Selbstbewertungen verurteilen. Nur allzu gut kennen sie Sätze wie »Ich bin absolut mangelhaft«, »Ich trage an allem die Schuld«, »Ich mache alles falsch« oder »Mit mir stimmt etwas nicht«. Doch was genau ist unter solchen »Glaubenssätzen« zu verstehen? Woher kommen sie und wie gelingt es, diese zu identifizieren und dauerhaft positiv zu verändern?

»Unsere Gedanken formen unser Leben«

Zu Anfang gilt es, zwischen positiven und negativen Glaubenssätzen und deren enormen Auswirkungen auf unser Leben zu unterscheiden. Mit dem Zitat »Unsere Gedanken formen unser Leben« hält uns Marcus Aurelius die unumstößliche Bedeutsamkeit positiver Glaubenssätze vor Augen. Sie haben günstige Auswirkungen auf unseren gesamten Organismus, unsere Gesundheit, Beziehungen und Emotionen. In Form von guten Selbstannahmen stärken sie nicht nur unser Selbstbewusstsein, sondern geben uns auch Halt, und erweisen sich als äußerst sinnvoll und zielführend im Hinblick auf ein stabiles und erfülltes Leben.

Vor allem hochsensible Frauen profitieren aufgrund ihrer starken neuronalen Vernetzung besonders intensiv von einem positiven Denkstil über sich selbst und andere.

Glauben wir jedoch *negativen Glaubenssätzen* über uns, können diese Lügen unser gesamtes Leben negativ beeinflussen und nötige Entwicklungsschritte verhindern. Somit sind sie nicht nur fatal für die Identitätsentwicklung und die Berufung einer sensitiven Frau – sie sind schlichtweg falsch. Viele kennen den zermürbenden Gedanken, etwas nicht zu schaffen oder die Angst, ihren Lebensumständen ausgeliefert zu sein. Solches Denken ist jedoch keineswegs hilfreich und löst selten ausstehende Probleme.

Sind wir gefangen in negativen Glaubenssätzen, kann es zu der fatalen Folge eines toxischen Kreislaufs kommen: Weil eine sensitive Frau zum Beispiel denkt, von Grund auf falsch zu sein, meidet sie zwischenmenschliche Begegnungen, baut keine neuen Kontakte und Freundschaften auf, wird einsamer und fühlt sich somit im unwahren Glauben bestätigt, mangelhaft zu sein, da sich niemand mehr für sie interessiert.

Gerade weil der Einfluss destruktiver Glaubenssätze auch auf unsere Beziehungen so überaus groß ist, ist es wichtig, diese aufzuspüren, zu stoppen und langfristig zu verändern. Vor allem in engen Beziehungen zeigen sich innere Lügen sehr deutlich. Begegnungen mit dem (Ehe-)Partner, den Kindern, Verwandten oder Freunden aktivieren falsche Glaubenssätze, die schnell zu Konflikten führen. So können Beziehungen bis hin zum Zerbruch unter inneren Festlegungen leiden. Oftmals unbewusst und versteckt wirken sich diese Lügen auf unser Handeln aus. Im Alltag fragen wir uns dann ratlos, was gerade passiert ist und wie es überhaupt zu einer Auseinandersetzung kommen konnte. Toxisches Denken schadet auch in Form von Stress unserem Körper und Verstand auf erhebliche Art und Weise. Betroffen sein können das Immunsystem, das Gedächtnis, die Verdauung, Herz und Psyche.

Frühkindlich geprägte Glaubenssätze – es gibt Hoffnung

Es ist wichtig, zu erkennen, dass sich diese Glaubenssätze irgendwann im Laufe unseres Lebens in unser Herz geschlichen haben. Meist haben solche falschen Identifikationen ihren Ursprung in der Kindheit. Hier spüren hochsensible Kinder schon sehr früh, dass sie irgendwie »anders« sind, sei es durch ein stärkeres Empfinden oder ein Überfordertsein aufgrund einer erhöhten Wahrnehmungsfähigkeit. Durch dieses Erleben von Andersartigkeit, kann sich zum Beispiel der Glaubenssatz prägen: »An mir ist ganz viel falsch.«

Auch konkret geäußertes Unverständnis seitens der Eltern, Geschwister, Verwandten oder Lehrer kann zu Letzteren führen. Hört das kleine Mädchen: »Ich verstehe dich nicht! Das ist doch gar nicht schlimm!«, erlebt es, dass es mit seinem Sein, seinen Gefühlen, seinen Eindrücken irgendwie falsch oder unzulänglich sein muss. Solche lügenhaften Annahmen brennen sich tief in unser Gehirn und unsere Seele ein und nagen am Selbstwertgefühl, bis ins Erwachsenenalter hinein.

Dr. Caroline Leaf, eine bekannte Autorin, die sich seit knapp 40 Jahren mit der kognitiven Neurowissenschaft beschäftigt, beschreibt die konkreten Auswirkungen solcher negativen Glaubenssätze auf allen Ebenen des Organismus. Mit der Art unseres Denkens steuern wir nämlich einen wesentlichen Anteil zu unserer Lebensqualität und Gesundheit bei. In »Schalte dein Gehirn an« beschreibt Dr. Leaf die unglaublichen Zusammenhänge zwischen unseren Gedanken und den sich ständig verändernden neuronalen Gehirnstrukturen. Sie erklärt auf einfache und faszinierende Weise, wie unser Denken sogar unsere DNA in Bezug auf Wohlbefinden und Gesundheit, oder Depression und Krankheit beeinflusst: »Die Forschung zeigt, dass 75 bis 98 Prozent der psychischen, physischen und Verhaltenskrankheiten durch das eigene Gedankenleben verursacht werden.«[86]

Doch können aus einst negativ geformten Glaubenssätzen stabile positive Selbstbewertungen über uns entstehen? Es gibt

Grund zur Hoffnung. Wunderbarerweise hat unser Schöpfer in uns einen eigenen Schöpfungsauftrag angelegt, der uns dazu befähigt, an unseren eingefahrenen falschen Glaubenssätzen zu arbeiten und diese lebensspendend und dauerhaft zu verändern. Der folgende Bibelvers veranschaulicht dies sehr schön: »Die Waffen Gottes sind mächtig genug, jede Festung zu zerstören, jedes menschliche Gedankengebäude niederzureißen …« (2. Korinther 10,5).

Als Erwachsene dürfen wir zuerst verstehen, dass wir *alle* frühkindlich geprägte Glaubenssätze in uns tragen. Es gilt, diese durch Selbstreflexion zu entdecken. Hierfür ist es von entscheidender Bedeutung, sich für seine persönliche Vergangenheit zu öffnen. Ganz liebevoll und ohne Selbstverurteilung darf der Blick zum sogenannten inneren Kind schweifen. Einst waren wir vielleicht »Opfer« von schwierigen Umständen oder Menschen, die uns als Hochsensible nicht immer bedingungslos angenommen haben. Aber nun können und sollten wir uns als erwachsene Frauen dieser Vergangenheit stellen und sie lernen anzunehmen. Natürlich kann der Schritt der Annahme von vergangenem Mangel oder widerfahrenen Ungerechtigkeiten zur schmerzhaften Auseinandersetzung führen. Aber nur, wenn wir wissen, woher wir kommen, können wir viele unserer inneren Glaubenssätze, Einstellungen und Handlungen besser verstehen und dementsprechend ändern. Selbstwirksamkeit ist hier ein wichtiges Stichwort. Wenn Angst nämlich verhindert, den toxischen »Lügen« ins Auge zu schauen, können sie auch nicht in wahrhaftige Gedanken umgewandelt werden.

»Ihr werdet die Wahrheit erkennen,
und die Wahrheit wird euch befreien.«

Johannes 8,32

Ich möchte an dieser Stelle allen hochsensiblen Frauen Mut machen zur Ehrlichkeit. Zur Ehrlichkeit mit sich selbst, auch wenn diese erst schmerzlich sein sollte. Im Licht der Erkenntnis wird uns dann vielleicht bewusst, wie viel Zeit wir mit falschen Glaubenssätzen verbracht oder sogar verschenkt haben. Aber zum Glück haben wir einen Gott, der damit umgehen kann und uns zu jeder Zeit an dem Punkt im Leben abholt, an dem wir gerade stehen. Aus meiner Erfahrung in der Arbeit mit hochsensiblen Frauen kann ich sagen, dass dieser Schritt ein schmerzhafter, aber sehr befreiender und unumstößlicher ist. Gottes Perspektive auf unsere eigenen Bewertungen zu suchen kann unglaublich heilsam sein. Vielen hochsensiblen Frauen hat in diesem Prozess das Gebet oder die Meditation geholfen. Vor allem im kontemplativen Gebet – im Sein vor Gott – können negative Glaubenssätze aus unserem Unterbewusstsein ins Bewusstsein vordringen und liebevoll von uns angeschaut werden. Das (innere) Kind, das viele Entbehrungen oder Ablehnungen erfahren hat, darf von der Erwachsenen verständnisvolle Zuwendung erfahren. Würde unsere beste Freundin uns davon erzählen, dass sie gerade von dem Seitensprung ihres Mannes erfahren hat, würden wir ihr sicherlich nicht sagen, dass mit ihr wohl etwas nicht stimmen kann. Aber warum sprechen hochsensible Frauen oft genau in solch einem ungnädigen Ton über und mit sich selbst? Beim Anschauen und Entdecken solcher negativen Glaubenssätze ist es deshalb oberste Priorität, dass wir uns nicht auch noch schlecht, schuldig oder beschämt fühlen, weil es sie überhaupt gibt. Annahme ist eine Kernkompetenz und der erste Schritt hin zu mehr Freiheit.

Affirmationen – Positive Wertung und Bejahung

Weiterhin können sogenannte Affirmationen negative Glaubenssätze in positive umwandeln. Der Begriff der Affirmation, vom lateinischen »affirmatio« stammend, bedeutet so viel wie eine Beteuerung, die mit einer positiven Wertung oder Bejahung einhergeht. Hier ein paar **Beispiele für Affirmationen**:

- »Ich liebe mich, so wie ich bin.«
- »Ich gebe jeden Tag mein Bestes.«
- »Ich bin einmalig und besonders.«
- »Ich allein bin für mein Leben verantwortlich.«
- »Ich bin dankbar für alles, was ich bin und habe.«
- »Ich bin genug.«
- »Meine Hochsensibilität und Empathie sind ein Geschenk, wenn ich sie in zwei Richtungen nutze: für andere und für mich selbst.«
- »Egal, wo ich gerade stehe, ich bin stolz auf mich und meinen Weg.«
- »Ich öffne mich heute dafür, das Beste zu empfangen, was Gott mir heute schenken möchte.«
- »Ich bin mutig. Ich bin stark. Ich bin jederzeit in Gottes Hand.«
- »Ich vertraue.«
- »Ich muss nichts tun, erreichen oder erfüllen, um geliebt zu werden. Gottes Liebe ist bedingungslos.«
- »Nicht das *Ich kann, ich muss, ich soll* zählt, sondern nur das *Ich bin*. Geliebt. Einmalig. Königskind. Tochter Gottes.«
- »In mir liegt so viel, mit dem ich diese Welt verschönern kann.«
- »Auch dunkle Tage ändern nichts an meinem Licht.«

Durch solche selbstbejahenden Sätze können negative Haltungen ersetzt werden, was zur Gesundheit von Körper, Geist und Seele und einer erhöhten Resilienz beitragen kann. Wenn wieder ein falscher Gedanke auftaucht, können wir ihn entlarven und durch einen positiven Glaubenssatz austauschen – und leben. Wir werden motivierter und ausgeglichener, unser Verhalten und unsere Emotionen ändern sich in Richtung Frieden und Freude.

Täglich denkt der Mensch rund 60.000 Gedanken, die auf alle Zellen im menschlichen Körper Einfluss haben. So können sich durch Affirmationen unter anderem neue Synapsen-Verschaltungen im Gehirn bilden. Diese führen zur Ausschüttung anderer Hormone, die wiederum eine positive Auswirkung auf unsere Gesundheit und Beziehungen haben. Alle im Menschen verankerten Glaubenssätze, die positiven wie auch die negativen, die bewussten wie auch die noch unbewussten, steuern demnach den gesamten Menschen.

Für einen gelingenden Einsatz von Affirmationen hier ein paar konkrete Tipps für dich zur Umsetzung:

- *Ersetze negative Glaubenssätze bewusst durch die entsprechende – gegenteilige – Affirmation.*
- *Nimm dir vor allem morgens und abends Zeit für ausgewählte Affirmationen, da zu diesen Tageszeiten dein Unterbewusstsein besonders offen und empfänglich ist.*
- *Sprich Affirmationen laut aus! So wird zusätzlich der auditive Kanal genutzt, und dein Mund erzählt deinem Gehirn auf diese Weise Gutes über dich.*
- *Halte Affirmationen kreativ fest – in Form von Bildern oder Worten. Verteilt zu Hause oder auf der Arbeit wirken sie ergänzend auf den visuellen Zugang und stärken zusätzlich positive neuronale Verbindungen.*

Frei werden

Zum Glück sind wir mit allem ausgestattet, was wir brauchen, um unser Denken dauerhaft zu erneuern und toxische Glaubenssätze endgültig aus unserem Verstand zu verbannen.

Unser Schöpfer sehnt sich danach, dass wir frei werden von eigenen falschen Anklagen, die nicht seinem Herzen und seiner Sicht entsprechen. So ist er es, der uns dabei hilft, negative Glaubenssätze Stück für Stück zu erkennen. Dieser Prozess ist aus meiner Sicht ein lebenslanger, der nie völlig abgeschlossen ist. Entwickeln wir eine offene Haltung uns gegenüber, die geprägt ist von Entdeckerlust und Freude am eigenen Ich, beginnt es sogar Spaß zu machen, die eigene wahre Identität Stück für Stück freizulegen und Hand in Hand mit Gott auf diesem Weg der inneren Heilung zu gehen.

Du bist dran!

Glaubenssätze ersetzen

Nimm dir ein paar Blatt Papier, einen Stift, dein Lieblingsgetränk und zieh dich an einen möglichst ruhigen Ort zurück. Und vor allen Dingen: Nimm dir Zeit – für dich und deine Gedanken. Denn jetzt heißt es, ans Eingemachte zu gehen und zu überlegen, welche negativen Glaubenssätze du tief in deinem Inneren verankert hast. Möglicherweise trägst du sie schon seit Jahren mit dir herum, ohne dir dessen richtig bewusst zu sein.

Schreibe diese Selbstannahmen auf. Langsam, Satz für Satz. Verwende, wenn du möchtest, für jeden einzelnen Glaubenssatz einen neuen Zettel. Und lass nicht zu, dass dich beim »Graben« und Aufschreiben Selbstanklage oder Schuldgefühle überwältigen. Denn du darfst wissen: Diese Aussagen über dich entsprechen nicht der Wahrheit! Du darfst sie bewusst loslassen – löschen, ausradieren, durchstreichen, im Kamin verbrennen, in den Mülleimer werfen. Und du darfst jede einzelne Falschaussage bei Gott abgeben, abladen, einfach loswerden.

Danach schnappst du dir einen neuen Bogen Papier. Betrachte ihn als die sprichwörtliche unbeschriebene Seite, die du nun füllen darfst: mit wahren, stärkenden Aussagen über dich, dein Leben, deinen Glauben. Mit positiven Affirmationen, die dich von nun an durch deinen Alltag und deine Gefühls- und Gedankenwelt begleiten.

18

DIE BALANCE IM LEBEN HOCHSENSIBLER

Beiträge von Christina Herr und Elena Schulte

Die richtige Balance – gibt es die überhaupt?

Dem Thema »Balance« widmen sich zahlreiche Bücher und Ratgeber. Aktivität und Entspannung, Alltag und Freizeit, Familie und Arbeit in Einklang zu bringen, scheint äußerst erstrebenswert, wenn von Konzepten wie der Work-Life-Balance gesprochen wird. Doch gibt es den »richtigen« Ausgleich überhaupt? Kann überhaupt ein perfektes Gleichgewicht zwischen den beiden Polen entstehen? Und müssen wir als Hochsensible unbedingt danach suchen? Oder ist der permanente Versuch, zur richtigen Balance zu finden, nur ein aussichtsloser und sinnloser Kampf gegen Windmühlen, den wir ohnehin verlieren?

Natürlich ist es für uns von großer Bedeutung, dass sich Phasen der Anspannung und Entspannung, des Arbeitens und Ausruhens, der Familienzeit und Berufszeit abwechseln. Dass wir uns nicht von morgens bis abends und tagein, tagaus mit einer Sache beschäftigen können, steht außer Frage. Die Frage ist allerdings, ob wir für ein glückliches, hochsensibles Leben einen »gerechten« Ausgleich beider Phasen brauchen. Ich glaube nicht. Ich glaube sogar, dass dieses Streben danach unnötig verbrauchte Energie ist und dass eine optimale Ausbalancierung unserer verschiedenen Lebens- und Arbeitsbereiche sowieso nur in seltenen Fällen zustande kommt und gelingt. Außerdem halte ich eine strikte Trennung von »Work« und »Life« für wenig sinnvoll. Vielleicht kennst du das auch: Von einem Familienurlaub war ich früher oft enttäuscht, wenn er nicht den ersehnten Ausgleich brachte, ich mich nicht vollständig erholt und meine Akkus wieder aufgeladen hatte. Interessant war, dass ich danach im Alltag auftanken konnte – nämlich dann, wenn mir meine Arbeit Spaß machte und ich ausreichend Pausen einlegte. Eine bewusste Gestaltung des Alltags und eine sinnerfüllte Arbeit sind meines Erachtens wesentlich wichtiger, als sich die ganze Zeit nach der perfekten Balance zu sehnen. Letzteres führt meist nur zu Unzufriedenheit, Erschöpfung oder Frust. Das wunderbare Zitat von Alexander den Heijer ergänzt die obigen Gedanken sehr schön: »Oft bist du nicht müde, weil du zu viel getan hast – sondern weil du zu wenig von dem getan hast, was dich innerlich zum Funkeln bringt.«[87]

Auf und ab

Manchmal kommt mir mein hochsensibles Leben
wie eine Wippe vor.
Eine Wippe, auf der ich Platz genommen habe
und die fortwährend in Bewegung ist.
Auf und ab. Hoch und runter. Oben und unten.

Ein ständiger Wechsel von
Muße und Beschäftigung
Rückzug und Auszug
Reizarmut und Reizüberflutung
Stille und Lärm
Bremse und Gaspedal
Entspannung und Anspannung
Gefühl und Verstand
Bauchgefühl und Vernunft

Langeweile und Überforderung
Ich und du
Lebensgestaltung und Fremdbestimmung
Genuss und Überreizung

Manchmal möchte ich am liebsten unten bleiben –
und pausieren. Dort fühle ich mich wohl. Gut aufgehoben.
Mit beiden Beinen auf dem Boden. Geerdet.
Dort bin ich eins mit mir, mit meinem Wesen.

Und dann wieder lockt es mich: nach oben.
Dem Himmel so nah. Oder zumindest näher.
Es zieht an mir: der Aufschwung, der mich nach oben bringt.
Mich aus meiner Komfortzone befördert. Der mir die Welt
aus einem anderen Blickwinkel zeigt.
Mir eine neue Perspektive schenkt. Für Veränderung sorgt.

In diesen Momenten begrüße ich das Auf und Ab.
Heiße es willkommen, nehme die Herausforderung an.

Und manchmal, ganz selten, bleibt die Wippe
in der Mitte stehen.
Ein kurzes Innehalten, ein Stillstand, eine horizontale Linie:
die ersehnte Balance.

Bis sich die Wippe erneut in Bewegung setzt
und mich in Bewegung bringt.
Auf und ab. Hoch und runter. Oben und unten.

Aber ist es nicht das, was ich eigentlich möchte?
Weder oben noch unten feststecken. Nicht stehenbleiben,
auf einer Position verharren. Unveränderbar.
Sondern: in Bewegung und beweglich bleiben.
Ausdauer trainieren, Weitsicht üben, Neues wagen.
Und manchmal auch: über mich selbst hinauswachsen.

Christina Herr

»DANN LASS DOCH EINFACH WAS DAVON!« – DIE BALANCE ZWISCHEN BERUFUNG, LEIDENSCHAFT UND ÜBERFORDERUNG

Impuls von Elena Schulte[88]

»Dann lass doch einfach was davon ...!«

Ich bin Ehefrau, Mama, Speakerin, Autorin, Leiterin, Selbständige, Kreative. Das ist viel – vielleicht zu viel. Neben den »handfesten« Tätigkeiten kommt der *Mental Load* hinzu: Immer alles im Blick behalten. Zusehen, dass nichts hinten runterfällt. Und zu allem »Überfluss« bin ich auch noch initiativ, perfektionistisch und hochsensibel – habe also ständig neue Ideen, will alles wirklich gut machen, spüre viele Zwischentöne und kann mich schlecht abgrenzen.

»Dann lass doch was davon!«, ist ein Satz, den ich recht oft höre. Er soll mir helfen – tut er aber nicht. Was soll ich denn lassen? Das Helfen beim Homeschooling? Das Kochen? Das Schreiben? Nein, das natürlich nicht! Aber vielleicht Instagram? Meine Vertriebstätigkeit? Den Shop? Oder wenigstens neue Projekte? Klar, das wäre möglich. Aber weißt du was? Das macht mir richtig Spaß! Das ist mein Ausgleich, meine Leidenschaft, mein Herz.

»Dann lass doch was davon!« Dieser Satz ist für mich wie ein Schlag ins Gesicht. Denn er vermittelt mir: Das, was du tust, kannst du doch auch einfach lassen. Ist doch gar nicht so wichtig. Oder anders formuliert: Dein Stress ist hausgemacht. Du *musst* ja nicht so viel tun. Und wenn du das alles machen *willst*, beschwer dich bitte nicht.

Ich glaube, viele Frauen tragen große Verantwortung und damit auch eine große Last. Was tue ich – was nicht? Wie viel mache ich für andere (Familie, Freunde, ...) – wo darf ich auch selbst vorkommen (und das nicht nur beim Kaffeeklatsch im Sonnenschein, sondern auch mit meiner Leidenschaft, meinen

Geschäftsideen oder meiner Gabe zu leiten)? Wie gelingt mir eine Balance, die ich vor mir und vor anderen vertreten kann – und muss ich sie immer vor anderen vertreten können? Was ist vernünftig, was ist leidenschaftlich – und was davon ist mehr »wert«?

Ich möchte dir heute zujubeln. Du großartige, starke, begabte Heldin! Du zarte, zerbrechliche, verantwortungsbewusste Königin. Wie mutig, dass du dich zeigst! Es braucht nicht weniger von dir. Was du tust, ist der Wahnsinn. Die Welt darf dankbar sein, dass es dich gibt!

Welche Frauen feierst du, wer sind deine Vorbilder?

Und welche Sätze würdest du viel lieber hören als »Dann lass doch was davon!«?

ÜBER DIE AUTORIN

ELENA SCHULTE, Jahrgang 1982, lebt mit ihrer Familie am Rande des Rheinlands, ist beim Missions- und Bildungswerk »Neues Leben e.V.« angestellt und arbeitet als Speakerin und Autorin. Ihr Herz brennt dafür, Frauen herauszufordern, mitten in ihrem Leben Jesus zu begegnen und mutig ihren Platz in seiner Geschichte mit dieser Welt einzunehmen. Dazu nutzt sie Worte, Kreativität und ihr ganz alltägliches Leben.

19

STRESSBEWÄLTIGUNG UND BURNOUT-PRÄVENTION

Beitrag von Carolin Seckt

Ein ungeplanter Weg – Meine Geschichte

Manchmal verlaufen Dinge in unserem Leben anders, als wir sie uns vorstellen.

Ich merkte schon sehr früh, dass ich in manchen Dingen anders wahrnahm und fühlte als andere. Ich hörte in meiner Kindheit oftmals Sätze wie: »Wein doch nicht gleich!« und später im Anerkennungsjahr in einer führenden Position: »Du musst einfach noch etwas härter werden und dir nicht alles so zu Herzen nehmen!«

Ich möchte dir von mir erzählen. Ich dachte, mich gut zu kennen. Meinte, meinen Platz im Leben gefunden zu haben. Ich war frisch verheiratet mit einem Mann, den ich von Herzen liebte, hatte einen liebevollen Freundeskreis und Rückendeckung durch meine Familie. Außerdem war ich fest integriert in einer freien evangelischen Gemeinde. Mein Herz war dankbar, Jesus als besten Freund und Versorger zu haben. Mein Mann und ich leiteten gemeinsam einen Teilstamm der Pfadfinder von Jugendlichen und jungen Erwachsenen. Etwa ein Jahr zuvor hatte ich meinen Arbeitgeber gewechselt und war sehr glücklich in meiner neuen Stelle. Meine Tätigkeit im Online-Marketing und

Trainer-Management eines Schulungshauses erfüllte mich. So dachte ich zumindest ...

Doch dann machten sich – nach und nach – immer mehr Symptome bei mir breit. Ich schlitterte, ohne mir dessen bewusst zu sein, tief in einen Burnout. Lange hielt ich die damalige Situation aus. Statt hinzuhören, lenkte ich mich ab. Statt langsam zu machen, wurde ich immer schneller. Meine tägliche Arbeitszeit stieg und stieg. Ich war richtig gut! Es begeisterte mich selbst, wie ich ohne Pause über Monate so viel erfolgreich schaffte. Bis ich mich eines Tages selbst nicht mehr spürte. Ich funktionierte nur noch.

Wenn ich jetzt an diese Zeit denke, sehe ich sie wie einen langen Dauerlauf – bis ich fiel. Wohin ich fiel, sah ich nicht; ich fiel in die Tiefe. Dunkelheit, Kraftlosigkeit breiteten sich in mir aus. Ich wollte und konnte nicht mehr. Hatte keine Freude mehr am Leben. Ich wünschte es mir anders, doch mir fehlte aller Mut und alle Kraft, ich gab mich selbst auf.

Wenn ich mich morgens ins Büro setzte, blockierte mein Körper jede Tätigkeit, ich verschwand häufig zur Toilette und weinte. Wenn das Wochenende zu Ende ging und der Sonntagabend da war, bekam ich Panikattacken, weil mich die Gedanken an die Woche übermannten.

Ich ließ mich krankschreiben, ohne zu wissen, woran genau ich litt. Mein großes Glück war eine Ärztin, die mir Raum gab und die Situation sehr schnell erkannte. Während dieser Wochen schaffte ich es kaum aus dem Bett. Den Tag zu bewältigen, überforderte mich. Gut zu mir zu sein, etwas zu essen, nach vorne zu blicken – es war unmöglich. Mein Kopf war voll mit Gedanken: »Ich schaffe *nichts,* bin eine totale Versagerin! Ich werde nur gebraucht, um irgendwie zu funktionieren!« Diese Worte verblendeten meine Sicht, der tägliche Schmerz und die Perspektivlosigkeit nahmen mir jegliche Hoffnung und allen Lebensmut.

Ich war so schwach und leer und verstand nicht, dass Gott mich genau so annimmt und liebt, wie ich bin. Dabei sagt er es in seinem Wort, der Bibel: »Wenn du keinen Ausweg mehr siehst, dann rufe mich zu Hilfe! Ich will dich retten, und du sollst mich preisen« (Psalm 50,15). Und dabei hatte ich das doch mein ganzes Leben lang gehört. Aber jetzt, in diesem Loch, fühlte ich mich dermaßen gefangen, dass ich alle Zusagen von mir abwies. Nichts erreichte mich und mein Herz, ich war umschlossen wie von einer meterhohen Mauer.

Immer noch wusste ich nicht, was mit mir los war. Zunehmend überforderten mich meine steigende Ausfallzeit und die Anrufe meines Chefs. Ich sollte mich auf Wunsch meiner Ärztin in die Hände von Fachpersonal geben, wurde regelmäßig von Neurologen untersucht und behandelt, und stellte mich Therapeuten vor – ein schwerer Gang. Ich gehörte dort aus meiner Sicht nicht hin und rechnete damit, dass ich einfach nur ein bisschen Zeit bräuchte. Ich war ja nicht krank, dachte ich.

Es änderte sich jedoch nichts! Tag für Tag ging es mir schlechter, sodass ich nur mühsam Kraft hatte, bereit für den Tag zu sein, das Bett zu verlassen, geschweige denn das Haus. Nach mehreren Wochen musste eine Entscheidung getroffen werden. In kürzester Zeit tat sich die Möglichkeit auf, mich anderthalb Monate lang in einer Tagesklinik für ambulante Psychosomatik behandeln zu lassen. Einerseits erschlug es mich, andererseits war es ein Weg, der sich vor mir auftat. Es ging endlich weiter.

Diese Wochen zählen mit zu den intensivsten Wochen meines Lebens. Inklusive aller emotionalen Tiefgänge und Höhenflüge. Es forderte mich sehr heraus, so viel Leid anderer in Gruppentherapien und in der Gemeinschaft zu sehen. Aber ich lernte so viel über Rollenbilder und verstand so vieles aus meiner Vergangenheit. In der Natur, bei Sitzungen in Kunst oder Methodik spürte ich mich selbst nach so langer Zeit zum ersten Mal wieder. Meine Kreativität, mein wildes Herz. Tage des Aufwachens begannen. Zu Hause entwickelte sich wieder eine Lust auf einzelne Dinge, wie zum Beispiel, gut für mich zu sorgen, wieder zu kochen, mich auszuprobieren. Ich begann, mich viel zu bewegen: Täglicher Sport wurde zu meinem Ausgleich, der mir sehr viel Selbstliebe lehrte. Ich ging joggen und fuhr jeden Tag mit dem Rad zur Therapie quer durch die Stadt.

Meine Therapeuten freuten sich über meine schnellen Erfolge und waren begeistert, mich so aufblühen zu sehen. Zum Ende der sechs Wochen war sehr schnell die Rede von einer Eingliederung. Ich merkte, dass ich noch nicht so weit war, obwohl alle anderen an mich glaubten. Stufenweise saß ich wieder an meinem alten Arbeitsplatz. Erst im Homeoffice und dann – viel zu schnell, viel zu viele Stunden – in meinem alten Job. Und rums! Alles ging von vorne los, nur deutlich ungebremster.

Rückfall und neue Chancen

Es ging mir körperlich nach kurzer Zeit extrem schlecht. Ich wollte leben, aber mein Leben fühlte sich an, als würde man mir das Atmen verbieten. In einer der Therapie-Einheiten zuvor hatte ich aus Ton eine Büste gebildet; Kopf, Hals und Oberkörper ohne Gesicht, ohne feine Details. Nur glatt geformt. Um den Hals eine Schlange. Als dies in meinen Händen entstand, erschrak ich. Dieses leblose Ding zu sehen, forderte mich heraus und machte mir deutlich, wie ich mich fühlte. Mir fehlte die Luft zum Atmen – erneut.

Ich hatte so wenig Kraft, also kündigte ich auf Rat meines Mannes meine Stelle. Dieser Schritt war kein leichter. Da stand ich nun, verwirrt, an mir zweifelnd und ohne Perspektive.

Ich fühlte mich absolut hilflos in diesen Tagen. Mein größter Segen war eine christliche Seelsorgerin, mit der ich mich regelmäßig traf. Doch sowohl mein Mann, die Therapeutin aus der Psychosomatik, die ich zum Nachgespräch besuchte, als auch meine Seelsorgerin waren entsetzt, dass aus der Frau, die so viel Freude wiedererlangt hatte, eine Person geworden war, die jeglichen Glauben an sich selbst verloren hat. Bis eines Tages Gott mein Herz knackte, mitten in einem Seelsorgegespräch.

Von etlichen Therapeuten wurde mir in dieser Zeit gesagt, wenn ein Mensch einmal an einem Burnout erkrankt, bliebe es nie bei diesem einen Mal. Sehr häufig würde ein lebenslanger Prozess ins Rollen gebracht, bei dem weitere Depressionen entstünden. Aber Gott sagte zu mir: »Stopp! Du wirst diese Tiefe, diesen tiefen Fall, den du erlebt hast, in dieser Form nie mehr erleben. Wen ich frei mache, der ist wirklich frei!«

Gott zeigte mir, warum ich mich ständig infrage stellte. Ich verstand, dass die Fremdbestimmung und Erwartungen, die von außen an mich herangetragen wurden, kein gutes und gesundes Maß hatten. Ich verstand, dass es nicht an meiner Leistungsfähigkeit lag, sondern an übertriebenen, nicht realisierbaren Anforderungen und Ansprüchen. Mit Hilfe der Seelsorgerin deckte ich Manipulation und falsche Glaubenssätze auf und stellte fest, in welchen Lebensbereichen mir gewisse Rollenbilder nicht guttaten. Gott heilte, er heilte mein Herz!

So erlebte ich einen regelrechten Befreiungsschlag. Ich blühte auf, hatte plötzlich Freude und Ideen. Und statt an meinen Arbeitsplatz zurückzukehren, machte ich mich selbständig. Leider fehlte mir nach so vielen Wochen des Ausgebranntseins das Maß. Ich war voller Euphorie und wollte mich von Herzen verstanden fühlen. Doch gefühlt eckte ich überall an, sogar in der Beziehung zu meinem Mann. Mein Mann hatte mich über all die Monate gebrochen gesehen. Zwar freute er sich nun sehr, mich so lebendig zu sehen. Trotzdem sorgte er sich um mich, hatte Angst vor Rückschlägen und versuchte mich zu schützen. Dadurch fühlte ich mich völlig ausgebremst und nicht verstanden. Es folgten die schwersten Zeiten unserer Ehe ... Wir versuchten, uns aufeinander »zuzukämpfen«, entfernten uns aber nur noch mehr voneinander.

Aber ist es nicht Gott, der in aller Dürre, in allem Schmerz und aller Hoffnungslosigkeit Blüte schenkt? Er tut Wunder! Mitten auf diesem Weg voller Hoffnung und Spannung legte Gott ein neues Ziel in meinem Leben fest: Ich wurde schwanger.

Mein Mann hatte sich schon seit langer Zeit von Herzen Kinder gewünscht und mich in verschiedenen Lebensabschnitten gefragt, ob nicht jetzt der geeignete Zeitpunkt für unsere eigene Familie wäre. Ich sah ihn nicht und konnte mich in den jeweiligen Lebensumständen nie dafür entscheiden. Dann folgten mein Burnout und viele Monate voller Schmerz. Als ich in all dem Dreck mich selbst fand, wollte ich lieber in die Selbständigkeit. Gott nutzte ein winziges Zeitfenster, um eine neue Perspektive in meinem Leben zu definieren. Ja, das war nicht leicht, ich fühlte mich überrumpelt und brauchte Zeit, mich mit diesem neuen Abschnitt anzufreunden. Ich sollte Mama sein! Ich?

Die Zeit war jedoch reif dafür, alles Aufgewühlte zu ordnen. Und so folgte ein »Land der Ruhe«. Meine große Herausforderung war, loszulassen und meine leeren Hände im Vertrauen Gott hinzuhalten und mutige neue Schritte zu gehen. Die Jahre danach waren heilsam für mich, denn im Gehen habe ich viel Wertvolles erkannt.

Ungeahntes Potenzial

Warum erzähle ich das Ganze? Warum teile ich diesen Teil meiner Lebensgeschichte mit dir?

Weil mir diese harte Erfahrung gezeigt hat, wie es ist, wenn eine Knospe zur Blüte kommt. Und weil ich dir Mut machen möchte. Denn auf diesem schweren Lebensweg lernte ich die tiefsten Tiefen meines Herzens kennen. Mir wurden die Augen für die falschen Denkmuster geöffnet, die ich mir angeeignet hatte.

Ich verstand so viel mehr, wie gut Gott mich erdacht hatte. Ich lernte so viele wertvolle Seiten an mir kennen. Ich lernte, dass ich hochsensibel bin und dass es zwar ein Geschenk ist, so viel wahrzunehmen, aber auch Selbstliebe und Selbstschutz braucht. Ich stellte fest, dass ich durch meine Herzenshaltung und meine Entschlossenheit für andere manchmal unbewusst ein Anstoß war. Dass es jedoch nicht mein Fehler ist, wenn zum Beispiel andere mein Potenzial sehen und gerne zu ihrem eigenen Nutzen gebrauchen wollen, sondern dass dann ein klares »Nein« von mir nötig ist.

Mein Name Carolin bedeutet »die Freie«. Jetzt weiß ich: Wenn mich jemand meiner Freiheit beraubt, kämpfe ich. Ich bin geboren als Kämpferin. Ungeplant kam ich in diese Welt und Gott stattete mich mit besonderen Sinnen aus, um Freiheit zu leben und andere in die Freiheit zu führen.

Hochsensibel zu sein ist ein Privileg, keine Krankheit und keine psychische Störung. Das Gehirn hochsensibler Persönlichkeiten funktioniert schlichtweg anders. Hochsensibilität verschafft uns Vorteile, wie beispielsweise, dass wir uns gut in andere hineinfühlen können. Aber eben auch die Herausforderung, Gefühle anderer und die eigenen sehr stark wahrzunehmen. Das Gehirn wird mit viel mehr Reizen befeuert und muss erst einmal filtern.

Stressprävention

Ein besonderes Anliegen ist für mich das Thema »Selbstfürsorge und Stressprävention«. Ich möchte nicht, dass du denselben Weg gehen musst wie ich. Hochsensibel zu sein ist ein Schatz, birgt aber die Gefahr, schneller auszubrennen.

Die ungefilterten Reize, die uns begegnen, sind nicht nur schön, sie können ungemein herausfordern. Vielleicht kennst du die Aussage »Nur wer für etwas brennt, kann auch ausbrennen«. Menschen mit Begeisterungsfähigkeit, Hingabe und Herz geraten bei weiter Wegstrecke im ungünstigen Fall mehr und mehr in eine Schieflage. Ein klares Warnsignal ist es, wenn eine Aufgabe, die dir eigentlich Freude bereitet, zur Belastung wird.

Ich möchte dir Mut machen, dich damit auseinanderzusetzen, was für dich eine Herausforderung oder Belastung darstellt. Viele Erfahrungsberichte anderer haben mir geholfen zu erkennen, wo es mir in verschiedenen Lebensbereichen genauso geht.

Finde Entspannungsmethoden, die dich aus dieser Welt der Sinneswahrnehmungen herausnehmen. Manchen hilft es, den Blick auf eine Kerze zu richten, andere schöpfen Kraft in der Natur, beim Sport oder kommen besonders bei Musik zur Ruhe. Reflektiere, ob du ein Arbeitsumfeld hast, das dich bei deinem Tun unterstützt oder hindert. Mache dir Gedanken über deine Beziehungen und Freundschaften. Prüfe aber auch, ob du die Grenzen deiner Mitmenschen überschreitest, wenn du Wissen über andere einsetzt, von dem du meinst, es sei völlig offensichtlich. Gehe bei Belastung in dich und spüre der Frage nach, an welchen Stellen sich der Stress in deinem Körper ansiedelt und warum sich etwas stufenweise anstaut.

Ich möchte kurz darauf eingehen, was Stress mit uns macht. Wenn ein Mensch im negativen Stress – Distress – ist, ist er in Alarmbereitschaft. Er handelt nicht mehr nach normalen Mustern, sondern steht immer vor der Entscheidung: »Kämpfe ich oder flüchte ich?« Das bleibt als einzige Handlungsalternative und ist unglaublich anstrengend. Es ist ein reiner Schutzmechanismus unseres Gehirns, um Dinge gut durchzustehen. **Als Hochsensible sind wir schneller in der Situation, mit Erschöpfungszuständen zurechtkommen und klug handeln zu müssen, wenn das Nervensystem überwältigt ist.**

Übung: Reize im Alltag

Wenn Reize kommen, die in mir mehr und mehr Aufmerksamkeit auf sich ziehen, hilft es mir, meine Gedanken bewusst zu stoppen und die wahrgenommenen Reize wie in eine Zwischenebene zu schieben. Ich übe seit Jahren, es nicht zuzulassen, dass mein Schwerpunkt auf die Reize oder die damit verbundenen Gefühle überhandnehmen. Dieser Abstand ermöglicht mir zu entscheiden: »Ist das jetzt etwas, womit ich mich auseinandersetzen möchte, betrifft es mich persönlich, ist gerade die Zeit dafür da?« Dann erst lasse ich es an mich ran. Früher ist mir dies nicht gelungen – und alle Reize sind auf mich einprasselt. Vielleicht hilft diese Übung dir auch!

Natürlich gibt es auch guten voranbringenden Stress, sogenannten Eustress, der uns zur Höchstleistung bringt, wie zum Beispiel beim Sport. Dieser hat keine negativen Auswirkungen auf Körperfunktionen und Psyche.

Mir gefällt es unglaublich gut, wie Jesus agiert hat, als er Mensch wurde. Er ist den Menschen begegnet, hat sich Zeit genommen und sie sogar geheilt. Er hat vor großen Menschenmengen gesprochen, an Orten, wo bestimmt einiges an Trubel, Geruch und Leben war. Er hatte Mitleid mit den Menschen und hat sich ihrer angenommen und sie geheilt. Doch auch er wusste, wann es genug war, und zog sich zurück. Er nahm sich Zeit allein zu sein, um in dieser Einsamkeit Gott im Gebet zu begegnen.

Auch mein Herz kommt bei Gott zur Ruhe wie an keinem anderen Ort. Er lädt uns ein, ihm zu begegnen und bei ihm Annahme, Liebe und Erfüllung zu erfahren.

Nun möchte ich dir noch gerne eine Checkliste an die Hand geben. Sie zeigt auf, ob bestimmte Zeichen zunehmen und wie du auf deinen Körper hören kannst. Sie legt dir offen, ob ein Ungleichgewicht eingetreten ist, wovon du Schaden nehmen könntest.

Checkliste für Burnout-Gefährdung

- ◯ Meine Arbeit macht mir kaum noch Spaß
- ◯ Ich fühle mich körperlich, emotional und/oder geistig erschöpft
- ◯ Mein Stress wird chronisch
- ◯ Ich fühle mich ständig überfordert
- ◯ Ich bin müde und abgespannt
- ◯ Ich neige zu Sarkasmus und Zynismus
- ◯ Ich fühle mich leer und ausgebrannt
- ◯ Ich habe kaum noch Lust an irgendetwas
- ◯ Ich fühle mich wie eine Gefangene
- ◯ Ich bin oft ungerecht zu anderen, gereizt und aggressiv
- ◯ Ich erwische mich häufig bei sorgenvollem Grübeln
- ◯ Ich kann mich kaum noch erholen
- ◯ Ich vernachlässige meine Familie, Freunde und Hobbys
- ◯ Mein Pessimismus nimmt zu
- ◯ Ich bin suchtgefährdet
- ◯ Aufwand und Ertrag stehen in zunehmendem Missverhältnis
- ◯ Ich frage mich nach dem Sinn meines Einsatzes und der Arbeit
- ◯ Ich zeige vermehrt körperliche Symptome
- ◯ Ich schlafe schlecht

Wenn mehr als drei Punkte auf dich zutreffen, bist du gefährdet und solltest dir Unterstützung oder Hilfe suchen. Überlege, was du an deiner aktuellen Situation ändern und wie du für Entlastung sorgen kannst.

Folge mir auf eine Reise …

… und stell dir vor: Das Hochsensibelsein ist ein Weg durch eine wunderschöne Landschaft. Ja, dieser Weg geht auch oftmals steil nach oben, in wilden Kurven. Geh ihn trotzdem, geh nicht abseits des Weges, wo du mitten im unwegsamen Land stecken bleibst und dir mühsam einen Weg mitten durch das Gestrüpp schlagen musst.

Wege, die mich dorthin bringen würden, wenn ich mich zu sehr fremd bestimmen lasse.

Nimm auch nicht den kleinen Trampelpfad, der voller Stolpersteine steckt, weil er gar nicht zu deinen Schuhen passt.

Wege, die ich gehen würde, wo ich nicht meinem Herzen und meiner Bestimmung folge.

Nein, wähle *deinen* Weg und verpasse nicht die schöne Aussicht, den traumhaften Blick ins Tal, die Sonne, die sich langsam hinter den Berggipfeln verabschiedet und alles in goldener Farbe erscheinen lässt. Gehe den Weg, der für dich als Lebensweg bestimmt ist, der so viel mehr für dich zu bieten hat. Er steckt voller Blüte, voller Fülle und voller Vielfalt.

Zurück zum gesunden Weg: Erste-Hilfe-Checkliste zur Stressreduktion

- Ich akzeptiere, dass ich eine Pause brauche und sage alles ab, was nicht von existentieller Bedeutung ist.
- Ich gönne mir Ruhe und gesunden Schlaf (7 bis 9 Stunden).
- Ich tue etwas, das ich mag und das mir guttut (möglichst dreimal täglich).
- Ich pflege meinen Körper (genügend Wasser trinken, drei gesunde Mahlzeiten, Bewegung).
- Ich bleibe in Kontakt zu anderen und pflege Beziehungen. (Die Beziehung zu Menschen, die wir lieben, gibt uns Standhaftigkeit.)

- Ich behalte den Überblick darüber, wo ich Stress in meinem Körper fühle.
- Ich setze Grenzen (mir selbst und anderen).
- Ich trainiere Rituale und praktische Übungen (positive Gedanken, Meditation, Wahrheiten aussprechen).

In den letzten Jahren durfte ich so viel von meinen Kindern lernen. Ich liebe es, Mama von vier Kindern zu sein; einem Himmelskind und drei in meinen Armen. Ich bin von Herzen dankbar für dieses Leben an der Seite meines Mannes und diesen Weg zuvor, der mich hart hat aufschlagen lassen und mir nun so sehr hilft. Ich durfte unglaublich viel lernen!

Ich liebe es, wie Gott Geschichte schreibt, wie er meine Kraftquelle ist, mein Halt und mein Zuhause. Es berührt mich, mit ihm durch Höhen und Tiefen zu gehen, und ich freue mich, mein Leben so gestalten zu können und inzwischen viel deutlicher zu spüren, was mich blühen lässt.

Ich möchte dich ermutigen: Schöpfe dein Potenzial voll aus! Stehe auf, du Friedensstifterin, du Kreative, sei emphatisch und mutig. Du kannst dich so gut in andere hineinversetzen – bringe Liebe an die Orte, die voller Trockenheit danach dürsten. Du siehst sie! Sei eine Ermutigung für andere im Fühlen, im Hinhören. Doch noch mehr ermutige ich dich: Vergiss dich selbst nicht. Höre auf dein Herz und deine Bedürfnisse und entscheide bewusst, welchen Gedanken du Raum gibst, wo du Kraft investieren sollst und wo momentan nicht. Sei ganz du selbst!

Hochsensibilität ist herrlich und sollte gefeiert werden. Inzwischen fühle ich mich oft wie geadelt, denn hochsensibel zu sein ist wie eine Zusatzfunktion, die mir vieles offenlegt und in so vielen Dingen hilft. Mit den Nachteilen beziehungsweise den Herausforderungen hadere ich manchmal, lerne jedoch immer mehr dazu.

Ich wünsche mir für dich, dass auch du dich auf die Reise machst und herausfindest, welche besonderen Zusatzfunktionen Gott dir geschenkt hat.

ÜBER DIE AUTORIN

CAROLIN SECKT, 1987 geboren, studierte zunächst Betriebswirtschaft für Ernährung und Versorgungsmanagement. Später arbeitete sie sechs Jahre im Bereich Marketing, Trainermanagement und Öffentlichkeitsarbeit. Heute lebt sie gemeinsam mit ihrem Mann Constantin in Nürnberg und unterstützt ihn leidenschaftlich bei der Leitung einer freien evangelischen Gemeinde. Sie ist Mutter von drei Kindern und freiberuflich tätig. Auf ihrem Profil @_imherzenbarfuss_ auf Instagram schreibt sie über verschiedene Erlebnisse, Sehnsüchte, gesunden Lifestyle und ihre Hoffnung in Jesus.

Du wirst alle in Frieden bewahren,
die dir vertrauen,
die ihre Gedanken auf dich setzen.

(frei nach Jesaja 26,3)

Wenn Leidenschaft schwindet,
schwindet Leben.

Carolin Seckt

20

WIE DU IN DER NATUR RUHEINSELN FINDEST UND AUFTANKEN KANNST

Beitrag von Tanja Wenz

Was hat Gottes Schöpfung mit Hochsensibilität und Ruhe finden zu tun?

Seit ich denken kann, bin ich gerne alleine unterwegs. Stundenlange Spaziergänge im Moor oder im Wald und überall dort, wo ich als Jugendliche mit dem Fahrrad hingekommen bin. Diese Momente waren schon damals sehr kostbar für mich, keine Ablenkung durch andere Menschen, keine Gespräche oder Telefonate. Niemand wartete auf Antwort, ich konnte einfach meinen Gedanken nachhängen und Erlebnisse reflektieren oder manchmal auch Abstand gewinnen. Damals war das noch relativ einfach, da es weder Handys noch iPads gab. Diese Augenblicke der Ruhe waren Inseln der Stille für mich. Ich konnte die Natur im Fluss der Jahreszeiten erleben und sie mit allen Sinnen in mich aufnehmen. Das Wechselspiel der Farben, die Wildtiere, die mir begegneten, Wolken, die am Himmel dahinzogen. Das alles gab mir Kraft, wenn mir der Alltag zu laut geworden war, wenn ich Abstand und Ruhe brauchte.

Ein Waldlauf kommt nie aus der Mode, aber im Zeitalter von Handy und Social Media sind diese Momente in der Natur kostbarer denn je. Wenn ich das Gefühl habe, von Umweltreizen überflutet zu werden, gehe ich immer noch in den Wald. Die Bäume um mich herum sind alt und stehen schon eine Ewigkeit an genau dieser Stelle. Sie wachsen, verändern sich aber nicht. Sie bleiben dort, egal ob ich heute, morgen oder in zwei Jahren dort stehe. Das gibt mir Kraft und Halt in dieser schnelllebigen Welt, in der sich viel um Wandel, Wechsel und Veränderung dreht. Beruhigend finde ich auch, dass die Bäume durch ihr weitläufiges Wurzelgeflecht miteinander verbunden sind. So existiert unter meinen Füßen ein großartiges Kommunikationsnetz. Hier werden Informationen ausgetauscht, ganz ohne Lärm, ohne Hektik. Vor dem Hintergrund der natürlichen Geräusche ist die Stille im Wald fast greifbar. Meine Sinne können sich beruhigen und ich schöpfe Kraft für die täglichen Aufgaben des Lebens.

Der Baum, ein Kraftspender

Manchmal suche ich mir bei einem Waldspaziergang einen besonderen Baum aus, der mich irgendwie anzieht. Ein Baum ist kraftvoll und trotzt den Widrigkeiten des Lebens. Bis ein Baum aus dem Takt gerät und umstürzt, muss schon sehr viel passieren. Ich schaue mir den Baum an, gehe auf ihn zu, umarme ihn und lege meinen Kopf an seine zerfurchte Rinde. Ich lausche in seine Tiefen hinein und fühle mich augenblicklich wohl und angenommen. Er hält mich, ohne mich festzuhalten, er redet mit mir, ohne laut zu werden, er tröstet mich, ohne eine Gegenleistung zu verlangen. Bei ihm muss ich keine Rolle spielen, mich nicht nach vorgegebenen, gesellschaftlichen Normen verhalten. Hier kann ich ganz zu mir selbst kommen, die Ruhe in mir finden.

Zwischen Ebbe und Flut

Geben und Nehmen, nichts zeigt dieses Prinzip deutlicher als die Gezeiten der Meere. Fülle und Kargheit im steten Wechsel. Die Küste zieht die Menschheit schon immer an, sie ist eine

Grenze zwischen hier und da, zwischen Land und Wasser. Eine Grenze zwischen den Elementen. Egal, wie das Meer auch toben mag, wie hoch die Wellen an den Strand schlagen oder wie viel Schaum meine nackten Füße aufwirbeln – hier komme ich zur Ruhe. Der Wind mag um meine Ohren brüllen und der Sand wie ein Peeling auf der Haut brennen – genau hier, an diesem Ort, in diesem Moment, kann ich sein und finde zu mir. Die Gezeiten zeigen mir immer wieder aufs Neue, dass ich mit meinen Kräften sorgsam und bewusst umgehen muss. Als Hochsensible fühle ich zwischenmenschliche Dinge, die andere Menschen oft nicht spüren können. Ich spüre, was Menschen mir zwischen den Zeilen sagen und reagiere darauf. Dabei bin ich stets um Harmonie bemüht und halte gleichzeitig Spannungen schlecht aus. Das führt dazu, dass ich schneller bereit bin, Zugeständnisse in Beziehungen zu machen und etwas zu geben, was vielleicht gar nicht gerechtfertigt ist. Auch wenn Menschen aus meinem Freundeskreis innerliche Bedürfnisse oder Probleme haben, fühle ich das sehr schnell und versuche, einen Ausgleich zu schaffen. Am liebsten würde ich die ganze Welt im Gleichgewicht halten. Doch meine Kräfte sind begrenzt, deshalb hilft mir ein Spaziergang an der Küste, sowohl bei Ebbe als auch bei Flut, immer dabei, zurück zu mir zu finden, in mich hineinzuspüren und zu schauen, wo ich zu viel von mir gebe, wo ich in den zwischenmenschlichen Tiefen verloren zu gehen drohe. Das Meer schenkt mir die Gewissheit: Alles im Leben hat einen Sinn, selbst wenn gerade Ebbe herrscht. Denn die Flut wird zurückkehren – die Fülle, die Kraft und die Energie für ein ausgeglichenes und achtsames Leben.

Abstand gewinnen

Die Natur gibt mir den Raum, den ich als Hochsensible brauche, um handlungsfähig zu werden oder zu bleiben. Ich brauche Platz und Ruhe, um ich sein zu können. Beides gibt mir die Natur. Wenn ich zu sehr in der Emotion bin und darüber hinaus nichts mehr wahrnehmen kann, finde ich in der Natur den Halt, den ich brauche. Viele Umweltreize nehme ich ungefiltert in mich auf, meine Sinne sind hellwach und immer auf Empfang geschaltet. Das führt manchmal zu einem Gefühl der Überflutung. Wenn ich deutlich spüre, dass mein interner Speicher voll ist, gehe ich raus. Und dabei geht es mir nicht nur um die Stille in der Natur, um die Geräuschreduktion, nicht nur darum, meinen Akku aufzuladen, sondern vielmehr darum, mit etwas Abstand die Dinge anzuschauen, die sich in mir angehäuft haben.

Die Menschen in meiner Umgebung senden rund um die Uhr Emotionen aus, die ich empfange. Wenn ich anfange, mich nur noch damit zu beschäftigen, was mir andere mitteilen möchten oder wie ich ihre Bedürfnisse erfüllen kann, sei es bei der Arbeit oder im Privatleben, weiß ich, dass es höchste Zeit ist, nicht nur den Akku aufzuladen, sondern auch den Filter zu reinigen. Dann muss ich dringend abwägen, was mit mir zu tun hat, was zu mir gehört und was ich von außen, von anderen, aufgenommen habe, das mir gar nicht guttut. Oft bin ich ja gar nicht die beabsichtigte Empfängerin der Botschaften, mit denen ich mich auseinandersetzen muss, denn sogar, wenn ich nur eine Außenstehende bin, bekomme ich innerlich mit, worum es geht.

Einer meiner Hunde ist wie eine feine Antenne für mich. Wenn in einer Auseinandersetzung innerhalb der Familie auch nur in Gedanken die Stimme erhoben wird und sich die Atmosphäre verändert, steht er auf und verlässt den Raum. Wenn wir uns in der Familie streiten, signalisiert uns unser Hund, wann es zu viel wird, wo wir unsere Kommunikation ändern müssen. Unser Hund zeigt mir jeden Tag sehr deutlich, wie wichtig es ist, nicht alles aufzunehmen, sondern Grenzen zu ziehen. Bis hier und nicht weiter, ihr könnt euch ja gerne streiten, aber ohne mich. So fungiert unser Hund als Anzeiger für unsere Emotionen, und mittlerweile wirkt er bereits durch sein Aufstehen und Raumverlassen auf uns. Lediglich durch diese einfache Grenzziehung verändern wir unsere Art der Kommunikation und reflektieren unser Verhalten.

Alleine sein

Menschen reagieren ganz unterschiedlich auf das Alleinsein. Manche fühlen sich einsam und können die Stille um sich herum nur schwer aushalten. Sie brauchen ein Gegenüber, um sich nicht verloren zu fühlen, oder wissen nicht so recht, was sie mit sich und der vielen Zeit anfangen sollen. Andere wiederum fühlen sich aufgehoben und geborgen im Alleinsein und spüren gerade dann, dass sie eins sind mit Gottes Schöpfung. Hier tanken sie Kraft und fühlen sich bestätigt.

Mir persönlich helfen gerade längere Auszeiten ungemein, mein inneres Gleichgewicht wiederherzustellen oder ungestört Ideen zu sammeln und neue Projekte anzugehen. Das Alleinsein ist für vieles gut, für das private, aber genauso für das berufliche Leben. Man hat Zeit und Muße zu reflektieren, was gut gelaufen ist und was nicht. Gibt es neue Interessen oder Pläne für die Zukunft? Diese Fragen kann man sich auch unabhängig vom Jahresende stellen. Ein Zwischenupdate lohnt sich immer, schafft neue Orientierung und eröffnet Räume für Neues. Manchmal tut es auch gut, »nur« festzustellen, dass alles prima ist, so wie es gerade läuft.

Hochsensibilität ist Teil meines Alltags und mit einem guten Gespür für mich und das, was mir guttut, komme ich damit sehr gut durchs Leben. Die Natur schenkt uns allen – ob wir nun hochsensibel sind oder nicht – viele Möglichkeiten der Stressreduktion. Wie wäre das: dieses wundervolle Geschenk einfach anzunehmen und es mit allen Sinnen zu genießen?!

ÜBER DIE AUTORIN

TANJA WENZ, geboren 1972, ist freie Autorin und veröffentlichte bereits erfolgreich verschiedene Kinder- und Jugendbücher wie auch Bücher für Erwachsene. Mit ihrer Familie und vielen Tieren lebt sie im schönen Naheland. In ihrer Freizeit reist sie gern und hält sich so oft wie möglich in der Natur auf. Mehr über die Autorin auf: www.tanja wenz.de.

Ein Bad im Wald

Wohlfühlort Wald

Neben Meer, Strand und Bergen dürfte der Wald einer der »natürlichen« Lieblingsorte der meisten Menschen sein. Waldbaden, Waldpädagogik, Waldkindergarten – diese Begriffe sind seit etlichen Jahren in fast aller Munde. Und: Sie werden als Entspannungsmethode, Beruf(ung) oder pädagogische Einrichtung von vielen begeistert genutzt. Dafür mag es mehrere Gründe geben: die geräuscharme und störfreie Umgebung, die Pracht der Farben zu jeder Jahreszeit, die Kraft und Ruhe der Bäume, die frische und reine Luft. Besonders für Hochsensible ist der Wald ein Wohlfühlort. Sogenannte Waldbäder können eine wahre Wohltat für dein gesamtes zartes System sein.

Eintauchen in den Wald – Das Waldbaden

Das Phänomen des Waldbadens wird von Jahr zu Jahr bekannter und beliebter und ist mittlerweile sogar wissenschaftlich umfangreich erforscht. Ihren Ursprung hat diese Entspannungsmethode in Japan, wo sie unter dem Namen »Shinrin Yoku« – zu Deutsch »Baden im Wald« – bereits im Jahr 1982 als staatliches Gesundheitsprogramm eingeführt wurde. Shinrin Yoku, also Waldbaden, bedeutet, mit allen Sinnen in die Stille und Atmosphäre des Waldes einzutauchen.[89] Anders als bei langen Wanderungen oder sportlichen Waldläufen geht es beim Waldbaden *nicht* darum, ein bestimmtes Ziel zu erreichen, an persönliche Grenzen zu stoßen oder irgendeine bestimmte Leistung zu erbringen. Vielmehr darfst du den Fokus darauf legen, dich vollständig auf den Moment und die Waldatmosphäre einzulassen. Dort darfst du deine Seele einfach baum-eln lassen.

Im Wald
darfst du deine Seele
baum-eln lassen.

Ganzheitliche heilsame Wirkung

Dass Waldspaziergänge wohltuend sind, ist sicher nichts Neues für dich. Vielleicht ist dir aber neu, warum dir ein solches Waldbad von Kopf bis Fuß guttut und welchen Einfluss es auf dich als Hochsensible hat. Ich finde es absolut erstaunlich, was bei einem simplen Waldspaziergang im Körper passiert: Das Immunsystem wird gestärkt und der Stoffwechsel gerät durch die Bewegung an der frischen Luft in Schwung. Atmung, Puls und Blutdruck werden reguliert. Außerdem sinkt der Spiegel unseres Stresshormons Cortisol, die Produktion der Glückshormone Serotonin und Dopamin wird angekurbelt und die Nerven entspannen sich, da dein Ruhenerv – der Parasympathikus – aktiviert wird und somit für den nötigen inneren Ausgleich zum alltäglichen Stress sorgt.

Von einem Waldbad profitiert also sowohl dein feinfühliger Körper als auch deine empfindsame Seele, der es leichter fällt, in der reizarmen Umgebung des Waldes zur Ruhe zu kommen. Auch dem hochsensiblen Verstand kann es besser gelingen, die oft vielfältigen und weit schweifenden Gedanken zu sortieren.

Im Wald
darfst du durchatmen
und aufatmen.

Da liegt was in der Luft

Aber warum ist der Wald denn nun so großartig? Worin liegt sein Geheimnis?

Nun ja, ein Geheimnis ist das nicht gerade, eher eine wissenschaftliche Tatsache: Es liegt an der Waldluft. Im wahrsten Sinne des Wortes liegt nämlich etwas *in* der Luft, das bei diesem Erholungsprozess und Zustand des Wohlbefindens eine entscheidende Rolle spielt: die unzähligen Terpene, die von den Bäumen – von Rinde, Blättern und Nadeln – sowie der gesamten Pflanzenwelt abgesondert werden und ihren Duft verströmen, der für den Wald so typisch ist. Terpene zählen zu den wichtigsten Bestandteilen der ätherischen (Baum-)Öle, gelten als heilkräftig und entzündungshemmend und haben all die anderen wohltuenden und heilsamen Eigenschaften, die im vorigen Abschnitt angesprochen wurden. Da du Terpene bei einem Waldbad automatisch über deine Haut und Lunge aufnimmst, können sie ihre Wirkung unmittelbar in deinem Körper entfalten.

Ein weiterer Vorteil der Waldluft ist die äußerst geringe Feinstaubbelastung. Bäume, Sträucher und andere Pflanzen fangen bereits kleinste Staubpartikel auf – und du musst sie somit nicht einatmen.

Ich bin unserem Schöpfer unendlich dankbar für diesen Wohlfühlort, der solch eine enorme Wirkung und Heilkraft auf uns als »hochsensibles Gesamtpaket« hat – auf unseren Körper, unseren Geist und unsere Seele.

Waldbaden zu Hause

Liegt das nächste größere Waldstück nicht bei dir um die Ecke? Oder ist es dir aus anderen Gründen nicht möglich, regelmäßig ein Waldbad zu nehmen? Dann kannst du dir den Wald auch nach Hause holen, indem du ätherische Öle wie Kiefer, Zedernholz oder Fichte verwendest. In einem Diffusor vernebelt oder verdünnt auf der Haut aufgetragen, haben sie ähnliche Effekte wie ein Waldspaziergang und sorgen außerdem dafür, dass dein Zuhause so herrlich und aromatisch duftet wie ein Wald. Mehr zu ätherischen Ölen erfährst du in Kapitel 13.[90]

Mut ist mehr als ein lautes Brüllen.
Manchmal ist Mut die leise Stimme,
die am Ende des Tages sagt:
Morgen versuche ich es einfach noch einmal.

Mary Anne Radmacher[91]

21

DIE STÄRKE DES WIEDERAUFSTEHENS UND DURCHHALTENS – HOCHSENSIBILITÄT UND RESILIENZ

Beitrag von Sheila Serrer

Meine Geschichte und was sie mit Resilienz zu tun hat

Es ist der 12. November 2022 und ich laufe. Endlich wieder. Denn für lange Zeit konnte ich das nicht. Lächelnd und stolz spaziere ich durch meinen Lieblingswald, genieße das Rascheln des Laubes unter meinen Füßen, die warmen herbstlichen Sonnenstrahlen im Gesicht und empfinde pures Glück. Der Schock sitzt mir noch in den Knochen, vielleicht wird es eine kleine Weile dauern, bis ich wieder die Alte bin – oder eben die »neue Alte«. Aber das darf sein, ich habe Zeit, und ich habe alles, was ich brauche. Ja, mein Körper ist ausgestattet mit allem, was er braucht, um mit Leichtigkeit und Freude durchs Leben zu gehen. Ich bin wunderbar und einzigartig gemacht – und das sind für mich mehr als saloppe christliche Lebensweisheiten. Dankbar und friedlich gehe ich meine Runde zu Ende.

Mein tiefer Glaube, dass wir tatsächlich ein genialer Gedanke Gottes sind, ist in den vergangenen Jahren jedoch deutlich ins Schwanken geraten, und in meinem Alltag gab es weitaus mehr Momente, in denen ich das Gegenteil fühlte und mich ganz und gar nicht wunderbar fand. Denn obwohl ich erst 27

Jahre alt bin, habe ich meine vergangenen zwei Lebensjahre fast komplett zuhause verbracht, viele Monate davon ans Bett gebunden.

Alles fing mit einer Covid-19-Infektion im Januar 2021 an, nach der ich einfach nicht mehr gesund, sondern – im Gegenteil – immer schwächer wurde. In den darauffolgenden Monaten lernte ich auf die harte Tour, wie einzigartig, komplex und ganzheitlich unsere Körper funktionieren. Das gilt natürlich für alle Körper, doch ganz besonders für uns, die wir so feinfühlig und zart geschaffen sind. Diese Erkenntnis ist wichtig, wenn wir uns den Herausforderungen des Alltags hilflos ausgesetzt fühlen. Weil wir eben die eine Stunde länger an Regeneration brauchen als unser Partner und wir vieles von dem um uns herum auf einer tieferen Ebene wahrnehmen und spüren. Weil wir durch diese »Sonderausstattung« aber auch eine wichtige Eigenschaft fürs Überleben perfekt trainieren können: Die Stärke der Resilienz, die Stärke des Wiederaufstehens nach einem Fall und das Durchhalten, wenn es hart auf hart kommt. (Doch dazu gleich mehr.)

Wie lerne ich, mich *nicht* als Opfer meiner Umstände zu sehen, sondern meinen Körper zu lieben, zu pflegen und zu hegen, und ihn als das zu sehen, was er ist: ein Kunstwerk aus Gottes Hand?

Ich bin zutiefst davon überzeugt, dass wir Kräfte und Fähigkeiten in uns tragen, die Gott in uns hineingelegt und mit denen er uns bei unserer Erschaffung ausgestattet hat. In der Identität als ein Kunstwerk aus der Hand eines Künstlers, der es gut mit uns meinte, als er uns schuf, dürfen wir stark und sicher sein.

Seine Güte steckt in uns. In unseren Zellen, Organen, Nerven und Muskeln. Wir sind ein Kunstwerk, *geschaffen, um zu leben.* Und wenn wir auch im Laufe unseres Lebens verlernen, wie *Leben* funktioniert, Schwierigkeiten ausgesetzt sind und Schaden nehmen, dürfen wir doch eins nicht vergessen: **Wir**

tragen alles in uns, was es braucht, um zu überleben. Und es wird Zeit, dass du und ich diese göttlichen Fähigkeiten einsetzen, um nicht länger nur zu *über*leben, sondern zu leben und zu gedeihen – mit all unserer Hochsensibilität, Zartheit und Feinfühligkeit.

Warum bin ich mir dessen so sicher? Zu mir: Ich bin Sheila, Erzieherin, Autorin und Bloggerin und ich bin *hochsensibel*. Zudem war ich in den letzten sechs Jahren chronisch krank, mit einer großen Anzahl an stark ausgeprägten Symptomen wie Schwindel, nicht endenden und wiederkehrenden Erschöpfungszuständen und einem Immunsystem fernab von dieser Welt.

Dass ich hochsensibel bin, weiß ich seit ungefähr fünf Jahren. Zusätzlich erhielt ich vor einigen Monaten die Diagnose der chronischen Krankheit CFS – dem chronischen Erschöpfungssyndrom. Denn als ich wie erwähnt nach Covid-19 nicht mehr gesund wurde, wussten die Ärzte sich nicht anders zu helfen, als mich mit einer Diagnose abzuwimmeln, für die sie allerdings weder eine sinnvolle Medikation noch Behandlungschancen sahen. Aufgrund fehlender Gelder und anderer Interessen wissen die Forschung und die meisten Ärzte bis heute nicht, was in einzelnen Fällen zu dieser Art der ausgeprägten Symptomatik führt, die ich in den letzten Jahren erlebt habe. Doch eins sagten mir alle Ärzte: Die Chance, dass das wieder gut wird, ist sehr gering.

Ich habe mich nicht auf diese Chance und Zufall verlassen. Und so bin ich zwei Jahre nach meiner Infektion gesünder, als ich es davor war. Ein entscheidender Vorteil und eine Hilfe in meiner Genesung war dabei meine innere Fähigkeit, auch diesem Kampf resilient gegenüberzutreten.

Was ist Resilienz? Der Begriff der Resilienz hat mich schon vor zehn Jahren in meiner sozialpädagogischen Ausbildung fasziniert. Als ich das erste Mal davon hörte, dass es einen Begriff gibt, der die innere Stärke eines Menschen beschreibt, hat mein Herz schneller geschlagen. Ich habe in dieser Zeit während meiner Ausbildung nicht nur viel über Kinder und ihre Entwicklung gelernt, sondern mir jedes Wort davon ganz tief eingeprägt, und das wiederum hat mich bis heute stark geprägt. Ich komme aus einem Elternhaus, das von mehr Risikofaktoren als Schutzfaktoren geprägt war – also das volle Potenzial, meine Entwicklung negativ zu beeinflussen und mir eine Hypothek fürs Leben mitzugeben.

Bei Resilienz handelt es sich um eine Art seelisches Immunsystem, das uns ermöglicht, trotz schwieriger Umstände die eigene psychische Gesundheit aufrechtzuerhalten und wiederherzustellen. Das brauchte ich damals, und ich brauche es heute immer wieder. So auch in den letzten Monaten, in denen mir klar wurde, dass der Grund für meine anhaltende Erschöpfung und vielen chronischen Symptome eine Mischung aus meinen Traumata, meiner Hochsensibilität und chronischem Stress war, die zu einer viel zu erhöhten Wachsamkeit gegenüber meiner kompletten Umgebung führten.

Doch schon seit Beginn meiner chronischen Erschöpfung fühlte ich mich all dem nicht so stark ausgeliefert wie viele andere Leidensgenossen. Das zeichnete sich immer wieder in Gesprächen und Erfahrungsberichten ab. Und auch in Gesprächen mit Ärzten und Therapeuten höre ich immer wieder, wie wunderbar ich all das gemeistert hätte, was mir zugestoßen war. War das Zufall? Ich denke nicht und bin mir sicher, dass eine entscheidende Fähigkeit, die ich schon seit Jahren trainierte, dazu führte: meine Widerstandsfähigkeit.

Resilienz, die Fähigkeit, zu der laut der Wissenschaft unter anderem Eigenschaften wie Optimismus, Akzeptanz, Lösungsorientierung, das Verlassen der Opferrolle und Selbstreflexion gehören, ließ auch mich in den dunkelsten Momenten einen Schritt weitergehen.

So entwickelte ich in den vergangenen Monaten Routinen, Übungen und Denkmuster, mit Hilfe derer *ich entscheide,* wem oder was ich mich aussetze und wie mein Körper auf mein Umfeld reagiert. Zunächst, um meine starken Symptome zu lindern, doch nun mit dem Nebeneffekt, dass ich mich nicht mehr ausgeliefert fühle, sondern gestärkt, und zunehmend lerne, wie ich auch die besondere Gabe der Hochsensibilität immer mehr genießen und auch in stressigen Situationen mein System herunter drosseln kann, wenn ich es brauche.

Gleichzeitig bleibe ich dabei noch genauso zart und emphatisch in Beziehungen, auf der Arbeit und in meiner Familie, aber mit einem entscheidenden Unterschied: ausgerüstet!

Ausgerüstet zu sein und resilient zu handeln, bedeutet für mich, der Unwissenheit über unseren faszinierenden Körper zu trotzen und uns seine Kraft und Selbstheilungskräfte zugute zu machen. Für mich sind Selbstheilungskräfte körperliche Mechanismen und Fähigkeiten, die Gott in uns hineingelegt hat. Und wir dürfen diese göttlichen Fähigkeiten einsetzen.

Ich fühle was, was du nicht fühlst – und weiß deswegen, was ich brauche

Da ich durch meine Ausbildung schon recht früh im Vergleich zu anderen mit dem Begriff Resilienz vertraut war, habe ich mir in den letzten Jahren eine Art Schatztruhe zugelegt, aus der ich immer wieder – wie bei einem Kindergeburtstag – eine Kleinigkeit heraushole und so meinen Alltag feiere, mich selbst beschenke und etwas genießen kann. Das war in meiner langen Krankheitsphase besonders wertvoll.

Als Hochsensible neigen wir dazu, sehr schnell und aufmerksam zu verfolgen, was in unserem Körper vor sich geht. Wir empfinden Schmerzen besonders intensiv und manches Mal schon, bevor eine Krankheit richtig losgeht. Das kann sehr anstrengend und kräftezehrend sein. Doch das Wunderbare an dieser Tatsache ist auch: Weil wir oft ganz genau wissen, was uns fehlt, wissen wir meistens auch ganz genau, was wir brauchen. So erlebe ich immer wieder, dass es mir viel leichter als anderen fällt, gut für mich zu sorgen, weil ich weiß, welchen Bedürfnissen ich gerade nachgehen sollte. Ich wende das Blatt, und das, was schlecht für mich sein könnte, wird mir zum Segen. Was mir einerseits das Leben erschwert, hat sich auf der anderen Seite als großes Geschenk herausgestellt: Das Geschenk der Selbstliebe und Fürsorge. Sei es ein besonderes Lied, mein Lieblingsessen oder ein Schaumbad: Durch meine Hochsensibilität bin ich in der Lage, all das ein bisschen mehr zu genießen – genauso, wie ich meine Symptome stärker spüre als andere – und das entpuppt sich für mich immer wieder als riesiger Schatz.

In den letzten Monaten hat mir diese Fähigkeit, zu wissen, was ich brauche und gut für mich zu sorgen, mein Leben ungemein erleichtert. Durch meinen ausgeprägten Sinn, die Schönheit in allem um mich herum wahrzunehmen und weil ich Selbstliebe schon jahrelang praktiziere, fiel mir es viel leichter als vielen anderen in einer vergleichbaren Situation, die ganzen Herausforderungen auszuhalten und durchzustehen. Ich wusste genau, was ich tun musste, damit der Schmerz ein klein bisschen leichter wurde und meine Gedanken sich aufhellen würden. Ich kenne mich. Und das wahrscheinlich viel mehr, als andere Menschen sich kennen und lieben. Vielleicht kommt dir das bekannt vor!

Resilienz einüben

Es folgen nun sieben »Geschenke« in Form von Übungen und Tipps, die ich dir auf deinen Weg mitgeben möchte, und die von mir ausgiebig auf ihre Praxistauglichkeit getestet wurden. Sie haben mir in den Jahren meiner starken Krankheit als hochsensible Frau einiges erleichtert und mir geholfen, den Kopf über Wasser zu halten.

In dem Wissen, wer unser Schöpfer ist, und wie gut er es gemeint hat, als er uns schuf, meistern wir nicht nur schwierige Lebenssituationen einfacher, sondern können mit unserer

Feinfühligkeit stolz und selbstsicher der Welt gegenübertreten, indem wir resilient handeln, Tools einsetzen, um uns im Alltag sicher zu fühlen, und uns immer wieder liebevoll im Alltag selbst begegnen.

Als ich Selbstfürsorge nicht mehr als nervigen weiteren Punkt auf meiner To-Do-Liste sah, den es abzuarbeiten galt, änderte sich vieles und mir wurde klar: Es ist *notwendig*, dass wir immer wieder Zeiten der Selbstfürsorge in unseren Alltag einplanen und dass wir tatsächlich selbst viel dazu beitragen können, wie es uns geht – auch wie es uns mit unserer Hochsensibilität geht.

Ja, die Chance, als Hochsensible sowohl körperlich als auch psychisch schneller und öfter zu erkranken, ist real, doch genauso real ist die Chance, die darin liegt, wenn wir uns unsere Hochsensibilität zunutze machen.

Der Begriff »Stresstoleranz-Fenster« wurde von Psychiatrieprofessor Daniel Siegel geprägt und wird häufig in der Traumatherapie verwendet. Er beschreibt den erlebten Spielraum und die Flexibilität, auf äußere Reize zu reagieren, ohne in einen dysregulierten Zustand des Nervensystems zu geraten, also auf gut Deutsch gesagt: Die Art und Weise, wie wir auf Stress reagieren, ohne unsere Nerven zu überstrapazieren. Die folgenden Arten der Selbstfürsorge habe ich in den letzten Jahren entwickelt, um mich im Alltag und den Beziehungen zu anderen Menschen resilienter zu fühlen und meine Stresstoleranzfenster zu stärken. Manche dieser Übungen beherrsche ich schon ziemlich gut, einige davon übe ich selbst noch. Sie sollen Impulse sein, wie du dich im Alltag besser fühlen und gestärkt dem Leben entgegentreten kannst.

Vor allem die Atem- und Vagus-Übungen stärken unsere Stresstoleranz und ermöglichen es uns, ganzheitlich Sicherheit herzustellen!

Resilienzstärkende Tipps und Übungen für zarte Frauen

1. Abgrenzung

Eine Methode, die ich sehr liebe und mir sehr viel Erleichterung verschafft, ist die *Briefträger-Methode.* Ich wende sie in Situationen an, in denen es mir schwerfällt, die Last meines Gegenübers nicht auf mich zu nehmen und bei mir zu bleiben.

Ich stelle mir dabei konkret vor, dass ich als hochsensible Frau lediglich ein Postbote Gottes bin, der ihm das Leid der Menschen um mich herum überreicht. Ich fühle mich sicher in meiner Identität, nicht die ganze Last der Welt tragen zu müssen, sondern meinen Mitmenschen so zum Segen zu werden.

Wenn dir das nächste Mal ein Schicksal nahegeht oder du berührt bist, erstarre nicht in Hilflosigkeit, sondern verpacke deine Gefühle als Gebet in einen an Gott adressierten Brief. Er weiß sicher damit umzugehen – und du fühlst dich leichter!

2. Atemübungen

Man sagt, wir wurden Mensch, als Gott uns seinen Atem eingehaucht hat. Ich empfinde unseren Atem als etwas zutiefst Heiliges und Wertvolles, das nicht umsonst eine so bedeutsame Rolle in unserer Schöpfung spielt.

Mit unserer Atmung können wir viele innere Körperprozesse verhältnismäßig leicht steuern und Einfluss darauf nehmen, wie stresstolerant und resilient wir im Alltag agieren. Probiere folgende Atemübung regelmäßig aus. Sie hat einen positiven Effekt auf dein Nervensystem, und das wiederum sorgt dafür, dass sämtliche

Körperprozesse reibungsloser und entspannter ablaufen.

Übung: Seufzender Atem
Atme tief durch die Nase ein.
Halte den Atem an und zähle bis Drei.
Öffne die Lippen und atme seufzend auf »Haaa ...« aus.
Du kannst das »Ha« auch stumm ausatmen. Etwas intensiver wirkt es aber, wenn du deinem Seufzer eine Stimme verleihst.
Wiederhole das seufzende Atmen drei bis fünf Mal. Schließe dann sanft die Lippen, lasse deinen Kiefer weich und entspannt bleiben. Schließe deine Augen und spüre in dich hinein.

3. Stark in meiner Identität

Auf meiner Reise ist es mir wichtig geworden, mir immer wieder selbst zu vergeben und mich in meiner Identität als *Kunstwerk* zu sehen.
»Ich bin nicht schuld an meiner Feinfühligkeit. Ich tue weder zu wenig noch etwas Falsches, und ich weiß, dass meine Hochsensibilität keine Strafe ist.« Hier arbeite ich gerne mit Affirmationen und durchbreche so falsche Denkmuster und negative Glaubenssätze.
Beginne deine Morgen oder zukünftige herausfordernde Situationen doch mal mit folgendem Satz: »Ich bin *(dein Name)* und ich bleibe bei mir. Ich erledige meine Aufgaben in Ruhe und Achtsamkeit und sorge gut für mich.

4. Ich teile mir meine Kräfte ein

Als mich plötzlich die kleinsten Tätigkeiten enorme Kraft kosteten, wurde mir erst bewusst, wie viel mein Körper jeden Tag geleistet hatte, ohne dass ich darüber nachdachte.

So vieles hatte ich für selbstverständlich gehalten! Das führte dazu, dass ich ein neues Gefühl für meine Ressourcen und »Kräftezehrer« entwickelte. Ich schrieb meinen Tagesablauf im Kalender nieder und markierte anstrengende Tätigkeiten. Dann achtete ich darauf, diese angemessen über die Woche zu verteilen. Auch diese Art der Selbstfürsorge stärkt mich in meiner Resilienz und lässt mich *lösungsorientiert* handeln. Lösungsorientierung gehört auch zu den sieben Säulen des mittlerweile sehr verbreiteten Resilienzmodells der Diplompsychologin Ursula Nube.[91]

5. Verbundenheit und Sicherheit

Ein Schlüssel zu innerer Heilung und einer positiven Selbstwahrnehmung ist das Gefühl von Verbundenheit und Sicherheit. Wenn wir uns überreizt und überlastet fühlen, schwinden diese Gefühle. Wir neigen dazu, uns abzuwerten und die Umwelt als Gefahr zu sehen. Das schwächt nicht nur unser Selbstwertgefühl, sondern unseren gesamten Organismus. Fühlen wir uns sicher, sind wir resilienter unserer Umwelt gegenüber, nehmen Reize weniger als Gefahr wahr und handeln authentisch und achtsam.

Übung: Ein sicherer Raum

Begib dich in eine entspannte Sitzhaltung und erlaube dir in den kommenden Minuten, den Raum um dich ganz langsam wie ein Gemälde zu betrachten. Springe dabei nicht von Gegenstand zu Gegenstand, sondern lasse den Blick sanft in alle Richtungen schweifen: nach oben, unten, links, und rechts. Achte dabei auf eine langsame Atmung. Orientierung im Raum gibt uns Sicherheit und die langsamen Bewegungen entspannen unseren Körper.

6. Vagusnerv-Übungen

Der Vagusnerv ist der längste unserer zwölf Hirnnerven und gehört zum Parasympathikus, der wiederum ein Teil des vegetativen Nervensystems ist. Als Gegenspieler des Sympathikus steuert der Parasympathikus den Aufbau und die Regeneration unserer Körperfunktionen und fördert dabei besonders die Ruhe-Funktionen des Körpers. Der Vagusnerv lässt sich wie ein Muskel trainieren und sorgt dafür, dass wir uns ausgeglichener, sozialer und geerdet fühlen. Tägliche Vagusnerv-Übungen spielen in meinem Alltag eine große Rolle und sorgen für unglaublich viel Wohlbefinden an besonders stressigen Tagen oder bei anstrengenden Events.

Augendruck

Drücke mit den Handflächen vorsichtig für 7 bis 30 Sekunden gegen deine geschlossenen Augen. Diese Übung stimuliert über deine Kopfnerven den Vagusnerv und wirkt beruhigend auf deinen Körper.
Wiederhole die Übung mehrere Male und achte dabei auf eine ruhige Atmung. Das Ausatmen sollte jeweils länger dauern als das Einatmen, denn so signalisierst du deinem vegetativen Nervensystem, dass alles in Ordnung ist und es keinen Grund zur Unruhe gibt. Baue diese Übung in deinen Alltag ein und wiederhole sie so oft du kannst!

Singe, meine Seele!

Die beiden Äste des Vagusnervs verlaufen auf beiden Seiten des Halses entlang von Kehlkopf und Luftröhre. An diesen Punkten lässt sich der Vagusnerv durch die Vibration der Stimme aktivieren.

Singe für mindestens eine Minute dein Lieblingslied. Besonders wirkungsvoll sind Lieder, die Vokale wie A, O und U enthalten. Es reicht aber schon, wenn du dein Lieblingslied am Morgen vor dich hin summst oder singst.

7. Von Frieden durchflutet

Denke an einen Moment, in dem du dich friedlich gefühlt hast, eine Sache, die dich im Moment mit Frieden erfüllt oder eine Situation in der Zukunft, bei der du dich friedlich und entspannt fühlen möchtest.
Dann tauche voll und ganz in diese Szene ein und erlebe sie mit all deinen Sinnen: Schaffe innere Bilder, schaue dich um in der Situation – was riechst, hörst und siehst du? Wie fühlt sich Frieden in diesem Moment in deinem Körper an? Lass die ganze Situation wie einen 4D-Film vor deinem inneren Auge ablaufen. Wenn dir danach ist, sprich laut aus, was du wahrnimmst.
Bleibe für einige Momente in dieser friedlichen Szene und spüre noch eine Weile nach. Erlebe das Ganze mit dem Bewusstsein, dass dieses friedliche Gefühl in dir sich in alle Zellen und dein Immunsystem ausbreitet.

ÜBER DIE AUTORIN

SHEILA SERRER, 1995 geboren und wohnhaft in Stuttgart, ist seit einigen Jahren in den sozialen Medien aktiv und teilt ihren Weg auf Instagram als @sheila.serrer und ihrem Blog www.bluehendegnade.com.
Dort hat sich in den vergangenen Jahren eine Community von Frauen um sie gebildet, die Sheilas Verletzlichkeit, die Suche nach Schönheit mitten im Alltag und ihre ehrlichen Texte schätzen. Auch ihr erstes Buch »Sein Blick heilt dein Herz« erzählt auf unaufdringliche und sanfte Art aus ihrem Leben sowie von ihrem christlichen Glauben.

Segen für hochsensibles Leben

In jede Faser und jede Facette
In jedes Gefühl und jedes Zuviel
In jedes panzerlose Herz
Lege G*tt die Zusage:
Du bist nie allein in deinem Schmerz
In deiner Art und Weise, die Welt zu tragen
Das Leben und dich selbst zu hinterfragen
Du bist nie zu wenig
Weil du zu viel fühlst
Sondern immer genug
G*tt segne dich
In jedem Atemzug
Amen.

Hanna Buiting

ANHANG

LITERATUREMPFEHLUNGEN

Hanna Buiting: *Und der Regen klingt wie Applaus – Worte zum Staunen.* Neukirchen-Vluyn: Neukirchener Verlagsgesellschaft mbH 2017.

Dies.: *Möge die Nacht mit dir sein – Geschichten, Gedanken und Gebete für alle Nächte.* Neukirchen-Vluyn: Neukirchener Verlagsgesellschaft mbH 2020.

Monika Bylitza: *Schätzeken, gib Gas! Selbstcoaching für berufliche und private Ziele.* Neukirchen-Vluyn: Neukirchener Verlagsgesellschaft mbH 2019.

Gregor Hasler: *Die Darm-Hirn-Connection – Revolutionäres Wissen für unsere psychische und körperliche Gesundheit.* Stuttgart: Klett-Cotta 2020.

Günther H. Heepen: *Hormone natürlich regulieren.* München: Gräfe und Unzer Verlag 2019.

Rabea Kieß: *Die Hormon-Balance-Diät – Mein 7-Schritte-Programm zum Wohlfühlgewicht.* München: ZS Verlag GmbH 2021.

Dr. med. Suzann Kirschner-Brouns und Cordula Roemer: *Hochsensibel. Leichter durch den Alltag ohne Reizüberflutung.* München: Gräfe und Unzer Verlag 2017.

Anne Löwen: *Minimalismus Mom. Wie weniger deinen Familienalltag bereichert.* Gießen: Brunnen 2021.

Cornelia Löhmer und Rüdiger Standhardt: *Timeout statt Burnout – Einübung in die Lebenskunst der Achtsamkeit.* Stuttgart: Klett-Cotta 2012.

Susanne Moeberg: *Achtsam leben. Seelenschutz für Hochsensible.* München: Scorpio Verlag 2018.

Ruth Pfennighaus: *Wir sind für den Garten geboren – Naturheilmittel für Körper, Seele und Geist neu entdecken*. Marburg: Francke 2020.

Claudia Ritter: *Natürliche Stresskiller – Mehr Energie und Lebensqualität durch aktive Pflanzenstoffe*. München: Gräfe und Unzer Verlag 2021.

Elisabeth Schoft: *Leiten auf Weiblich – Finde dein unbändiges Potenzial. Entdecke dein mutiges Herz. Führe leidenschaftlich in die Weite*. Neukirchen-Vluyn: Neukirchener Verlagsgesellschaft mbH 2021.

Ruth Soukup: *Trotz deiner Angst – befürchte das Beste. Wie du Ängste überwindest, Ziele verfolgst und Träume verwirklichst*. Neukirchen-Vluyn: Neukirchener Verlagsgesellschaft mbH 2020.

Dr. med. Wolfgang Vreemann: *Bitte hilf meiner Seele – Seelsorgerlich helfen im Alltag*. Dillenburg: Christliche Verlagsgesellschaft 2018.

QUELLEN

Vorwort

Brudereck, Christina: *Trotzkraft*. Essen: 2Flügel-Verlag 2021, Text 45.

Kapitel 1

1 Aron, Elaine N.: *Sind Sie hochsensibel? Wie Sie Ihre Empfindsamkeit erkennen, verstehen und nutzen*. München: mvg 2017.

2 Schorr (Küster), Brigitte: *Hochsensible in der Partnerschaft*. Holzgerlingen: SCM Hänssler 2015, S. 35-43.

3 Schorr (Küster), Brigitte: *Hochsensible Mütter.* Holzgerlingen: SCM Hänssler 2013, S. 25.

4 Schorr (Küster), Brigitte: *Hochsensibilität. Empfindsam leben und verstehen*. Holzgerlingen: SCM Hänssler 2014, S. 20-24.

5 Sommer, Debora: *Mit allen Sinnen auf Empfang. Hochsensibilität als Gottesgeschenk und Auftrag*. Holzgerlingen: SCM Hänssler 2021, S. 19.

6 Heintze, Anne: »Ist Hochsensibilität eine Modeerscheinung?«, *HOCHiX by OpenMind Akademie*, https://open-mind-akademie.de/hochsensibilitaet-eine-modeerscheinung/, zuletzt abgerufen am 12.01.2023.

7 vgl. Parlow, Georg: *Zart besaitet. Selbstverständnis, Selbstachtung und Selbsthilfe für hochsensible Menschen*. Bonn: Festland Verlag 2015.

8 Sohst, Kathrin: *Zart im Nehmen. Wie Sensibilität zur Stärke wird.* Offenbach: GABAL 2016, S. 27f.

9 Moeberg, Susanne: *Ja, ich spüre mehr! Gut leben mit Hochsensibilität.* München: Scorpio Verlag GmbH 2016, S. 21f.

10 Sohst 2016, S. 29f.

Kapitel 2

11 Heintze, Anne: »Die Unterschiede zwischen Hochsensibilität und Hochsensitivität«, *HOCHiX by OpenMind Akademie*, https://open-mind-akademie.de/hochsensibilitaet-und-hochsensitivitaet-eine-differenzierung/, zuletzt abgerufen am 01.01.2023.

12 Wyrsch, Patrice: *Wahrnehmungsfähigkeit Neurosensitivität: die Kraft der Hochsensitiven*. Zweisimmen: Patrice Wyrsch 2020.

13 Informations- und Forschungsverbund Hochsensibilität e.V.: »Regelmäßig gestellte Fragen« auf *hochsensibel?*, https://www.hochsensibel.org/startseite/regelmaessig-gestellte-fragen.php, zuletzt abgerufen am 01.01.2023.

14 Lüling, Christa und Dirk: *Lastentragen – die verkannte Gabe. Hochsensible Menschen als emotionale Lastenträger*. Lüdenscheid: Asaph 2010.

15 Stadler, Gabriele: »Hochsensible Lastenträger (abgekürzt HSL)«, *Hochsensibel durchs Leben*, https://hochsensibel-dl.de/hsl.html, zuletzt abgerufen am 12.01.2023.

16 Seite »Barbara Sher«. In: Wikipedia – Die freie Enzyklopädie. Bearbeitungsstand: 24. September 2022, 15:54 UTC. URL: https://de.wikipedia.org/w/index.php?title=Barbara_Sher&oldid=226441100, zuletzt abgerufen am 12. Januar 2023.

17 Vgl. Heintze, Anne: » Was ist Vielbegabung, was ist eine Scannerpersönlichkeit?«, *HOCHiX by OpenMind Akademie*, https://open-mind-akademie.de/was-ist-vielbegabung-was-ist-eine-scanner-persoenlichkeit/ und Heintze, Anne: »Vielbegabtes Multitalent: Die Scanner-Persönlichkeit«, *HOCHiX by OpenMind Akademie*, https://open-mind-akademie.de/vielbegabte-multitalente-die-scannerpersoenlichkeit/, zuletzt abgerufen am 12.01.2023.

18 Sellin, Rolf: *Wenn die Haut zu dünn ist. Hochsensibilität – vom Manko zum Plus*. München: Kösel 2012, S. 32-36.

19 Deutsche Synästhesie-Gesellschaft e.V.: »Was ist Synästhesie?« auf: *synaesthesie.org*, https://synaesthesie.org/de/synaesthesie, zuletzt abgerufen am 12.01.2023.

TEIL 1

Levithan, David, und Cohn, Rachel: Nick & Norah: Soundtrack einer Nacht. Deutschland: cbj 2012.

Kapitel 3

20 Moeberg, Susanne: *Ja, ich spüre mehr! Gut leben mit Hochsensibilität.* München: Scorpio Verlag GmbH 2016, S. 49.

21 Andersen, Hans Christian: »Die Prinzessin auf der Erbse«, in: *Projekt Gutenberg,* https://www.projekt-gutenberg.org/andersen/maerchen/chap023.html, zuletzt abgerufen am 01.01.2023.

22 Tutu, Desmond, zitiert auf *gutezitate.com,* https://gutezitate.com/zitat/103727, zuletzt abgerufen am 12.01.2023.

23 Sohst 2016, S. 16.

24 Sohst 2016, S. 17.

25 Ngomane, Mungi: *I am because you are. Ubuntu – 14 südafrikanische Lektionen für ein Leben in Verbundenheit.* München: Kailash 2019, S. 73.

Kapitel 4

26 Eintrag »Sören Kierkegaard« auf *virtusens.de*: http://soren-kierkegaard.virtusens.de/soren_kierkegaard_texte.php?suche=&lpos=4, zuletzt abgerufen am 12.01.2023.

27 Vgl. Emanuel, Hirsch (Hg.): *Sören Kierkegaard – Erbauliche Reden 1847, Gesammelte Werke, 18. Abteilung,* Seiten 168ff.

28 Heintze, Anne: *Ich spüre was, was du nicht spürst. Wie Hochsensible ihre Kraftquellen entdecken.* München: Gräfe und Unzer Verlag 2015, S. 111.

29 Sohst 2016, S. 17.

Kapitel 5

30 Abdruck mit freundlicher Genehmigung von Helga Kohler-Spiegel.

Kapitel 6

31 Science of Behavior Change (SOBC): *Zuckerman Sensation Seeking Scale-V,* auf: *scienceofbehaviorchange.org, https://scienceofbehaviorchange.org/measures/zuckerman-sensation-seeking-scale-v/,* zuletzt abgerufen am 12.01.2023; vgl. auch: https://dichotomytests.com/test.html?id=7, zuletzt abgerufen am 12.01.2023.

32 Sohst 2016, S. 315.

33 Hesse, Hermann, zitiert nach: *Michels, Volker: Über Hermann Hesse.* Frankfurt a. M.: Suhrkamp 1976, S. 404.

Kapitel 7

34 Sohst 2016, S. 46f.

35 Sommer 2021, S. 124.

36 Aron 2017, S. 159.

37 Sommer 2021, S. 125.

38 Dinkel, Sabine: *Hochsensibel durch den Tag. Raus aus der Reizüberflutung. Gelassen durch alle Alltagssituationen.* Hannover: Humboldt 2016, S. 32.

39 Sand, Ilse: *Die Kraft des Fühlens. Hochsensibilität erkennen und positiv gestalten.* München: C.H. Beck 2016, S. 31.

40 Aron 2017, S. 162.

Kapitel 8

41 Schorr, Brigitte: *Hochsensible im Beruf. Wie empfindsame Menschen leben und arbeiten.* Holzgerlingen: SCM Hänssler 2018, S. 25.

42 Ebd., S. 47ff.

43 Ebd., S. 13.

44 Ebd., S. 24.

45 Brown, Brené: »Strong Backs, Soft Fronts, Wild Hearts«, auf: *Unlocking Us.* A Podcast by Brené Brown. https://brenebrown.com/podcast/brene-on-strong-backs-soft-fronts-and-wild-hearts/, zuletzt abgerufen am 12.01.2023.

46 Hensel, Ulrike: »Die 7 Gaben hochsensibler Menschen (und ihre Tücken)«, *myMONK,* https://mymonk.de/gaben-hochsensible/, zuletzt abgerufen am 01.01.2023.

TEIL 2

Kapitel 9

47 Heintze, Anne: »Wie funktioniert Wahrnehmung? Mit unseren Sinnen«, *HOCHiX by OpenMind Akademie,* https://open-mind-akademie.de/wahrnehmung-mit-unseren-sinnen/, zuletzt abgerufen am 12.01.2023.

48 Heintze 2015, S. 85.

49 Heintze, Anne: »Wie funktioniert Wahrnehmung? Mit unseren Sinnen«, *HOCHiX by OpenMind Akademie,* https://open-mind-akademie.de/wahrnehmung-mit-unseren-sinnen/, zuletzt abgerufen am 12.01.2023.

50 Heintze 2015, S. 95.

51 Ebd., S. 95.

52 Ebd., S. 88.

53 Ebd., S. 58.

54 Sohst 2016, S. 35.

Kapitel 10

55 Harke, Sylvia: *Hochsensibel ist mehr als zartbesaitet. Die 100 häufigsten Fragen und Antworten.* Petersberg: Via Nova Verlag 2016.
Hantke, Lydia und Görges, Hans-Joachim: *Ausgangspunkt Selbstfürsorge. Strategien und Übungen für den psychosozialen Alltag.* Paderborn: Junfermann 2019.
Lüling, Christa und Lüling, Dirk: *Mit feinen Sensoren. Hochsensible Kinder erkennen und ins Leben begleiten.* Lüdenscheid: Asaph 2014.
Georg Parlow: *Zart besaitet. Selbstverständnis, Selbstachtung und Selbsthilfe für hochsensible Menschen.* Bonn: Festland 2015.
Schorr, Brigitte: *Hochsensible in der Partnerschaft.* Holzgerlingen: SCM Hänssler 2015.
Schorr, Brigitte: *Hochsensibilität. Empfindsam leben und verstehen.* Holzgerlingen: SCM Hänssler 2014.
Wollyn, Mark: *Dieser Schmerz ist nicht meiner. Wie wir uns mit dem seelischen Erbe unserer Familie aussöhnen.* München: Kösel 2017.

Kapitel 11

56 Ávila, Teresa von, zitiert auf *gutezitate.com*, https://gutezitate.com/zitat/137307, zuletzt abgerufen am 12.01.2023.

57 Stadler, Gabriele: »Ernährung«, *Hochsensibel durchs Leben*, https://hochsensibel-dl.de/ernaehrung.html, zuletzt abgerufen am 12.01.2023.

58 Bühr, Bernhard und Engl, Eva-Maria: *Ernährung für Hochsensible*. München: Gräfe und Unzer 2019
Kern, Anne Barbara: *Gesunde Ernährung für hochsensible Menschen*. Hückelhoven: Remote 2020.

59 Feldbinder, Tjado: »Ernährung – fit und gesund mit dem Tellerprinzip«. *ZEIT Akademie*, https://www.zeitakademie.de/e-learning/blog/ernaehrung-fit-und-gesund-mit-dem-tellerprinzip/, zuletzt abgerufen am 12.01.2023.

60 Fleck, Anne: *SCHLANK! und gesund mit der Doc Fleck Methode*. Hilden: Becker Joest Volk Verlag 2017 und dies.: *Energy! Der gesunde Weg aus dem Müdigkeitslabyrinth*. München: dtv 2021.

61 Rehberg, Carina: »Die Clean Eating Methode«, *Zentrum der Gesundheit*, https://www.zentrum-der-gesundheit.de/ernaehrung/ernaehrungsformen/weitere-ernaehrungsformen/clean-eating-ia, zuletzt abgerufen am 12.01.2023.

62 Frey, Hannah: »Clean Eating – Cheat Days und die 80:20-Regel«, *Projekt gesund leben*, https://www.projekt-gesund-leben.de/2016/01/clean-eating-cheat-days-und-die-8020-regel/, zuletzt abgerufen am 02.01.2023.

63 Feldbinder, Tjado: »Ernährung – fit und gesund mit dem Tellerprinzip«. *ZEIT Akademie*, https://www.zeitakademie.de/e-learning/blog/ernaehrung-fit-und-gesund-mit-dem-tellerprinzip/, zuletzt abgerufen am 12.01.2023.

Kapitel 12

64 Parlow, Georg: *Zartbesaitet. Selbstverständnis, Selbstachtung und Selbsthilfe für hochsensible Menschen*. Wien: Festland Verlag 2014, S. 137.

65 Voskamp, Ann: *Tausend Geschenke. Andachten: Entdecke das Glück des Augenblicks.* Aßlar: Gerth Medien 2015.

66 Parlow 2014, S. 135.

Kapitel 13

67 Lora Cantele und Nerys Purchon: *Aromatherapie und ätherische Öle.* Stuttgart: TRIAS in Georg Thieme Verlag 2017.
Redaktion: »Ätherische Öle«, *Oelversum.de,* https://www.oelversum.de/aetherische-oele/, zuletzt abgerufen am 12.01.2023.
Baumann, Peter (Hg.): »Ätherische Öle – Aromaöle – Aromatherapie«, *Ätherische Öle,* https://www.aetherische-oele.net/, zuletzt abgerufen am 12.01.2023.

Kapitel 14

68 Heintze, Anne: »Reizüberflutung: Was kannst du dagegen tun?«, *HOCHiX by OpenMind Akademie,* https://open-mind-akademie.de/was-tun-bei-reizueberflutung/, zuletzt abgerufen am 12.01.2023.

69 Aron 2017, S. 33.

70 Blatti, Ursula: »Hochsensibilität – Teil 1: Im Land der Reizüberflutung« *www.jesus.ch,* 16.12.201. https://www.jesus.ch/magazin/lifestyle/284142-im_land_der_reizueberflutung.html, zuletzt abgerufen am 12.01.2023.

71 Moeberg 2016, S. 80.

72 vgl. Heintze, »Reizüberflutung«.

73 Renate Göckel: *Was Hochsensible glücklich macht, Leben mit einer seelischen Begabung.* Freiburg im Breisgau: Herder Verlag 2011, S.132.

TEIL 3

Kapitel 15

74 Julia Marquez Arrico: »3 Unterschiede zwischen Emotionen und Gefühlen«, *Gedankenwelt,* 22. Dezember 2022. https://gedankenwelt.de/3-unterschiede-zwischen-emotionen-und-gefuehlen/, zuletzt abgerufen am 12.01.2023.

75 Sohst 2016, S. 108.

76 Jorzik-Oels, Jutta: »Ist Hochsensibilität eine Gabe?«, auf: *Hauptsache herzbewegt,* 03.11.2013, https://hauptsacheherzbewegt.de/ist-hochsensibilitaet-eine-gabe/, zuletzt abgerufen am 12.01.2023.

77 Moeberg, Susanne: *Ja, ich spüre mehr! Gut leben mit Hochsensibilität.* München: Scorpio Verlag GmbH 2016, S. 72.

78 Siegmund Freud, zitiert nach: Wiesinger, Romana: *Chance Psychotherapie: Wie sie wirkt und was sie bringt.* Wien: Verlagshaus der Ärzte 2022.

79 Sohst 2016, S. 110.

80 Harke, Sylvia: *Hochsensibel – Was tun? Der innere Kompass zu Wohlbefinden und Glück.* Petersberg: ViaNova Verlag 2018, S. 46.

81 Moeberg 2016, S. 72.

82 Heintze, Anne: »10 Wege für mehr emotionale Stabilität bei Hochsensibilität«, *HOCHiX by OpenMind Akademie,* https://open-mind-akademie.de/emotionale-stabilitaet/, zuletzt abgerufen am 11.01.2023.

83 Moeberg 2016, S. 63.

84 Heintze 2015, S. 43.

Kapitel 16

85 Parlow 2014, S. 41.

Kapitel 17

86 Leaf, Caroline: *Schalte dein Gehirn an. Der Schlüssel zu maximaler Zufriedenheit, Denkfähigkeit und Gesundheit.* Schotten: Grace today Verlag 2020, S. 38.

Kapitel 18

87 Instagram @einguterplan, https://www.instagram.com/p/CHKem4UgBTt/, 19.10.2022, zuletzt abgerufen am 02.01.2023.

88 Instagram @frollein.elli, https://www.instagram.com/p/COfEZOXrK-j/, 05.05.2021, zuletzt abgerufen am 02.01.2023.

Kapitel 19

–

Kapitel 20

89 https://www.bundesverband-waldbaden.de/, zuletzt abgerufen am 2.01.2023.

90 siehe auch

- Gnaß, Melinda: »Waldbaden: Was ist das eigentlich?«, *Waldluftleben,* https://waldluftleben.de/hae-waldbaden/ , zuletzt abgerufen am 12.01.2023
- Netz, Hartmut: »Zu wenig Natur macht krank. ›Waldbaden‹ setzt auf die Heilkraft der Bäume«, *nabu.de,* https://www.nabu.de/natur-und-landschaft/natur-erleben/natur-tipps/27790.html, zuletzt abgerufen am 12.01.2023

91 Freie Übersetzung aus dem Englischen. Zitat der Autorin Mary Ann Radmacher: https://www.maryanneradmacher.net/, zuletzt abgerufen am 12.01.2023.

Kapitel 21

92 Mauritz, Sebastian: »Sieben Säulen der Resilienz«, *Resilienz Akademie,* 26.06.2020, https://www.resilienz-akademie.com/sieben-saeulen-der-resilienz/, zuletzt abgerufen am 12.01.2023.